住房城乡建设部土建类学科专业"十三五"规划
全国高职高专教育土建类专业教学指导委员会规划推荐

U0673105

WUYE GUANLI ZHUANYE SHIYONG

物业管理专业适用
WUYE GUANLI ZHUANYE SHIYONG

物业统计（第二版）

包　焱　张凌云　主　编
赵　曦　副主编
翁国强　韩小平　主　审

中国建筑工业出版社

图书在版编目（CIP）数据

物业统计/包焱，张凌云主编 . —2版 . —北京：中国建筑工业出版社，
2018.7（2023.12重印）

住房城乡建设部土建类学科专业"十三五"规划教材 . 全国高职高专教
育土建类专业教学指导委员会规划推荐教材（物业管理专业适用）

ISBN 978-7-112-22278-0

Ⅰ. ①物… Ⅱ. ①包… ②张… Ⅲ. ①物业管理－统计－高等职业教育－教
材 Ⅳ. ①F293.33

中国版本图书馆CIP数据核字（2018）第111995号

本书主要依据物业管理行业特点，将统计学基本原理及分析方法贯穿于物业服务企业的统计实务工作中，从数量方面描述企业发展状况及行业特色，提升读者对物业管理领域现象及问题的数据分析能力。全书共分为9章，强调理实结合，重在统计方法的运用和具体操作，其内容包括：物业统计概论、物业统计设计和调查、物业统计整理、综合指标分析、物业服务企业统计指标分析、物业服务企业客户满意度测评、动态数列分析、统计指数、抽样与抽样推断。

本书内容全面、体例完整、理实兼备，可作为高等职业教育物业管理、房地产经营与管理等相关专业教学用书，也可作为物业管理行业专业人员岗位培训及资格考试的参考用书，亦可作为物业服务企业统计技术人员的工具用书。

为更好地支持相应课程的教学，我们向采用本书作为教材的教师提供教学课件，有需要者可与出版社联系，邮箱：jckj@cabp.com.cn，电话：（010）58337285，建工书院http://edu.cabplink.com（PC端）。

责任编辑：张　晶　张　健　牟琳琳
版式设计：锋尚设计
责任校对：刘梦然

住房城乡建设部土建类学科专业"十三五"规划教材
全国高职高专教育土建类专业教学指导委员会规划推荐教材

物业统计（第二版）

（物业管理专业适用）

包　焱　张凌云　主　编
赵　曦　副主编
翁国强　韩小平　主　审

*

中国建筑工业出版社出版、发行（北京海淀三里河路9号）
各地新华书店、建筑书店经销
北京锋尚制版有限公司制版
建工社（河北）印刷有限公司印刷

*

开本：787毫米×1092毫米　1/16　印张：18¼　字数：418千字
2018年7月第二版　2023年12月第五次印刷
定价：39.00元（赠教师课件）
ISBN 978-7-112-22278-0
（32168）

教材编审委员会名单

序　言

全国住房和城乡建设职业教育教学指导委员会房地产类专业指导委员会（以下简称"房地产类专指委"），是受教育部委托，由住房和城乡建设部组建管理的专家组织。其主要工作职责是在教育部、住房和城乡建设部、全国住房和城乡建设职业教育教学指导委员会的领导下，负责住房和城乡建设职业教育的研究、指导、咨询和服务工作。按照培养高端技术技能型人才的要求，围绕房地产类的就业领域和岗位群研制高等职业教育房地产类专业的教学标准，研制房地产经营与管理、房地产检测与估价、物业管理和城市信息化管理等房地产类专业的教学基本要求及顶岗实习导则，持续开发和完善"校企合作、工学结合"及理论与实践紧密结合的特色教材。

高等职业教育房地产类的房地产经营与管理和房地产检测与估价（原房地产经营与估价专业）、物业管理等专业教材自 2000 年开发以来，经过"优秀评估"、"示范校建设"、"骨干院校建设"等标志性的专业建设历程和普通高等教育"十一五"国家级规划教材、"十二五"国家级规划教材、教育部普通高等教育精品教材等建设经历，已经形成了具有房地产行业特色的教材体系。发展至今又新开发了城市信息化管理专业教材建设，以适应智慧城市信息化建设需求。

根据住房和城乡建设部人事司《全国住房和城乡职业教育教学指导委员会关于召开高等职业教育土木建筑大类专业"十三五"规划教材选题评审会议的通知》（建人专函[2016]3号）的要求，2016 年 7 月，房地产类专指委组织专家组对规划教材进行了细致地研讨和遴选。2017年7月，房地产类专指委组织召开住房和城乡建设部土建类学科房地产类专业"十三五"规划教材主编工作会议，专指委主任委员、副主任委员、专指委委员、教材主编教师、行业和企业代表及中国建筑工业出版社编辑等参加了教材撰写研讨会，共同研究、讨论并优化了教材编写大纲、配套数字化教学资源建设等方面内容。这次会议为"十三五"规划教材建设打下了坚实的基础。

近年来，随着国家房地产相关政策的不断完善、城市信息化的推进、装配式建筑和全装修住宅推广等，房地产类专业的人才培养目标、知识结构、能力架构等都需要更新和补充。房地产类专指委研制完成的教学基本要求和专业标准，为本系列教材的编写提供了指导和依据，使房地产类专业教材在培养高素质人才的过程中更加具有针对性和实用性。

本系列教材内容根据行业最新政策、相关法律法规和规范标准编写，在保证内容正确和先进性的同时，还配套了部分数字化教学资源，方便教师教学和学生学习。

本系列教材的编写，继承了房地产类专指委一贯坚持的"以就业为导向，以能力为本位，以岗位需求和职业能力标准为依据，以促进学生的职业发展生涯为目标"的指导思想，该系列教材必将为我国高等职业教育房地产类专业的人才培养作出贡献。

全国住房和城乡建设职业教育教学指导委员会
房地产类专业指导委员会
2017年11月

第二版前言

伴随着物业管理行业的转型升级，目前，中国的物业服务企业管理并服务着世界上最大规模的物业资产，其日常工作即可产生海量数据，而这些数据只有通过专业化加工，实现数据的增值，才能为我们所用。统计是信息时代人们迅速、准确地获取各类信息、处理各类数据，认识事物数量特征及其变化规律的工具。因此，《物业统计》教材编写过程中注重将统计学理论知识及分析方法贯穿于物业服务企业的统计实务工作之中，用数据来展示物业服务企业发展现状及行业特色，对物业领域所涉及的统计指标进行分析和计算，指导正确填写基层统计报表，用物业领域实例来说明统计的理论和方法、并进行分析和评价，以提升读者对物业管理领域现象及问题的数据分析能力。

根据以上思路和近年来在教材使用中的经验积累，我们推出了本教材第二版。第二版传承了原版"紧密结合物业行业企业实际"，"理论适当够用、实践为主"等特点，并对原版章节进行了调整，在第2篇物业服务企业统计实务中增加了物业服务企业客户满意度测评的相关内容。另外，在第二版修订中，选择了物业管理领域的新情况新问题和最新统计数据来设计案例和习题，使课堂教学与专业实践紧密联系，以提高学生学以致用的能力。

本书由包焱（上海城建职业学院）设计、编写大纲，并集体合作，分头撰稿。由包焱、张凌云（上海城建职业学院）担任主编，赵曦（天津国土资源和房屋职业学院）为副主编，韩向明（山西建筑职业技术学院）、周雯雯（山西建筑职业技术学院）为参编。中国物业管理协会高级顾问、上海同涞物业管理有限公司执行董事、高级经济师翁国强先生，上海城建职业学院副教授韩小平女士担任主审。本书分为3篇共9章内容，第1、2章由张凌云编写，第3章由赵曦、韩向明编写，第4章由赵曦、周雯雯编写，第5、6、7、8、9章由包焱编写。全书由包焱统稿。

本书在编写过程中得到上海城建职业学院、天津国土资源和房屋职业学院、山西建筑职业技术学院和中国建筑工业出版社有关领导和同志的指导帮助，并参考了相关书籍，在此表示衷心感谢。

由于编者学术水平有限，书中难免存在错漏和不足之处，恳请有关专家和广大读者批评指正。

2018年3月

第一版前言

随着城市建设与管理的蓬勃发展，物业管理行业也得到了迅速发展，这就需要对物业管理的发展动向进行分析和研究，及时了解物业管理过程中出现的问题，这些分析与研究都需要有一定的统计专业知识的人员配合。一方面，统计人员需要根据国家或地方统计部门的要求，及时上报物业管理基层统计报表；另一方面，统计人员需要为本企业在物业管理过程中提供统计数据，并进行计算和分析，为本企业的发展提供可靠的数据分析资料。

其次，由于教学工作的不断改革，大学学历教育，特别是高职教育，越来越注重操作性、实践性的内容，理论教学的课时数不断压缩。为了适应教学改革的需要，本书把统计学原理和专业统计合而为一，编写了适合物业管理专业以及与物业管理相关专业使用的"物业统计"教材。

本书的特点是根据物业管理行业的情况，把统计学的理论知识贯穿于物业服务企业的统计工作之中，解决物业管理行业中的实际问题，强调基础理论，重在统计方法的运用和具体操作。指导正确填写物业服务企业需要上报的统计报表，对物业服务企业所涉及的统计指标进行分析和计算，紧密结合当前物业管理行业的新情况，用具体实例来说明统计的理论和方法，并进行分析和评价，注重实际操作能力和应用能力。在编写过程中，编者尽量避免枯燥的理论阐述、公式推导，力求通俗易懂、简明扼要。为了便于学员对内容的理解、消化和吸收，本书在每一章中附有教学目标、教学要求、本章小结和习题。

本书可作为物业管理、房地产经营管理以及与物业管理相关的各类专业的教学用书，也可作为物业服务企业统计人员的自学参考书。

本书在编写过程中，得到了上海城市管理职业技术学院、天津国土资源和房屋职业技术学院、中国建筑工业出版社等有关人员的热情相助，在此特表谢意。

本书由张凌云（上海城市管理职业技术学院副教授）主编，赵曦（天津国土资源和房屋职业学院讲师）、包焱（上海城市管理职业技术学院讲师）副主编；由张凌云设计全书框架，拟定编写大纲；本书分为3篇共分8章，第1、2、5章由张凌云编写，第3、4章由赵曦编写，第6、7、8章由包焱编写；由张凌云负责修改定稿；翁国强（中国物业管理协会副会长、上海同涞物业管理有限公司总经理）、韩小平（上海城市管理职业技术学院副教授）主审。

尽管编者作了许多努力，但由于我们水平的有限，以及物业管理行业的发展变化，书中难免有不妥和错误之处，望广大读者提出宝贵意见。

2012年2月

目　录

第1篇　物业统计基础知识

第2篇 物业服务企业统计实务

第3篇 物业统计分析方法

第**1**篇 物业统计基础知识

1 物业统计概论

教学要求

能力目标	知识要点	权重
懂物业统计的方法	物业统计的概念、特点、研究对象和方法	40%
知道统计学的术语	统计学中的一些基本概念	40%
知道物业服务企业的统计报表	物业服务企业基本情况统计	20%

在物业管理的实际工作中，通过统计调查，收集与物业管理有关的资料，并加以整理和分析，反映物业管理现象在一定时间、地点条件下的数量概念和数量表现，揭示物业管理现象的发展规律和发展趋势，为研究物业服务企业的发展提供信息资料。本章主要阐明物业统计的概念、特点、研究对象和方法，介绍统计学中的一些基本概念，以及介绍物业服务企业基本情况。

1.1　物业统计的概念和特点

1.1.1　物业和物业管理的概念

物业是指已建成并投入使用的各类房屋及与之相配套的设备、设施和场地。各类房屋可以是住宅区，也可以是单体的其他建筑，还包括综合商住楼、别墅、高档写字楼、商贸大厦、工业厂房、仓库等。与之相配套的设备、设施和场地，是指房屋室内外各类设备、公共市政设施及相邻的场地、庭院、干道。

物业管理是由专门的机构和人员，依照合同和契约，对已竣工验收投入使用的各类房屋建筑和附属配套设施及场地以经营的方式进行管理，同时对房屋区域周围的环境、清洁卫生、安全保卫、公共绿地、道路养护统一实施专业化管理，并向住户提供多方面的综合性服务。物业管理的对象是物业，服务对象是人，是集管理、经营、服务为一体的有偿劳动，实行社会化、专业化、企业化经营之路，其最终目的是实现社会、经济、环境效益的同步增长。

1.1.2 物业统计的概念

统计是对大量的事物的数量关系进行综合汇总，比如，物业管理行业对国民经济的贡献。从第三次全国经济普查的数据可知，2013年末，全国房地产业企业法人单位的从业人员为877.2万人，比2008年末增长47.5%。其中，房地产开发经营企业335万人，物业管理企业411.6万人，房地产中介服务企业77.6万人，分别比2008年末增长61.3%，43.2%和84%。2013年末，全国物业管理企业资产总计13667.7亿元，比2008年末增长119%。"统计"一词包含了三种不同而又密切联系的含义，即统计工作、统计资料、统计学。物业统计属于统计的一个分支，同样具有这三种含义。

物业统计工作，即物业统计实践，是指物业统计的业务活动，它包括对物业管理中出现的客观现象从数量方面进行调查、整理和分析研究活动的总称。

物业统计资料，即物业统计工作的成果，是指在统计工作过程中所取得的物业管理方面的数字资料和其他资料。它以统计报表、统计年鉴、统计研究报告等形式表现，反映物业管理的规模、水平、速度等，表明物业管理的发展特征和规律。

物业统计学，即物业统计工作实践经验的科学总结，是阐明物业统计的理论和方法的科学。

"统计"的三种含义是相互联系的。物业统计工作是物业统计的实践过程；物业统计资料是物业统计工作的成果，是物业统计学的理论来源；物业统计学是物业统计工作实践经验的理论概述，反过来又指导物业统计工作的实践，以取得所需要的物业管理方面的统计资料。三者是理论与实践辩证统一的关系。

1.1.3 物业统计的特点

由于物业管理工作的特点，为物业统计工作带来了特殊的要求。物业统计与其他行业统计工作一样具有数量性、社会性和总体性的特点，又由于受到物业管理工作特点的影响，具有图、表与实地的一致性。

1. 数量性

物业统计最基本的特点就是以数字为语言，用数字来描述和分析物业管理现象的数量方面的数量关系，揭示物业管理现象的发展规律和发展趋势，例如，从第三次全国经济普查的数据可知，2013年末，全国共有物业管理企业10.5万个，比2008年末增长70.8%；全国物业管理企业从业人员为411.6万人，比2008年末增长43.2%；全国物业管理企业的资产总计13667.7亿元，比2008年末增长119%。这些数据综合反映了全国物业管理企业发展基本情况。

2．社会性

统计工作所研究的不是抽象的量，而是与社会经济现象密切相关的量，具体体现了各种社会经济关系，具有明显的社会性。物业统计工作也离不开整个社会的大环境，研究整个社会背景条件下的物业管理现象，反映物业管理现象的发展规模和发展趋势。

3．总体性

客观事物是错综复杂的，受多种因素的相互影响，必须通过对现象总体足够的、大量的个体单位进行观察，使一些次要的偶然因素相互抵消而获得显示出总体特征和规律的认识。例如，物业租金会时涨时落，有高有低，但从长远来看，经过大量观察，最终显示出物业租金的平均价格与平均价值基本趋于一致。这表明了在价格的偶然性波动中存在着价值规律的必然性支配作用。

4．图、表与实地的一致性

由于物业产品的固定性，当土地、房屋和构筑物性质和数量发生变化时，图上相应位置的地界、权属、性质应随之变化。因此在对土地、房屋和构筑物进行调查分析时，应坚持图、表与实地的一致性。

1.2　物业统计研究对象和方法

1.2.1　物业统计研究的对象

要深刻理解物业统计研究的对象，必须要搞清楚物业管理现象。物业管理现象，是物业管理过程中表现出的各种现象的总称，它包括在物业管理过程中充当客体的土地、房屋、构筑物及物资，以及充当主体的物业服务企业职工和组织，通过主体作用于客体而引起的一系列经济活动。

物业统计研究的对象，是物业管理现象的数量方面的表现，即研究物业管理现象的规模、水平、结构、速度、比例关系和普遍程度等，在具体的地点和时间条件下的数量表现，比如，某物业服务企业现有职工1000人，表示企业规模；某物业服务企业计划在2018年底物业管理面积达到100万m^2，表示物业服务企业的目标水平；某物业服务企业现有职工100人，其中经营管理人员占30%，房屋及设备维护管理人员15%，保洁人员占20%，保安人员占15%、绿化人员占10%，其他人员占10%，表示该物业服务企业人员结构；2017年第一季度某物业服务企业管理的住宅比去年同期增长了15%，表示某物业服务企业发展速度；2017年某物业服务企业职工年平均工资80000元，表示某物业服务企业职工工资水平的普遍程度。通过这些数量方面具体的数量表现，分析其数量关系和数量界限，反映物业管理现象的本质及其规律性。

1.2.2 物业统计研究的方法

1．物业统计研究的基本环节

在实际统计工作中，首先确定物业管理统计任务，明确研究的主体，然后收集与该研究任务有关的统计资料，再把收集到的资料进行分组和整理，选择相关资料进行计算和分析，最后对该研究任务的有关统计资料加以运用。

统计研究的基本要素有统计分组和统计指标。根据物业管理任务的需要进行分组，确定需要研究哪些基本数量方面，再从这些数量方面归纳为明确的统计指标和指标体系，见表1-1。

2017年某物业服务企业项目情况统计表 　　　　　　　　表1-1

物业项目名称	项目个数（个）	房屋建筑面积（万m²）
住宅	6	39
其中：5万m²以上的住宅小区	5	35
办公楼	3	15
商业营业用房	1	0.5
工业仓储用房	1	1
其他	2	3

2．物业统计研究的方法

物业统计方法很多，有大量观察法、统计分组法、综合分析法、归纳推断法、动态分析法、统计指数法、统计预测法、相关与回归分析法等。以下归纳为四种统计研究的基本方法。

（1）大量观察法

客观事物是错综复杂的，受到各种因素的交叉影响，且具有大量性和变异性。大量观察法就是对物业管理现象的全部或足够多的单位进行观察。因为个别现象要受到特殊因素或偶然因素的影响，不能反映客观事物发展的规律。只有通过大量观察分析，才能排除总体中个别偶然因素的影响，使之相互抵消，显示客观事物的发展规律，例如，要了解物业管理行业职工的平均工资，就要采用大量观察法来获得较为准确的数据，而不能以某几个人的工资作为物业管理行业职工的平均工资。

（2）统计分组法

统计分组法是根据统计研究的目的和任务，在对研究对象进行理论分析的基础上，将大量原始资料按一定标志分成不同类型或性质的组，把总体中性质相同的单位归并在一起，把性质不同的单位区分开来，使研究现象呈现出条理化、系统化，能够体现研究现象的发展规律，例如研究物业服务企业基本情况，可按其在工商行政管理机关登记注册的类型划分，分为国有企业、集体企业、股份合作企业、联营企业、有限责任公司、私营企业、其他内资企业、与港澳台商合资经营企业、中外合资经营企业、外资企业等，从而研究不同经济类型物业服务企业的基本情况。

通过统计分组可以划分现象的经济类型，揭示各种类型的特征和相互关系，说明现象内部结构，分析现象与现象之间的依存关系。统计分组法是贯穿于整个统计工作的基本方法。

（3）综合分析法

在统计分析中广泛运用综合分析法，即运用多种综合指标，如总量指标、相对指标和平均指标，以及多种统计分析手段，对现象间的相互关系进行全面综合分析，以综合反映客观现象的规模、水平、结构、比例关系、发展速度等。综合分析方法灵活，手段多样，从而避免了观察、研究问题时的主观性、片面性，全面地反映出现象发展的规律性。

（4）归纳推断法

归纳推断法包括归纳和推断两个方面。"归纳"是指由个别到一般，由事实到整理、描述的方法。"推断"是指以一定的标志，根据部分的样本数据来判断总体相应特征的归纳推断方法。当获得总体的样本数据后，就可推断总体数据，并用一定的概率加以保证，同时对总体数据的正确性进行判断与检验，例如物业服务企业在调查业主对物业管理工作满意程度时，一般可采取随机原则，调查业主对物业管理工作的满意程度，并通过这部分业主的调查结果，推断该物业服务企业所管物业的工作质量情况，并用一定的概率来保证。归纳推断法在实际工作中被广泛应用，它是现代统计中的重要方法之一。

3．物业统计研究的主要过程

物业统计是运用各种统计研究方法进行的一种统计工作过程。一般来说，物业统计工作过程分为四个阶段，即统计设计、统计调查、统计整理和统计分析。

（1）统计设计

统计设计是根据统计研究任务的要求，对统计工作的各个方面和各个环节进行通盘考虑和安排，确定统计设计方案，明确调查对象，规定反映这个物业管理现象的统计指标、指标体系和分组方法。

（2）统计调查

统计调查是根据统计研究任务的要求，采取一系列科学的方法，有计划、有步骤地向调查单位收集有关原始资料的工作过程。

（3）统计整理

统计整理是根据统计研究任务的要求，对调查到的大量原始资料进行分组、汇总，综合出体现总体特征的各种总量指标，列出统计表。

（4）统计分析

统计分析是运用各种统计指标和统计方法，对研究任务的数量关系进行计算和分析，使其呈现出一定的规律性，为研究任务提供可靠的分析数据。

这四个阶段既相互独立，又密切联系，每个阶段都有不同的工作内容，运用不同的统计方法。

1.3 统计学中的几个基本概念

统计学是一门方法论的科学，它也和其他学科一样，在论述其理论和方法中，经常要使用一些专门的术语和概念。

1.3.1 总体和总体单位

总体是指客观存在的在同一性质基础上结合起来的许多单位的整体。总体具有客观性、大量性、同质性、差异性等特点。在这些特点中，同质性是形成总体的基础，如研究上海市物业服务企业基本情况，则总体是上海市物业服务企业，因为上海市每一个物业服务企业的经济职能是相同的，具有同质性；又如，研究物业管理行业的职工情况，则总体是物业管理行业的全部职工，其中每一个职工都是属于物业管理行业的工作人员，具有相同性质。

总体按照其范围大小可分为有限总体和无限总体。总体所包括的单位数可以计数的，称为有限总体，例如某一时点上的企业数、职工人数、物业项目个数等所组成的总体都是有限总体。总体所包括的单位数无限多而且一时很难计数的，称为无限总体，例如人体中的细胞数、海洋中的鱼类数等一时很难计数，则人体中的细胞数、海洋中的鱼类数等所组成的总体都是无限总体。

总体单位是构成总体的各个单位。根据研究目的不同，总体单位可以是一个企业、一个学校、一个项目或一个人，例如研究上海市物业服务企业基本情况，则总体是上海市物业服务企业，而上海市物业服务企业是由上海市每一个物业服务企业所组成的，所以总体单位是上海市每一个物业服务企业；又如，研究物业管理行业的职工情况，则总体是物业管理行业的全部职工，而物业管理行业的职工是由物业管理行业的每一位职工所组成的，所以总体单位是物业管理行业的每一位职工。

总体和总体单位并不是一成不变的，而是随着研究目的的不同而变化，例如，以某物业服务企业作为研究对象，则总体就是该物业服务企业，总体单位就是该物业服务企业中的每一个部门；又如，以该物业服务企业中的某一个部门作为研究对象，则总体就是该物业服务企业中的某一个部门，总体单位就是该部门中的每一位职工。

1.3.2 标志和标志值

标志是说明总体单位所具有的属性或特征的名称。这里强调的是总体单位，每一个总体单位有许多属性和特征，例如，在研究物业管理行业的职工情况时，总体单位是物业管理行业的每一位职工，所以要从每一位职工的主要特征来研究，如职工的工作单位、性别、年龄、职业、工龄、工资等，这些都是每一位职工的标志，则它们在总体单位之间各有一定的表现，既有相同的，也有不同的。

标志按是否变动可分为可变标志和不变标志。可变标志是总体单位之间的具体表现不完全相同，如职工的性别、年龄、工作单位等；不变标志是总体单位之间的具体表现完全相同，如物业服务企业维修人员的社会成分都是工人，这类标志称为不变标志。任何总体单位至少有一个共同的标志，使它们能结合在一起的不变标志构成总体同质性的基础。

标志按性质的不同可分为品质标志和数量标志。品质标志是表示事物质的特征。只能用文字来表示，如职工的工作单位、性别、职业等；数量标志是表示事物量的特征。可用数值来表示，如职工的年龄、工龄、工资等。

品质标志和数量标志的具体表现值，称为标志值。如性别的具体表现值为男、女；工龄的具体表现值为3年、4年、5年等，这些都为标志值。

1.3.3 变异和变量

总体单位之间品质和数量上的差异，即可变标志在总体单位之间表现出来的差异称为变异。如表现在不同职工身上的不同的工作单位、不同的年龄、不同的文化程度等，都称为变异。

可变的数量标志称为变量。如各物业服务企业的职工人数、物业管理收入、营业利润等，都是变量。总体单位中的数量标志大多是可变的，其在总体单位中表现的标志值也称为变量值。如物业管理月收入400万元，则400万元称为变量值。

变量按其数值形式不同，可分为连续变量和离散变量两种。连续变量的数值可用任意小数来表示，如物业服务企业物业经营收入、物业经营成本、营业利润等。离散变量的数值只能用整数来表示，如企业个数、设备台数、职工人数等。

变量按其所受因素的影响不同，可分为确定性变量和随机性变量两种。受确定性因素影响的变量称为确定性变量，这种影响变量值变化的因素是明显的，可以解释的，是人为的或者受人控制的，其影响变量值变化的大小、方向都可以确定。如物业管理收入的变化，是受在管物业房屋面积和每平方米管理费两个因素的影响，而这二者都是人为可以控制的变量，并且对物业管理收入影响的大小和方向也是确定的。受随机性因素影响的变量称为随机变量，所谓随机因素是指各种不确定的、偶然性的因素，这种因素对变量值影响的大小和方向都是不确定的，通常是微小的，如物业维修质量，在所控制的质量数据范围内，由于受到原材料质量、气候条件、施工人员技术熟练程度等多种不确定性的、偶然因素的影响，物业维修质量数据也不是绝对相同的，它们与质量标准有一定误差，这是随机因素的影响，所以在物业维修质量规范标准中，允许有一定的误差范围，在所规定的误差范围内，都属于合格工程。在客观现象中，既有确定性变量，也有随机性变量，影响其变量变化的因素有确定性因素，也有随机性因素，统计研究要按其目的和要求，作出不同处理。

1.3.4 统计指标

1. 统计指标的意义

统计指标（简称指标）是综合反映统计总体数量特征的概念和数值，它是对现象和过程在具体时间、地点、条件下综合性的数量反映，如2017年某物业服务企业物业管理总收入为

7000万元；2017年某物业服务企业在管物业房屋面积1000万m²等，这些都是统计指标。统计指标具有三个特点：①数量性，即统计指标都是用数值来表现。②综合性，指标是对总体单位某一特征进行调查、登记并加以汇总整理而得到的数据，构成总体全部的综合结果，而不是说明个别总体单位的数量特征。③具体性，统计指标是说明总体某一特征或属性的质与量的统一，在一定时间、地点、条件下的数量表现。因此，统计指标可以理解为在一定时间、地点、条件下的社会经济现象总体综合性的数量表现。指标由综合总体各单位的有关资料而形成，因此也称为综合指标。

统计指标一般由三部分构成：一是指标名称，二是指标数值，三是指标单位。指标名称是反映一定社会现象的经济范畴，如某物业服务企业物业管理总收入、某物业服务企业在管物业房屋面积等，指标数值和单位是反映一定的经济范畴在具体时间、地点、条件下按照某种计量单位计算出来的数值，如上例总收入为7000万元就是在2017年某物业服务企业中计算出来的具体数值。

2．统计指标的种类

统计指标按照其内容不同可分为数量指标和质量指标。数量指标是反映社会经济现象总体的单位数量和标志数量的统计指标，一般用绝对数表示，如某物业服务企业月工资总额为500万元，某地区物业服务企业为100家等。质量指标是反映社会经济现象的平均水平和相对水平的统计指标，一般用平均数和相对数表示，如某物业服务企业职工月平均工资为5000元/人，某住宅小区用户维修量是去年同期的115%等。

统计指标按照其计量单位不同可分为实物量指标和价值量指标。实物量指标是用实物计量单位来表示，如某物业服务企业管理的房屋建筑面积为80万m²。价值量指标是用货币计量单位来表示，如某物业服务企业某年的营业利润为900万元。

统计指标按照其表现形式不同可分为总量指标、相对指标和平均指标。总量指标是反映在一定时间、地点、条件下某种社会现象的规模和发展水平的数量总和，如某物业服务企业月工资总额为500万元。相对指标是两个有联系的总量指标相比的结果，说明现象总体的结构、发展程度的指标，如某地区物业维修工程优良率达到60%。平均指标是说明同质总体中某一数量标志在一定历史条件下的一般水平，如某物业服务企业职工月平均工资为5000元/人。

3．指标和标志的区别与联系

指标和标志的区别有两点：

（1）指标是说明总体特征的，而标志是说明总体单位特征的。

（2）指标只能用数值来表示，不能用文字来表示，包括数量指标和质量指标，而标志可以用数值和文字来表示，包括数量标志和品质标志。

指标和标志的联系也有两点：

（1）指标是由总体单位数量标志值汇总而来，如某市物业服务企业职工总数是由该市各个物业服务企业的职工人数汇总出来的。

（2）指标与数量标志存在着一定的变换关系，随着研究目的的不同，原来的统计总体变成了总体单位，则其相应的统计指标变成了数量标志值，反过来也一样，如研究某市物业服务企业总的经营情况，则该市各个物业服务企业营业利润是总体单位的数量标志值，该市物业服务企业总的营业利润就是统计指标；如研究该市各个物业服务企业经营情况，则该市各个物业服务企业营业利润就是统计指标。

1.3.5　统计指标体系

统计指标是由一系列相互联系、相互制约，反映社会经济现象数量特征和数量关系的统计指标构成的有机整体。如要反映某物业服务企业的经济效益，必须要有该企业的营业收入、营业成本、营业税金及附加、营业利润等统计指标，这一系列指标，构成了该物业服务企业的经济效益；又如要反映物业服务企业的经营活动的全貌，需要设立物业服务企业的实物量指标、价值量指标、劳动力指标、物业修缮指标、设备运行状况指标、企业经营及财务状况等指标，通过这一系列指标，构成了该物业服务企业经营活动的全貌。

统计指标体系可分为基本统计指标体系和专业统计指标体系。基本统计指标体系是反映国民经济和社会发展基本情况的指标体系，它包括基层企业统计指标体系、某地区或行业基本统计指标体系和整个国民经济和社会发展基本指标体系。专业统计指标体系是反映某一专业管理状况的统计指标体系，如物业服务企业经济效益统计指标体系等。

统计指标体系能全面地反映现象之间的有机联系和发展过程，用以研究客观现象，并作出全面客观的分析判断，避免片面性。统计指标体系会随着各种客观现象的发展变化而变化，但指标体系一经制定，应力求保持相对稳定，以便积累历史资料，进行系统的比较和分析。

1.4　物业服务企业基本情况统计

物业服务企业是依法成立，具有独立的企业法人资格和相应的资质等级，接受业主或业主委员会的委托，依据有关法律、法规的规定，对物业实行专业化管理的经济组织。

物业服务企业作为直接从事物业的经营、管理和服务活动的专门机构，属于第三产业，其性质是具有独立企业法人地位的经济实体，而不是事业单位性质。物业服务企业的组建原则是社会化、企业化、专业化。

物业服务企业的类型有很多种，结合建设部和物业管理行业协会的调查用表（表1-2、表1-3），以下介绍几种物业服务企业的分类。

1.4.1　按企业登记注册类型不同分

1．国有企业

国有企业是指企业全部资产归国家所有，并按《中华人民共和国企业法人登记管理条例》规定登记注册的非公司制的经济组织，不包括有限公司中的国有独资公司。

物业管理行业调查汇总表

表　号：物业管理综1表
制表机关：建设部
批准机关：国家统计局
批准文号：国统函〔2001〕109号

表1-2

填报单位（盖章）：_____

城市或地区名称	物业服务企业数											
	合计	按企业登记注册类型分（个）							按企业类别分（个）			
		国有企业	有限责任公司	股份有限公司	私营企业	港、澳、台投资企业	外商投资企业	其他企业	兼营物业管理的房地产开发企业	房管所（处）转制企业	后勤服务部门转制企业	其他企业
甲	1	2	3	4	5	6	7	8	9	10	11	12
××省合计												
××市（地区）												

物业服务企业分类情况表

表1-3

1. 按企业登记注册类型划分

企业总数	内资												港、澳、台商投资				外商投资				个体经营			合伙制企业
	国有	集体	股份合作	其中									合资经营	合作经营	独资	股份有限公司	中外合资经营	中外合作经营	外资企业	股份有限公司	个体户	个人合伙	其他	
				国有与集体联营	其他联营	国有独资公司	其他有限责任公司	股份有限公司	私营独资	私营有限责任公司	私营股份有限公司	其他												

2. 按企业成立背景划分

企业总数	社会化的物业企业	兼营物业管理的开发企业	房管部门转制	行政机关后勤转制	企事业单位后勤转制	其他情况

2．有限责任公司

有限责任公司是指根据《中华人民共和国公司登记管理条例》规定登记注册，由两个以上50个以下的股东共同出资，每个股东以其所认缴的出资额对公司承担有限责任，公司以其全部资产对其债务承担责任的经济组织。有限责任公司包括国有独资公司以及其他有限责任公司。

3．股份有限公司

股份有限公司是指根据《中华人民共和国公司登记管理条例》规定登记注册，其全部注册资本由等额股份构成并通过发行股票筹集资本，股东以其认购的股份对公司承担有限责任，公司以其全部资产对其债务承担责任的经济组织。

4．私营企业

私营企业是指自然人投资设立或由自然人控股，以雇佣劳动为基础的营利性经济组织，包括按照《公司法》、《合伙企业法》、《私营企业暂行条例》规定登记注册的私营有限责任公司、私营股份有限公司、私营合伙企业和私营独资企业。

5．港、澳、台商投资企业

港、澳、台商投资企业包括合资经营企业（港或澳、台资），合作经营企业（港或澳、台资），港、澳、台商独资经营企业和港、澳、台商投资股份有限公司。

（1）合资经营企业（港或澳、台资）：指港、澳、台地区投资者与内地企业依照《中华人民共和国中外合资经营企业法》及有关法律的规定，按合同规定的比例投资设立、分享利润和分担风险的企业。

（2）合作经营企业（港或澳、台资）：指港、澳、台地区投资者与内地企业依照《中华人民共和国中外合作经营企业法》及有关法律的规定，依照合作合同的约定进行投资或提供条件设立、分配利润和分担风险的企业。

（3）港、澳、台商独资经营企业：指依照《中华人民共和国外资企业法》及有关法律的规定，在内地由港、澳、台地区投资者全额投资设立的企业。

（4）港、澳、台商投资股份有限公司：指根据国家有关规定，经外经贸部依法批准设立，其中港、澳、台商的股本占公司注册资本的比例达25%以上的股份有限公司。凡其中港、澳、台商的股本占公司注册资本的比例小于25%的，属于内资企业中的股份有限公司。

6．外商投资企业

外商投资企业包括中外合资经营企业、中外合作经营企业、外资企业和外商投资股份有限公司。

（1）中外合资经营企业：指外国企业或外国人与中国内地企业依照《中华人民共和国中外合资经营企业法》及有关法律的规定，按合同规定的比例投资设立、分享利润和分担风险的企业。

（2）中外合作经营企业：指外国企业或外国人与中国内地企业依照《中华人民共和国中外合作经营企业法》及有关法律的规定，依照合作合同的约定进行投资或提供条件设立、分配利润和分担风险的企业。

（3）外资企业：指依照《中华人民共和国外资企业法》及有关法律的规定，在中国内地由外国投资者全额投资设立的企业。

（4）外商投资股份有限公司：指根据国家有关规定，经外经贸部依法批准设立，其中外资的股本占公司注册资本的比例达25%以上的股份有限公司。凡其中外资股本占公司注册资本的比例小于25%的，属于内资企业中的股份有限公司。

7．其他企业

其他企业是指上述登记注册类型以外的企业。

1.4.2　按企业成立背景不同分

1．社会化的物业服务企业

社会化的物业服务企业是指按照公司法要求，由社会上的公司、个人发起组建的，通过竞争取得房产管理权的物业服务企业。

2．兼营物业管理业务的房地产开发企业

兼营物业管理业务的房地产开发企业是指内设非独立法人物业管理机构，兼营物业管理业务的房地产开发企业。

3．房管所（处）转制企业

房管所（处）转制企业是指按照政企分开、企事分开的要求，从原属事业性质的房管所（处）改制为独立法人的物业服务企业。

4．后勤服务部门转制企业

后勤服务部门转制企业是指从原机关、企业和事业单位的后勤服务部门改制为独立法人的物业服务企业。

5．其他企业

其他企业是指不属于上述情况的其他类型物业服务企业。

1.4.3　按物业服务企业与物业的产权关系不同分

1．委托服务型物业服务企业

委托服务型物业服务企业是指企业接受多个产权人的委托、管理各栋房屋乃至整个小区，物业所有权和经营权是分开的。

2．自主经营型物业服务企业

自主经营型物业服务企业是指企业受上级公司指派、管理自主开发的物业。物业产权上属上级公司或该类企业，通过经营收取租金，回收投资，获取利润。物业所有权和经营权是一致的，如商业大厦、办公楼、写字楼较常见。

1.4.4 按资质等级不同分

按建设部颁布的《物业服务企业资质管理办法》，将物业服务企业资质等级分为：一级企业、二级企业和三级企业三个等级，标准见表1-4。

物业服务企业资质等级分类标准

表1-4

资质等级	注册资本（万元）	专职管理和技术人员要求（人）			业　绩
		合计	其中		
			中级以上职称人数	工程、财务负责人职称要求	
一级	≥500	≥30	≥20	中级以上	管理两种以上的物业，有优良的经营管理业绩
二级	≥300	≥20	≥10	中级以上	
三级	≥50	≥10	≥5	中级以上	有委托的物业项目

同时要求申请各资质等级企业物业管理的量应达到一定规模，都应建立并严格执行服务质量、服务收费等企业管理制度和标准，建立企业信用档案系统。

1.4.5 反映物业服务企业基本情况的其他标志

1．法人单位代码

根据中华人民共和国国家标准《全国组织机构代码编制规则》（GB 11714—1997），由组织机构代码登记主管部门给每个企业、事业、机关、社会团体和民办非企业单位颁发的在全国范围内唯一的、始终不变的法定代码，即各级技术监督部门颁发的《单位代码证书》上的号码。

2．法人单位名称

经有关部门批准正式使用的单位全称，应与单位公章所使用的名称完全一致。

3．法定代表人（负责人）

依照法律或者法人组织章程规定，代表法人行使职权的负责人。企业法定代表人按《企业法人营业执照》填写；事业单位法定代表人按《事业单位法人证书》填写；机关的法定代表人填写单位主要负责人；社团法定代表人按《社团法人登记证》填写。

4．登记注册（或批准）情况

指办理登记注册手续的机关（或批准成立的机关）名称、级别和登记注册号码。

5．控股情况

是反映企业实收资本中某种经济成分（指国有、集体、私人、港澳台商、外商五种）的出资人实际出资情况，或出资人对企业资产的实际控制、支配程度。控股包括绝对控股和相对控股。

（1）绝对控股：指在企业的全部实收资本中，某种经济成分的出资人拥有的实收资本（股本）所占企业的全部实收资本（股本）的比例大于50%。

（2）相对控股：指在企业的全部实收资本中，某种经济成分的出资人拥有的实收资本（股本）所占的比例虽未大于50%，但根据协议规定拥有企业的实际控制权（协议控股），或者相对大于其他任何一种经济成分的出资人所占比例。

6. 企业营业状态

是指企业的生产经营状态，可分为：

（1）营业：指全年正常开业的企业和季节性生产开工三个月以上的企业，包括部分投产的新建企业。临时性停产和季节性停产的企业视为营业。

（2）停业（歇业）：指由于某种原因已处于停产状态，待条件改变后将恢复生产经营的企业。

（3）筹建：指企业未经工商部门登记开业，正在进行生产经营前的筹建工作，如研究和论证建设、投产或经营方案，办理征地拆迁，订购设备材料，进行基建等。

（4）当年关闭：指当年因某种原因终止经营的企业，包括关闭、注销、吊销的企业，但不包括破产企业。

（5）当年破产：指当年依照《破产法》或相关法律、法规宣布破产的企业。

（6）其他：指上述以外的其他企业。

根据国家统计局批准颁发的《法人单位基本情况表》（表1-5）的要求，还有统计登记号、主管单位、企业详细地址、企业所在地行政区划等，这里不再一一说明。

物业管理统计基层表

表1-5

表号：房基1表
制表机关：建设部
批准机关：国家统计局
批准文号：国统函（2005）215号
有效期截至2006年11月

地区：　　　　省　　　　市　　　　县

01 企业名称（盖章）：
02 法人（单位）代码：
03 企业详细地址：
04 邮政编码：
05 联系电话：
06 传真：
07 电子信箱：
08 企业网址：
09 企业成立时间：　　　年　　　月
10 企业登记注册类型： 110 国有企业　150 有限责任公司　160 股份有限公司　170 私营企业　200 港、澳、台商投资企业　300 外商投资企业
11 企业资质等级： 一级　二级　三级

一、物业管理项目情况

指标名称 甲	代码 乙	项目个数（个）1	房屋建筑面积（万平方米）2
项目合计	—	1	—
住宅	101		
其中：5万平方米以上的住宅小区	102		
办公楼	103		
商业营业用房	104		
工业仓储用房	105		
其他	106		
	107		

指标名称	代码	计量单位	数量

续表

甲	乙	丙	1
二、企业从业人员情况	—	—	—
企业从业人员总数	201	人	
其中：经营管理人员	202	人	
其中：管理处主任（项目经理）	203	人	
三、企业经营与财务状况	—	—	—
注册资本	301	万元	
资产总计	302	万元	
本年折旧	303	万元	
负债合计	304	万元	
所有者权益合计	305	万元	
营业收入	306	万元	
营业成本	307	万元	
营业税金及附加	308	万元	
营业利润	309	万元	
四、工资、福利费、保险	—	—	—
本年应付工资总额（贷方累计发生额）	401	万元	
本年应付福利费总额（贷方累计发生额）	402	万元	
劳动、待业、养老和医疗保险费合计	403	万元	
五、企业代管维修资金情况	—	—	—
企业代管维修资金总额	501	万元	
企业代管维修资金余额	502	万元	
六、业主大会成立情况	—	—	—
成立业主大会数量	601	个	

单位负责人：　　　　统计负责人：　　　　填表人：　　　　报出日期：

说明：1. 本表由各省、自治区建设行政主管部门、直辖市房地产行政主管部门报送。
2. 本表由辖区内全部物业服务企业和单位填报，由各级房地产行政主管部门逐级上报。
3. 本报表为年报，报送时间为本年后3月底前，报送方式为网络或电子邮件。
4. 本表逻辑审查关系：101=102+104+105+106+107。

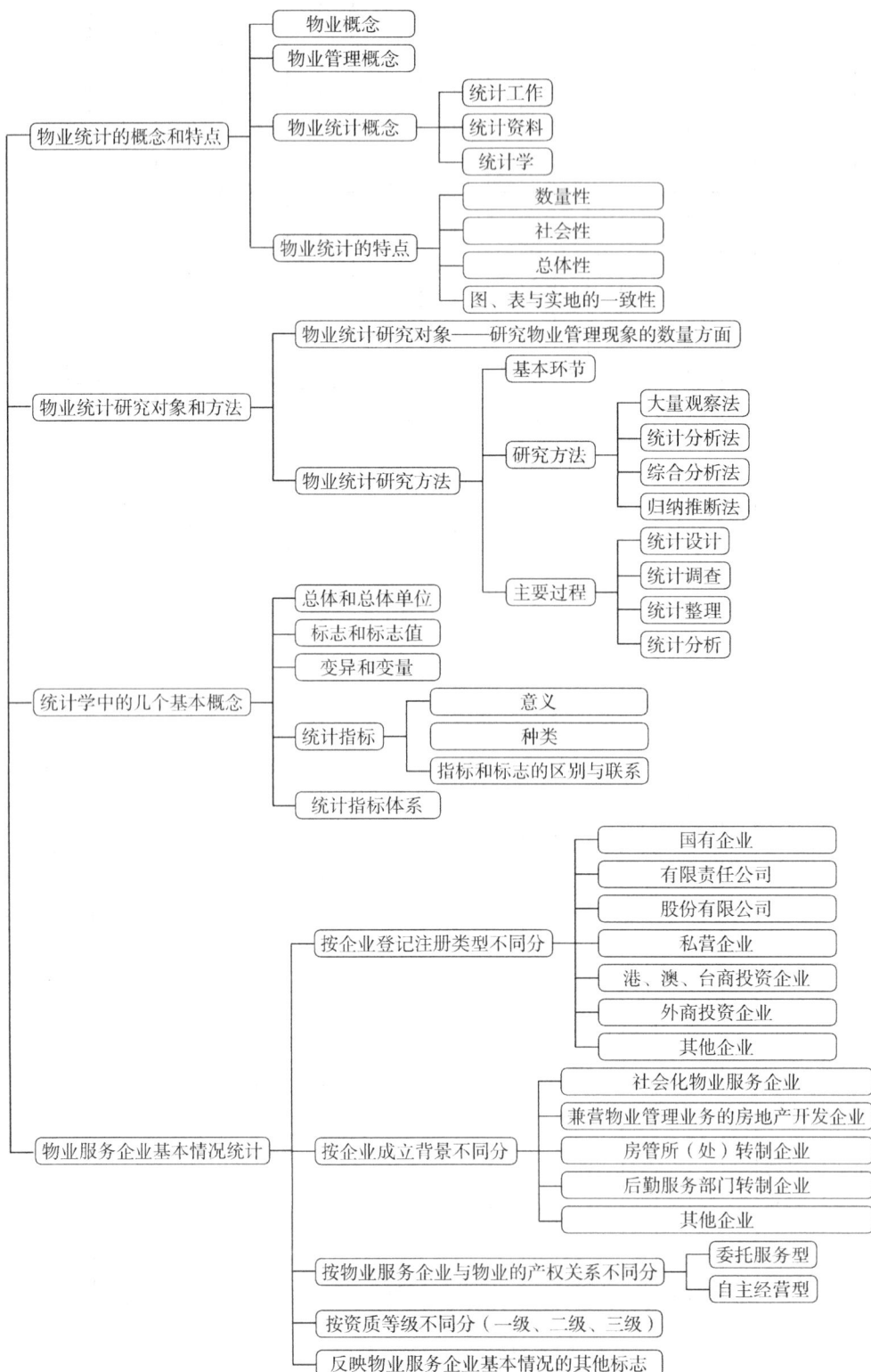

📖 本章小结

物业统计的概念和特点
- 物业概念
- 物业管理概念
- 物业统计概念
  - 统计工作
  - 统计资料
  - 统计学
- 物业统计的特点
  - 数量性
  - 社会性
  - 总体性
  - 图、表与实地的一致性

物业统计研究对象和方法
- 物业统计研究对象——研究物业管理现象的数量方面
- 物业统计研究方法
  - 基本环节
  - 研究方法
    - 大量观察法
    - 统计分析法
    - 综合分析法
    - 归纳推断法
  - 主要过程
    - 统计设计
    - 统计调查
    - 统计整理
    - 统计分析

统计学中的几个基本概念
- 总体和总体单位
- 标志和标志值
- 变异和变量
- 统计指标
  - 意义
  - 种类
  - 指标和标志的区别与联系
- 统计指标体系

物业服务企业基本情况统计
- 按企业登记注册类型不同分
  - 国有企业
  - 有限责任公司
  - 股份有限公司
  - 私营企业
  - 港、澳、台商投资企业
  - 外商投资企业
  - 其他企业
- 按企业成立背景不同分
  - 社会化物业服务企业
  - 兼营物业管理业务的房地产开发企业
  - 房管所（处）转制企业
  - 后勤服务部门转制企业
  - 其他企业
- 按物业服务企业与物业的产权关系不同分
  - 委托服务型
  - 自主经营型
- 按资质等级不同分（一级、二级、三级）
- 反映物业服务企业基本情况的其他标志

习题

一、判断题

1. 统计是对大量事物的数量关系进行综合汇总。（　　）

2. 物业统计的研究对象是研究物业管理现象总体的各个方面。（　　）

3. 统计调查过程中采用的大量观察法，是指必须对研究对象的所有单位进行调查。
（　　）

4. 总体的同质性是指总体中的各个单位在所有标志上都相同。（　　）

5. 对某市物业管理人员进行普查，该市物业管理人员的工资收入水平是数量标志。
（　　）

6. 品质标志说明总体单位的属性特征，质量指标反映现象的相对水平或工作质量，二
者都不能用数值表示。（　　）

7. 指标可以用数值和品质表示，标志只能用数值表示。（　　）

8. 物业服务企业作为直接从事物业的经营、管理和服务活动的专门机构，属于第三产
业，其性质是事业单位。（　　）

二、单选题

1. 下列选项不属于物业统计研究主要过程的是（　　）。

　　a. 统计策划　　　　b. 统计分析　　　　c. 统计调查　　　　d. 统计设计

2. 现有20个物业服务企业的全部职工每人的工资资料，如果要观察这20个物业服务企
业的职工工资水平情况，则总体单位是（　　）。

　　a. 20个物业服务企业　　　　　　　b. 20个物业服务企业的全部职工

　　c. 20个物业服务企业的全部工资　　d. 20个物业服务企业每个职工的工资

3. 有4名物业维修人员，他们的日维修量分别为20m²、21m²、18m²、24m²，这四个数值
是（　　）。

　　a. 指数　　　　　b. 标志　　　　　c. 变量　　　　　d. 标志值

4. 几位学生的某门课成绩分别是67分、78分、88分、89分、96分，"学生成绩"
是（　　）。

　　a. 品质标志　　　b. 数量标志　　　c. 标志值　　　d. 数量指标

5. 下列指标中属于质量指标的是（　　）。

　　a. 社会总产值　　b. 产品合格率　　c. 产品总成本　　d. 人口总数

6. 指标是说明总体特征的，标志是说明总体单位特征的，（　　）。

　　a. 标志和指标之间的关系是固定不变的　　b. 标志和指标之间的关系是可以变化的

　　c. 标志和指标都是可以用数值表示的　　　d. 只有指标才可以用数值表示

7. 统计指标按所反映的数量特点不同可以分为数量指标和质量指标两种，其中数量指
标的表现形式是（　　）。

a. 绝对数　　　　b. 相对数　　　　c. 平均数　　　　d. 百分数

8. 物业服务企业可分为委托服务型物业服务企业和自主经营型物业服务企业，这种分类属于（　　　）。

　　a. 按企业成立背景不同分

　　b. 按企业登记注册类型不同分

　　c. 按物业服务企业与物业的产权关系不同分

　　d. 按物业服务企业基本情况的其他标志不同分

三、多选题

1. 下列选项属于物业统计特点的有（　　　）。

　　a. 数量性　　　　b. 社会性　　　　c. 单一性　　　　d. 总体性

　　e. 图表与实地的一致性

2. 下列选项属于"统计"一词含义的是（　　　）。

　　a. 统计学　　　　b. 统计分析　　　　c. 统计工作　　　　d. 统计资料

　　e. 统计整理

3. 统计研究运用的方法包括（　　　）。

　　a. 大量观察法　　　b. 统计分组法　　　c. 综合指标法　　　d. 统计模型法

　　e. 归纳推断法

4. 下列统计指标中，属于质量指标的有（　　　）。

　　a. 工资总额　　　b. 单位产品成本　　c. 出勤人数　　　d. 人口密度

　　e. 合格品

5. 总体、总体单位、标志、指标间的相互关系表现为（　　　）。

　　a. 没有总体单位就没有总体，总体单位离不开总体而存在

　　b. 总体单位是标志的承担者

　　c. 统计指标的数值来源于标志

　　d. 指标是说明总体特征的，标志是说明总体单位特征的

　　e. 指标和标志都是用数值表示的

6. 下列选项属于按企业成立背景不同来分类的物业服务企业有（　　　）。

　　a. 房管所（处）转制的物业服务企业

　　b. 后勤服务部门转制的物业服务企业

　　c. 社会化的物业服务企业

　　d. 股份制的物业服务企业

　　e. 自主经营型的物业服务企业

四、简答题

1. 什么是统计？统计的三种含义是什么？

2. 物业服务企业统计特点是什么？

3. 物业服务企业统计研究方法是什么？

4. 物业服务企业统计研究的主要过程是什么？

5. 什么是统计总体和总体单位？统计总体有哪些特征？什么是有限总体？什么是无限总体？

6. 什么是标志？标志有哪几种？什么是标志值？

7. 什么是指标？指标和标志有什么区别和联系？

8. 简述物业服务企业的概念。

9. 物业服务企业按企业登记注册类型不同分为哪几种？

10. 物业服务企业按资质等级不同分为哪几种？分类标准如何？

2 物业统计设计和调查

【教学目标】

通过本章学习，了解统计设计的概念、分类、内容；熟悉统计调查的分类、物业统计调查方案的设计、编制物业统计调查表，掌握物业统计常用的调查方法、调查组织形式。

教学要求

能力目标	知识要点	权重
知道统计设计的内容	统计设计的概念、分类、内容	20%
知道物业统计调查方案	统计调查分类、物业统计调查方案设计	30%
懂物业统计调查	物业统计调查方法、调查组织形式、编制物业统计调查表	50%

作为一名物业管理人员，需要及时了解业主对物业服务工作的意见和建议，进一步提高服务质量，使业主感受到认真的工作态度和细致入微的服务。这就需要通过调查搜集统计资料，在搜集统计资料的过程中，需要我们根据调查目的设计好调查表，选择统计调查方法、调查的组织形式，从而为统计资料的整理和分析提供第一手资料，使物业服务企业成为业主的管家。

本章主要研究统计设计与调查的理论和方法，介绍统计设计的概念、统计设计的不同分类及主要内容。同时介绍了统计调查的概念和统计调查的不同分类及不同研究方法，叙述物业统计调查方案的设计及其包括的内容，并且研究统计调查的不同组织形式。

2.1 物业统计设计概述

2.1.1 物业统计设计的概念

统计设计是统计工作的第一个阶段，它是进行一项统计工作之前的准备工作阶段。统计设计是根据统计研究对象的性质和研究目的，对统计工作的各个方面和各个环节所作的通盘考虑和安排。

所谓各个方面是指研究对象的各个组成部分。如物业统计包括物业管理量统计、物业服务企业劳动力统计、物业服务企业经营状况统计等各个方面。

所谓各个环节是指统计工作需要经历的各个工作阶段。如统计资料的收集、整理、分析和运用，统计资料的保管、提供和发布等各个环节。

在物业统计中，由于物业统计研究的项目不同，对统计设计的内容和要求也不一样，如物业管理基本统计调查研究就应设计物业管理现象的各个方面，全面反映物业管理现象的数量特征、数量关系和现象发展变化过程和规律，而物业管理专题统计调查研究就应设计物业管理现象的某个方面，如物业管理项目、物业服务企业从业人员等，对该现象进行深入细致的调查，反映该现象的数量特征和数量关系，并研究其发展变化过程和规律。

2.1.2 物业统计设计种类

1. 按统计设计的工作范围分类

把研究对象作为整体进行考虑的设计称为整体设计，对某一组成部分进行的统计设计称为单项设计（专项设计）。如以物业管理统计为研究对象进行的设计为整体设计，其中物业管理项目、物业管理房屋建筑面积、物业维修等方面的设计为单项设计。整体设计和单项设计是相对而言的，随着研究目的的变化而变化，如对于全国经济发展情况的研究，物业管理行业发展情况的统计设计为单项设计；但在专门研究物业管理行业情况时，则物业管理行业发展情况的统计设计为整体设计。

2. 按统计设计的工作阶段分类

对统计工作全部阶段进行的设计称为全阶段设计，对某一阶段的设计称为单阶段设计。全阶段设计从研究现象的定性设计开始，经过资料的调查、整理、汇总等定量计算，到统计资料的运用。单阶段设计只是对其中某一阶段设计的具体化。

无论是整体设计，还是单项设计，都要考虑设计工作的各个工作阶段，即整体设计可以进行全阶段设计，也可以进行单阶段设计；同样单项设计可以进行全阶段设计，也可以进行单阶段设计。

2.1.3 物业统计设计的主要内容

1. 统计指标和统计指标体系的设计

统计指标是说明总体特征的，要从数量方面反映物业管理现象总体特征；统计指标体系是相互联系、相互制约的一系列统计指标构成的有机整体，因此，可用统计指标和统计指标体系来表示。如反映物业服务企业职工工作积极性影响该企业经济效益，分别可用不同的指标体系来反映，物业服务企业职工工作积极性的指标体系有：职工迟到、早退人数及比重、职工劳动生产率、职工受业主表扬人次及比重、职工提出合理化建议的人次及比重等指标；该企业经济效益指标体系有：管理项目总量、管理房屋建筑面积数量、营业收入、营业利润、营业利润率等指标。

2. 搜集统计资料方法的设计

搜集统计资料的方法有多种多样，可以是全部搜集，也可以是部分搜集，可以采用直接搜集，也可以采用调查单位填报，还可以把一系列指标编制成调查提纲或调查表格，以问卷、访问、观察等方法获取有关指标。具体采用何种方法，要根据研究对象的特点和统计指标重要程度，进行通盘考虑后，再作出设计的决定。

3. 统计组织工作的设计

各个管理部门和各级统计工作机构，由于对统计工作的具体要求不同，在考虑问题时会有不同的侧重点，所以在统计设计时就要考虑处理这些问题，尽量满足各方面要求。为了搞好统计工作的各个环节，必须事先做好组织工作，使统计工作的各个阶段相互衔接。

2.2 物业统计调查概述

2.2.1 物业统计调查的意义

物业统计调查就是根据已经拟定的调查研究方案，采取一系列科学的方法，有计划、有步骤地向调查单位搜集有关分析单位的原始资料的工作过程。这些原始资料包括物业管理项目、房屋建筑物的数据、物业企业劳动力数量、物业维修量、营业收入，以及有关物业管理经济活动、经济关系的数据资料等。统计调查资料搜集方法有两种情况，一种是直接向调查单位搜集资料，以这种方法搜集得到的资料称为初级资料，如调查某小区业主对物业管理的满意程度，调查得到的资料一般为初级资料；另一种是搜集别人已经加工过的资料，以这种方法搜集得到的资料称为次级资料，如从物业服务企业各种统计月报、年报，各种刊物中搜集得到的资料为次级资料。

统计调查是认识客观现象的科学方法。人们要认识客观现象，就得深入实际调查，取得具有可靠性、真实性的调查资料，经过加工整理后，使之准确地反映事物的各种属性和特征，达到认识事物的目的。统计调查是统计整理和统计分析的基础。通过调查取得丰富而又实际的资料，是统计整理和统计分析的前提；统计调查是保证统计工作质量的基本环节，调查资料的正确与否，很大程度上决定了整个统计工作的质量，如调查资料残缺不全，参差不齐，就不能如实地反映统计研究对象的客观面貌，不能揭示其内部存在的数量关系及其发展规律，甚至会得出错误的结论，导致工作失误和决策错误而造成不应有的损失。

物业统计调查以搜集各种原始资料作为统计研究的起点。它的统计对象包括物业管理量、物业维修量、物业服务企业劳动力以及与物业有关的经济活动和经济关系，其统计调查要求一般包括以下几个方面：

（1）准确性。是指搜集的各种原始资料与实际情况相符，原始资料力求准确，反映情况清楚。只有原始资料真实可靠，才能对问题作出判断，得出科学的结论。

（2）及时性。是指及时完成调查任务，及时上报统计资料，及时完成各种统计报表，不得拖延时间，因为有些数据资料具有一定的时效性，如果拖延就会影响到统计工作的质量。

（3）全面性。是指各种原始资料全面、系统，尽可能反映事物的全貌和全过程。如果调查项目残缺不全，会给统计整理工作带来困难，影响统计分析工作的正常进行。

（4）保密性。是指搜集的各种原始资料应替被调查者保密，做到不遗失、不泄露。因为有些调查资料涉及被调查者的个人隐私，一旦泄露会影响到被调查者的利益，甚至关系到社会的安定。

（5）一致性。是指对于土地和房屋建筑物的利用现状及其权属关系的调查，应做到图表和实地相一致。

2.2.2　物业统计调查种类和方法

1．物业统计调查种类

物业管理现象多种多样，错综复杂。在组织统计调查时，应根据不同的调查对象和调查目的，灵活地选择不同的调查方式和方法，以取得良好的效果。统计调查方法可以从不同的角度分类。

（1）按一定组织形式来分，可分为统计报表和专门调查

1）统计报表

统计报表是以原始记录为依据，按照国家统一规定的表格形式，统一的指标内容，统一的报送时间和程序，自下而上定期向国家报告基本统计资料的一种调查制度。这种制度称为统计报表制度。如物业服务企业统计年报（表2-1）、物业项目情况一览表（表2-2），都属于统计报表制度。

2）专门调查

专门调查是为了一定的目的，研究某些专门问题所组织的一种调查方式。这种调查方式大多数属于一次性调查。包括普查、重点调查、典型调查、抽样调查（我们在后面将要作详细介绍）。

（2）按调查范围来分，可分为全面调查和非全面调查

1）全面调查

全面调查是对构成研究对象总体的每一个单位进行调查。包括定期统计报表和普查。全面调查可以反映事物的全貌，有利于对事物的发展状况和发展趋势作出正确的判断，但是需要花费大量的人力、物力、财力，并且花费大量的时间进行组织工作。

2）非全面调查

非全面调查是对构成对象总体的部分单位进行调查。包括重点调查、典型调查、抽样调查。非全面调查可以节约大量的时间、人力、物力和财力，具有灵活简便的特点，能及时取得统计资料。

物业服务企业统计年报

2006年

表　号：WY101表
制表机关：上海市统计局
文　号：沪统制（2006）29号
审批机关：国家统计局
批准文号：国统制〔2006〕60号
有效期至：2007年6月
计量单位：平方米、万元

表2-1

A02 统计登记号：□□□□□□

A01 企业（单位）代码：□□□□□□□□□-□

物业管理情况	代码	本年实际
一、在管物业占地面积	B01	
二、管理本市房屋面积	B02	
1. 住宅	B03	
已竣工住宅	B04	
其中：别墅、高档公寓	B05	
未竣工住宅	B06	
2. 办公用房	B07	
3. 商业营业用房	B08	
4. 厂房	B09	
5. 其他	B10	
三、管理外省市房屋面积	B11	

经营情况	代码	本年实际
一、资产总计	C01	
二、固定资产原价	C02	
本年折旧	C03	
三、负债合计	C04	
四、经营收入	C05	
其中：物业管理收入	C06	
物业经营收入	C07	
五、经营成本	C08	
六、经营税金及附加	C09	
七、其他业务收入	C10	
八、费用合计	C11	
九、营业利润	C12	
十、利润总额	C13	
十一、从业人员劳动报酬	C14	

管理本市房屋面积分布情况	代码	黄浦区	卢湾区	徐汇区	长宁区	静安区	普陀区	闸北区	虹口区	杨浦区	闵行区	宝山区	嘉定区	浦东新区	金山区	松江区	青浦区	南汇区	奉贤区	崇明县
1. 住宅	D01																			
2. 办公用房	D02																			
3. 商业营业用房	D03																			
4. 厂房	D04																			
5. 其他	D05																			

物业项目情况一览表

2006年

表2-2

表　　　号：WY102表
制表机关：上海市统计局
文　　　号：沪统制（2006）29号
审批机关：国家统计局
批准文号：国统制［2006］60号
有效期至：2007年6月
计量单位：平方米

A02 统计登记号：□□□□□□□

A01 企业（单位）代码：□□□□□□□□□—□

顺序号	已竣工住宅小区和办公楼名称	所在区县区县代码	环线内、中、外、郊	竣工年月	房屋建筑面积	空置面积	出租面积	总套数（套）	业主自住套数	地面机动车泊位数（个）	地下机动车泊位数（个）	会所面积	露天运动场面积	绿化面积	小区占地面积	小区物业管理费（元/平方米）

（3）按调查登记时间是否连续来分，可分为经常性调查和一次性调查

1）经常性调查

经常性调查是随调查研究现象的变化而进行连续不断地登记，以取得反映物业管理现象在一段时期内发展变化过程的资料。如物业项目情况一览表就属于经常性调查。

2）一次性调查

一次性调查是一种不连续地调查方式，一般间隔一定时间进行定期或不定期的调查，以取得反映某种现象在一定时间内的发展水平或规模的资料。如人口普查、有色金属的普查、科技人员的普查等都属于一次性调查。

2．物业统计调查方法

统计调查按取得资料的方法不同可分为：

（1）直接观察法

直接观察法是由调查人员亲自到现场对调查对象进行观察和计量，以取得所需要的调查资料。如某物业修缮情况调查、某物业服务企业服务质量调查等都可用直接观察法。这种调查方法由调查人员亲自参加观察和计量，所调查的资料准确性较高，简单易行，亲身感受，但是采用这种方法需要消耗大量的人力、物力、财力和时间。因此，这种方法一般只适用于范围较小的调查，而范围较大的调查通常采用报告法和采访法。

（2）报告法

报告法是利用各种原始记录和核算资料作为报告资料的来源，向有关单位提供统计资料的一种方法。目前我国物业服务企业统计年报就是采用这种形式。这种调查方法是由被调查单位根据企业实际情况按表中的项目自己填写后逐级上报，可以节约时间和费用，但是，采用这种方法需要严格的统计调查制度，才能保证调查资料的准确性。

（3）采访法

采访法是按调查目的，由调查人员对被调查人员进行采访，并根据被调查人员的答复来搜集资料的一种调查方法。它又可分为个别询问法、开调查会法、被调查者自填法等。

1）个别询问法。它是由调查人员对被调查者逐一采访，并根据调查目的，提出问题，来搜集资料的一种方法。这种调查方法便于探讨某些敏感性的社会问题和了解私人生活方面的情况，如调查个人年收入和个人收入安排情况等。这种调查方法由于资料来源较少，要多来源地搜集资料，必须增加调查人员或增加采访次数，所以，采访工作量较大。

2）开调查会法。它是由调查人员根据调查目的，邀请有关人员进行座谈，按照座谈的会议记录，来搜集调查资料的一种方法。这种调查方法便于在较短的时间内了解大量的情况，以较少的人力获得较多的调查资料，但是，这种调查方法由于出席座谈的人员较多，可能有些被调查者没有说出真实的想法，影响调查资料的质量。

3）被调查者自填法。它是由调查人员把表格发给被调查者，然后由被调查者填好后交还给调查人员。采用这种调查方法可以节省时间和费用，但是，调查表格回收率不高。这种方法适用于调查范围较广的调查。

（4）通信法

通信法是通过邮寄或其他电信方法来搜集资料。网上调查是现代科学调查的一种手段，如通过上网聊天、制作专题调查网页等来搜集资料。采用这种方法可以节省时间和费用，但是，通过邮寄或上网方式，以自愿提供资料为前提，并且调查面有限，只是对部分人员和网民进行调查。随着科学的发展和教育水平的提高，这种方法会成为非全面调查的主要方法之一。

（5）其他搜集资料的方法

在物业统计调查中，除了采用直接观察法、报告法、采访法和通信法以外，还可采用下列几种方法：

1）文献法。它是通过对大量文献资料的搜集与分析，引出对研究对象的看法。文献法按形式可分为：①书面文献，包括档案资料、报刊、个人文献。②统计资料，包括事先统计调查的成果。③图像文献，包括艺术作品、电影、电视、幻灯片、相片等。④有声文献，包括磁带、唱片、碟片等。这种方法可作为统计调查的一种辅助方法，具有省钱、省力、省时的特点。

2）实地测量法。它是利用地籍测量和建筑物测量的专业技术手段，实地测出土地位置、形状、地界等以及建筑物的有关数据并绘成图表。在物业统计调查中，如果现有的土地或建筑物的统计资料和档案资料不能满足所需的数据资料时，调查人员只能通过实地测量法来获得有关土地或建筑物的数据资料，才能保证调查任务顺利完成。采用这种调查方法，要求调查人员必须掌握地籍测量和建筑物测量的专业技术方法，才能保证统计数据的质量。

2.3 物业统计调查方案设计

统计调查是一项复杂的系统工程，涉及面广，需要很多人员共同参与才能完成任务。因此，在进行调查之前要制定一个科学的、周密的而又完整的指导性文件，即调查方案，以保证顺利完成任务，达到预定目的。

2.3.1 统计调查方案设计

1．确定调查目的和任务

制订统计调查方案，首先必须明确统计调查目的，根据统计调查目的，明确需要研究哪些问题，搜集哪些资料。调查目的和任务是统计调查最重要、最根本的问题，如果目的和任务不明确，就无法确定调查对象、调查单位、调查方法。一般来说，确定统计调查目的和任务，需要考虑两个要求。一是从调查的目的和任务出发，根据国家管理和经济发展的需要，根据党和政府的方针、政策、党政领导提出的任务来确定调查目的，抓住现实中最重要、最本质的问题。如第三次全国经济普查的主要目的是全面调查了解我国第二产业和第三产业的发展规模及布局，摸清我国各类单位的基本情况，为加强和改善宏观调控，加快经济结构战略性调整，科学制定中长期发展规划，提供科学准确的统计信息。二是从调查对象实际出发，把需要和可能有机结合，搜集现象中可能得到的资料，但应避免搜集可能得到但不需要的资料，这样会浪费人力、物力；也应避免遗漏一些重要的调查资料，以致延误工作。

2．确定调查对象和调查单位

（1）调查对象

调查对象是指需要调查的客观现象的总体，它是由许多性质相同的调查单位组成的，所以调查对象又称为总体。确定调查对象就是要明确规定该总体的范围和统计界线。如调查物业管理系统职工的情况，则调查对象就是物业管理系统的职工，应把"物业管理系统"的界线划清，从而保证统计资料的准确性。

（2）调查单位

调查单位又称为总体单位，是构成调查对象的每一个单位，它是确定搜集资料的载体，是调查资料直接的、具体的承担者。如调查物业管理系统职工的情况，则调查单位就是物业管理系统的每一个职工，在物业管理系统界线内的每一个职工是调查资料的承担者。

在确定调查单位的同时，还要确定填报单位，即负责填写调查表或提交调查报表的单位。填报单位与调查单位有时一致，有时不一致，主要按照调查目的来确定。如上例中，调查物业管理系统职工情况，则填报单位就是每一个物业服务企业，这时的填报单位与调查单位不一致；又如调查物业管理系统的情况，则调查单位就是每一个物业服务企业，填报单位也是每一个物业服务企业，这时两者相一致。

3．拟定调查提纲和编制调查表

一旦确定了调查目的和任务，就可确定调查对象和调查单位，然后进行统计调查。在统计调查中，需拟定调查提纲或调查表。

（1）调查提纲

调查提纲是需要调查记录的具体内容和项目。调查提纲必须围绕调查目的和任务，简明扼要地反映调查目的的项目和指标，调查提纲的各项内容，应有严密的逻辑关系，以便相互核对，检验其结果正确与否。直接观察法、采访法都可编制调查提纲。

（2）调查表

调查表是将已设计出来的指标按一定顺序和形式编排成表格，以便填写和登记调查单位的具体特征和情况。它是统计调查方案的核心部分，也是统计调查的重要工具。调查表又分单一表和一览表两种。①单一表。是指在一份表上只登记一个调查单位资料的表格。这种表所登记的调查项目比较详细，适用于登记项目较多而调查单位又比较分散的情况。如我国物业服务企业定期统计报表、职工登记表等均属于这种表格。②一览表。是指在一份表上同时登记多个调查单位资料的表格。这种表所登记的调查项目较少，适用于登记项目较少而调查单位又比较集中的情况。如我国人口普查所采用的调查表属于这种表格。

4．确定调查方法

统计调查方法有多种，是采用全面调查还是采用非全面调查，采用统计报表还是采用专门调查，要根据调查的内容和特点，并结合各种调查方法的优缺点来考虑，最后在调查方案中加以明确规定。

5．确定调查的时间和地点

（1）确定调查时间

确定调查时间有两种含义：一种含义是指调查工作进行的起讫时间，包括开始搜集资料到报送资料为止，整个工作过程所需要的时间。另一种含义是确定调查资料所属的时点或时期。由于调查资料的性质不同，有些调查资料需要反映在某一点上的状态，如企业职工人数、企业数、建筑材料库存量等，对于这些资料的调查，需要规定一定的时点。有些调查资料需要反映一段时间的状况，如物业服务企业年营业收入、物业维修量等，对于这些资料的调查，需要规定起讫时间段，调查该时间段中的累计数。

（2）确定调查地点

调查地点是指登记资料的地点。一般情况下，登记地点和调查单位所在地相一致，如人口普查登记时在每个居民常住地进行。但也会出现不一致，如人口普查登记时居民离开了常住地，那么按户籍地进行登记。

6．确定调查的组织计划

调查的组织计划包括调查工作组织机构；调查经费的落实，经费的使用计划；调查人员的选择，人员培训计划；调查的工作地点；调查文件准备等。对规模较大而又缺乏经验的调查项目，事先需要进行试点调查。

2.3.2　问卷设计

问卷也称调查表，是根据调查目的和要求设计的项目和指标，有各种问题所组成的表格。问卷法是运用统一设计的问卷，向被调查者了解情况的一种调查形式。

1．问卷设计的基本要求

问卷应主题明确，形式简明，文字通顺，容易理解，便于回答；问卷的内容必须十分具体，措辞要准确、客观，不带任何倾向性和暗示，涉及问题应该是可以测定的。问卷中问句的排列应充分体现调查提纲要求的逻辑结构，层次分明，先易后难，先问事实性资料，后问意向性资料，最后再问理由。

2．问卷设计的结构

问卷包括自填式问卷和访问式问卷。自填式问卷是由调查者把设计好的问卷，交给被调查者，由被调查者根据问卷内容自己填写。访问式问卷是由调查者根据事先设计好的问卷，询问被调查者，然后由调查者根据被调查者的回答填在问卷上。不管是自填式问卷还是访问式问卷，通常具有以下基本结构：

（1）题目。它是问卷的主体。

（2）封面信。它是向调查者介绍调查内容、目的、意义及调查者的身份等信息。

（3）指导语。它是如何填写问卷的具体说明。

（4）问题与答案。根据调查的内容和要求，可分别设计开放式问卷和封闭式问卷。

开放式问卷是由被调查者根据调查者的提问，经过思考后任意作答。如你对物业服务企业工作质量有何看法？你对目前住房改革有何想法？设计开放式问卷要注意以下几点：①熟悉调查对象。②避免涉及个人隐私。③问题不宜过多、不能偏。④紧扣主体。⑤确定问题侧重点和提问方式。⑥问题设计考虑方便整理和分析。

封闭式问卷是由调查者设计各种问题，并设计不同的答案，由被调查者根据问题与答案进行选择。封闭式问卷设计时可采用是否式、选择式、填充式、排列式、矩阵式。

1）是否式。这类问卷给出"是"和"否"两种答案，要求被调查者从中选择答案。如近期你是否打算购买商品房？是□否□。

2）选择式。包括单项选择式和多项选择式。单项选择式是由调查者列出问句，同时给出多个答案，在这些答案中，被调查者根据问题选出一个最符合自己情况的答案。如你现在居住的房屋属于下列哪一种？①别墅□ ②公寓□ ③新式里弄□ ④旧式里弄□ ⑤其他□。多项选择式是由调查者列出问句，同时给出多个答案，在这些答案中，被调查者根据问题选出两个以上最符合自己情况的答案。如物业服务企业调查业主对物业管理服务的满意程度，可使用的调查方法有下列哪几种？①抽样调查□ ②重点调查□ ③典型调查□ ④普查□ ⑤统计报表□。

3）填充式是根据被调查者的回答直接由调查者填入表中的空格，或者直接由被调查者将答案填入表中的空格。如姓名_____、性别_____、年龄_____、工作单位_____、职业_____等。

4）排列式是由调查者列出一组可能的答案，让被调查者根据自己意见将其排列，从而分出其程度与顺序，通常以自然数表示。你认为我国物业服务企业提高服务质量的关键，其大小顺序如何排列？（用自然数表示）

①微笑服务□　　　　②礼帽待客□　　　　③提高报修及时率□

④增加替代性服务□　⑤提高工作主动性□　⑥加强安全保卫□

（5）矩阵式是由调查者将若干同一类问题集中在一起，构成一个表达式，被调查者在每一问题的答案中选择其中一个。如你认为下列现象在你们企业中情况如何？

	较少	不知道	较多	一般
①迟到	□	□	□	□
②早退	□	□	□	□
③自觉加班	□	□	□	□
④提合理化建议	□	□	□	□

设计封闭式问卷要注意以下几点：①语言通俗明了。②语言不宜过长。③避免双重含义。④提问与答案都不能带有倾向性。⑤提问不能采用否定式。⑥不直接提出敏感性问题。

（6）编码。主要为了便于计算机汇总与分析。

下面通过一个实例，介绍统计调查方案的设计方法。

关于上海市居民居住现状和对未来居住需求的调查。

1）确定调查研究目的。通过上海市居民居住现状和对未来居住需求的调查，了解大城市居民对今后居住条件的要求和对今后居住区位的要求，为国家宏观经济控制以及房地产开发企业提供了投资方向和投资依据。

关于"上海市居民居住现状和对未来居住需要的调查"这个大课题，可以分解为几个小课题：a.上海市居民居住现状的调查；b.上海市居民对未来房屋类型、房型、居住面积、区位等需求状况调查；c.哪些因素在未来住房选择中起着主导作用？

为了回答课题中所提出的问题，设计出本课题所涉及的概念有：居民家庭结构、目前居住的区位（房屋类型、房型、居住面积）、对目前居住情况的满意程度、未来是否打算购房、理想中的居住区位（房屋类型、房型、居住面积）、未来购房考虑的因素等。

2）确定调查对象和调查单位。调查对象为上海市居民户，调查单位为上海市每户居民。

3）确定调查种类、调查方法。采用类型抽样方法，在上海市各个区中分别随机抽取80户家庭，进行调查，调查结果可以推断出上海市每一居民户的情况。采用问卷调查方法。

4）编制调查表。首先根据研究课题，将课题中涉及的有关概念，转化成调查指标。如反映家庭结构的指标有：家庭人数、代数、年龄结构、职业构成、文化程度、年人均收入等。反映目前居住情况的指标有：居住区位、房屋类型、房型、居住面积、人均居住面积等。反映未来居住需求情况的指标有：居住区位、房屋类型、房型、居住面积、人均居住面积、环境、交通等。反映目前居住满意程度有：满意、比较满意、还可以、不满意。反映购房意愿有：2年以内、2~5年、5~10年、10年以后。未来购买住宅考虑的因素有：地段、房屋类型、房型、居住面积、环境、交通、子女教育、其他。反映购房贷款情况的指标有：是否贷款、贷款金额、贷款年限等。然后根据上述调查内容，编制调查表（表2-3）。

上海市居民居住现状和对未来居住需求调查表　　　　　　　表2-3

填表对象：户主

家庭情况	家庭地址	上海市＿＿＿区＿＿＿路＿＿＿弄＿＿＿号＿＿＿室。
	家庭人数	总人口＿＿＿人，共＿＿＿代，男＿＿＿人，女＿＿＿人。
	年龄构成	10岁以下＿＿＿人，10~25岁＿＿＿人，25~60岁＿＿＿人，60岁以上＿＿＿人。
	在业人员职业构成	外企人员＿＿＿人，国企职员＿＿＿人，教师＿＿＿人，医护人员＿＿＿人，工人＿＿＿人，军人＿＿＿人，学生＿＿＿人，其他＿＿＿人。
	文化程度	博士、硕士＿＿＿人，大学本科＿＿＿人，专科＿＿＿人，中专、职校＿＿＿人，中学＿＿＿人，小学＿＿＿人，文盲＿＿＿人。
	人均年收入	2万元以下□　2~5万元□　5~10万元□　10~20万元□　20万元以上□
居住现状	居住地段等级（当地物业代填）	1级□　2级□　3级□　4级□　5级□　6级□　7级□
	房屋类型	公寓□　花园住宅□　新建住宅□　新式里弄□　旧式里弄□　其他□
	房型	一室户□　一室一厅□　二室户□　二室一厅□　三室户□　三室一厅□　二室二厅□　三室二厅□　四室一厅□　四室二厅□　其他□
	居住面积	建筑面积＿＿＿平方米，居住面积＿＿＿平方米，人均居住面积＿＿＿平方米
	满意程度	满意□　比较满意□　还可以□　不满意□

续表

	居住区位	内环线以内□　　内、外环线之间□　　外环线以外□　　其他□
未来居住需求	房屋类型	高层住宅□　　小高层住宅□　　多层住宅□　　联体别墅□　　独立别墅□
	房型	一室户□　　一室一厅□　　二室户□　　二室一厅□　　三室户□ 三室一厅□　　二室二厅□　　三室二厅□　　四室一厅□　　四室二厅□ 其他□
	居住面积	建筑面积_____平方米，居住面积_____平方米，人均居住面积_____平方米
	环境要求	高□　　一般□　　低□
	交通要求	高□　　一般□　　低□
	购房意愿	2年以内□　　2～5年□　　5～10年□　　10年以上□
	购房考虑的因素（按顺序填上1，2，3，4……）	地段□　　周边配套□　　房型□　　物业管理□　　环境□ 价格□　　子女教育□　　入住者素质□
购房贷款	是否贷款	是□　　否□
	贷款金额	10万元以下□　　10～15万元□　　15～20万元□ 20～30万元□　　30万元以上□
	贷款年限	5年以内□　　5～10年□　　10～15年□　　15～20年□ 20～30年□　　30年以上□

填表日期：

填表说明：填充式在_____上填写；选择式在所属□内打"√"；排列式按主次顺序在□内填上1，2，3，4……。

5）确定调查时间、调查地点、调查工作地点、调查人员选择、调查人员培训、调查经费等。（略）

2.4　物业统计调查的组织形式

本章第2节中提到，统计调查按一定组织形式来分，可分为统计报表和专门调查。

2.4.1　统计报表

统计报表是以原始记录为依据，按照国家统一规定的表格形式，统一的指标内容，统一的报送时间和程序，自下而上定期向国家和上级主管部门或企业领导报告基本统计资料的一种调查制度。这种制度称为统计报表制度。如物业服务企业统计年报（表2-1）、物业项目情况一览表（表2-2）等报表，都属于统计报表制度。其基本内容包括报表目录、表式、填表说明。报表目录包括报表名称、报送日期、编报单位、编报范围等；表式分为基本表式、专业表式、年报表式、定期表式、综合表式、基层表式；填表说明包括统计范围、统计目录、指标解释及分组等。

1．统计报表的种类

（1）按内容和实施范围分

1）基本统计报表。它是由国家统计局根据国家经济发展和宏观管理需要统一制发的，用来搜集整个国民经济和社会发展的基本情况的统计资料，包括工业、农业、建筑业、运输业、商业、文教卫生等方面的基本统计资料。如产业活动单位基本情况表等（表2-4）。

产业活动单位基本情况　　　　　　　　　表2-4

200　　年　半年

表　　号：101-2表
制表机关：国家统计局上海市统计局
文　　号：沪统制（2006）12号
审批机关：国家统计局
批准文号：国统制〔2006〕60号
有效期至：2008年1月

《中华人民共和国统计法》第三条：国家机关、社会团体、企事业组织和个体工商户等统计调查对象，必须依照本法和国家规定，如实提供统计资料，不得虚报、瞒报、拒报、迟报，不得伪造、篡改。	02 统计登记号 □□□□□□□ 03 产业活动单位代码 □□□□□□□□□—□ 04 产业活动单位名称：＿＿＿＿＿ 05 单位负责人：＿＿＿＿＿

07 企业（单位）详细地址＿＿＿＿区（县）＿＿＿＿
08 企业（单位）注册地址＿＿＿＿区（县）＿＿＿＿
09 注册地代码 □□
10 单位所在地行政区划　　　　　　　　　行政区划代码 □□□□□□
＿＿＿＿区（县）＿＿＿＿街道（乡镇）＿＿＿＿居（村）委

11 联系方式	区　　号 □□□	12 行业类别 主要业务活动（或主要产品） 1＿＿＿＿＿ 2＿＿＿＿＿ 3＿＿＿＿＿　行业 代码 □□□□
	电话号码 □□□□□□□□	
	分机号 □□□□□	
	传真号码 □□□□□□□□	
	邮政编码 □□□□□□	

电子信箱＿＿＿＿＿

13 登记注册（或批准）情况（如登记注册或批准机关为多个，请复选）机关级别：1 国家　　2 市　　3 区（县）

	登记注册（或批准）机关名称	机关级别	登记注册号
1	工商行政管理部门		
2	编制部门		
3	民政部门		
9	其他（请注明批准机关）		

14 登记注册类型

内资	149 其他联营	174 私营股份有限公司	**外商投资**
110 国有	151 国有独资公司	190 其他内资	310 中外合资经营
120 集体	159 其他有限责任公司	**港澳台商投资**	320 中外合作经营
130 股份合作	160 股份有限公司	210 与港澳台商合资经营	330 外资企业
141 国有联营	171 私营独资	220 与港澳台商合作经营	340 外商投资股份有限公司
142 集体联营	172 私营合伙	230 港澳台商独资	
143 国有与集体联营	173 私营有限责任公司	240 港澳台商投资股份有限公司	□□□

17 开业（成立）时间 □□□□ 年 □□ 月	18 营业状态（限企业填报）1 营业 2 停业（歇业）3 筹建 4 当年关闭 5 当年破产 9 其他　　□

| 20机构类型 10企业产业活动单位 20事业产业活动单位 30机关产业活动单位 40社会团体产业活动单位 91境外企业驻沪代表机构 92境外单位驻沪机构 93外省市人民政府驻沪工作机构 94外省市企业驻沪办事机构 99其他 | □□ |

23年末从业人员	36经营性单位收入	37行政事业性单位支出
百万 十万 万 千 百 十 个 总　计 其中女性	百亿 十亿 亿元 千万 百万 十万 万元 千元	亿元 千万 百万 十万 万元 千元

53企业经营（办公）面积（限金融业填）	54企业经营（办公）场所租金（限金融业填）	55营业面积（限批发和零售、餐饮业填）
十万 万 千 百 十 个 经营（办公）面积（平方米） 其中：租赁面积（平方米）	亿元 千万 百万 十万 万元 千元	零售营业面积 十万 万 千 百 十 个 （平方米）

38归属法人单位情况
1法人单位代码 □□□□□□□□—□　　　　2法人单位行政区划代码 □□□□□□ 3法人单位名称：_____ 4法人单位详细地址：_____

单位负责人：　　　统计负责人：　　　填表人：　　　联系电话：　　　填表日期：200　年　月　日

（产业活动单位在此盖章）

2）专业统计报表。它是由本系统主管部门制发的，为专业管理的需要在本系统内部实行的，用来搜集本部门、本系统有关业务技术的统计资料，是对基本统计报表的补充。如物业管理统计基层表（表1-5）。

3）企业内部报表。它是由企业根据实际需要而制发的，是各企业为指挥生产、管理企业，在企业内部实行的，搜集企业内部的基本情况。如物业管理项目统计报表、物业维修情况表、某企业大修项目进度月报表（表2-5）等。

某企业大修项目进度月报表　　　　　　　　　表2-5

项目名称	本年计划施工面积	至本月底实际施工面积	待开工面积	形象进度	
				具体进度	工程量（％）

（2）按报送周期长短分

1）周期短的报表，如日报、旬报，这种报表简单，要求报送及时，以便了解维修工程的施工进度和计划完成情况。

2）周期长的报表，如月报、季报、半年报、年报，这种报表填报项目较多，要求资料全面、完整。月报和季报主要反映经营情况，为检查月、季度计划完成情况；半年报和年报是为检查年度计划完成情况，编制长远计划。

（3）按填报单位分

1）基层报表。它是由基层企、事业单位填报，反映一个基层单位的情况，是国家统计报表的基础，见表1-5。

2）综合报表。它是由上级主管部门或地方主管部门根据所属各单位提交的报表汇总的，反映一个部门、地区、国家的经济、社会基本情况。

（4）按报送方式分

1）电讯报表。它是用电报、电话、传真、E-mail等形式报送。

2）邮寄报表。它是从邮局寄送，可以是月报、季报、半年报、年报等。

2．统计报表的制发

全国性的统计报表，是由国家统计局会同国务院有关部门制定，发往全国。对于地方统计部门或行业统计部门为了工作需要，增补统计指标，可由地方统计部门或行业统计部门制定，并报国家统计局备案。对于企业内部报表，是为了满足企业管理的需要自制的报表，由企业负责签发。

3．统计报表的填报

填报统计报表要做到以下几点：

（1）执行统一规定的指标计算方法，遵守报送程序、报送方式和报送时间。

（2）要求做到统计资料真实、数字准确。

（3）上报的统计报表，必须由单位负责人签字、主管部门负责人签字、填表人签字，加盖企业单位公章后，才能上报。

4．统计报表的特点

（1）统一性。统计报表需要规定统一的内容、统一的时间、统一的组织形式。

（2）全面性。统计报表资料来源具有广泛性、代表性、权威性。

（3）可靠性。统计报表资料的取得具有真实性和准确性。

（4）连续性。统计报表不是属于一次性调查报表，而是属于经常性调查报表，所以，统计报表数据具有连续性。

统计报表的资料来源为企业的原始记录和统计台账。

2.4.2　原始记录和台账

1．原始记录

（1）原始记录的意义

原始记录是基层单位采用一定的表格形式，对经营管理活动具体发生时所作的最初记录。原始记录必须具备三要素，即时间、项目和数量。

建立和健全原始记录制度，必须遵守的原则：

1）坚持从企业实际出发，把需要和可能结合起来。

2）便于职工参加管理，对指标设置，填写方式，要做到通俗易懂，填写方便，易于为职工所掌握。

3）必须考虑企业经济核算的统一需要，既要满足统计核算的要求，也要满足会计核算和业务核算的要求。

（2）原始记录的分类

1）按内容来分

① 经营方面的原始记录。它是反映各种经营活动情况的凭证或记录，如维修工程量记录（表2-6）、物业管理项目记录等。

维修工程量记录　　　　　　　　　　　　　　表2-6

日期	姓名	分项工程名称	完成维修量

制表人_____

② 管理方面的原始记录。它是反映各种经营管理成果情况的记录，如物业管理项目记录（表2-7）、材料库存量记录等。

材料入库单　　　　　　　　　　　　　　表2-7

入库日期			
材料名称		型号	
入库单位		材料数量	
备注			

检验员_____　　　　　　　　　　　　　　材料收货员_____

2）按形式来分

① 综合性原始记录。它是综合地记录经营过程中各种技术经济活动的过程和结果，如个人维修量记录等（表2-8）。

个人生产记录　　　　　　　　　　　　　　表2-8

项目名称：

时间	姓名	分项工程名称	定额维修量	实际维修量	定额工时	实际工时	备注

②专门原始记录。它是用来记录单项经营管理活动的情况。如材料入库单、材料领料单等（表2-7）。

（3）原始记录的特点

1）广泛性。指原始记录涉及经营管理活动各方面，包括人、财、物、产、供、销各个具体方面。

2）群众性。指原始记录是由经营管理人员直接填写的。

3）经常性。指原始记录需要连续不断登记经营管理过程中发生的情况。

4）具体性。指原始记录需要反映经营管理活动的具体情况。

2．统计台账

（1）统计台账的意义

统计台账是根据统计报表核算的要求，结合物业服务企业经营管理需要，用一定的表格形式将分散的原始记录资料，按时间顺序集中登记在账册上。

通过登记台账，可以随时记录各项原始记录和统计资料，便于前后对比，检查资料的正确性；同时可将资料整理工作分散进行，提高统计报表的及时性；也可以系统地积累资料，便于反映经营管理活动，便于领导参考。

（2）统计台账的特点

1）统计台账的资料来源主要是原始记录。

2）统计台账是按时间顺序进行系统登记的，登记的间隔时间则根据研究目的的不同而各有差异。

（3）统计台账的种类

统计台账的种类很多，按所属范围的不同，可分为班组、项目管理部、分公司、总公司统计台账；按登记时期不同，可分为旬、月、季、年统计台账；按繁简程度不同，可分为综合台账和专用台账。综合台账是指在一个表册上，按照时间顺序登记若干有关指标（表2-9）。专用台账是指在一个表册上，按照时间顺序只登记某一项指标（表2-10）。

维修记录台账　　　　　　　　　　　　　　表2-9

项目名称：

时间	工序名称	维修量		工时		返工数量	返工工时
		定额	实际	定额	实际		

维修量记录台账　　　　　　　　　　　　　　表2-10

项目名称：

时间	工序名称	维修量		返工数量	备注
		定额	实际		

原始记录、统计台账和统计报表之间的相互关系可用下图表示：

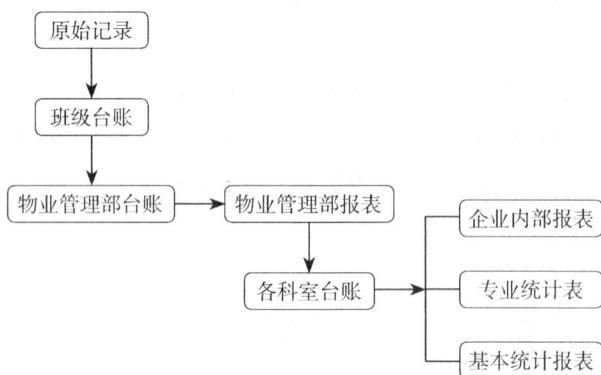

```
          原始记录
             │
             ▼
          班级台账
             │
             ▼
       物业管理部台账 ──→ 物业管理部报表 ──┬──→ 企业内部报表
                              │            │
                              ▼            ├──→ 专业统计表
                           各科室台账 ──────┤
                                           └──→ 基本统计报表
```

2.4.3 专门调查

专门调查是统计调查组织形式中重要的方法。按其特点和作用可分为普查、重点调查、典型调查和抽样调查。

1．普查

普查是专门组织的一次性的全面调查。主要用于搜集重要的国情国力的资料，为国家制订长远规划和方针政策提供依据，如人口普查、物资普查等。普查一般在全国范围内进行，所登记的社会现象是在某一时点上的具体数量和情况。通过普查可以获得一些比较全面细致的资料，但这些资料又不可能也不需要进行经常调查，如我国第三次人口普查在1982年，第四次在1990年，第五次在2000年，第六次在2010年，每次间隔时间不一定相同。所以普查一般具有一次性、大量性的特点，它的内容可以是人口普查，也可以是物资普查，普查的范围可以是全国性的，也可以是地区性的。

普查的组织方式有两种：一种是由专门组织的普查机构，配备大量的普查人员，对调查单位直接进行登记，如我国的多次人口普查就是这样。另一种是利用企、事业单位日常核算和报表，颁发调查表，由登记单位填报，如库存物资普查等。这种普查方式比前一种简便，适用于内容涉及范围较小的情况，由登记单位将填好的表格越过中间环节，直接报到最高一级统计机构集中汇总。

普查是一种专业技术性较强的工作，对调查资料准确性要求较高，所以需要有一套较完整的组织原则，该组织原则如下：

（1）规定统一的调查时点，使所有普查资料都反映在这一时点上，避免重复和遗漏。如我国第六次人口普查的标准时点定在2010年11月1日零点。

（2）在普查范围内，各调查单位应尽可能同时进行调查，保证资料的真实性和时效性。如我国第六次人口普查规定调查时间在2010年11月1日—11月10日，10天内调查结束。

（3）规定统一的项目和指标，以便在全国范围内统一汇总。

（4）制定实施计划。普查工作繁重而又复杂，要求在开展调查之前，通盘考虑普查工作实施计划。

（5）做好宣传动员工作。普查工作是一项广泛性的群众工作，必须广泛动员群众，做好宣传工作，只有让群众了解普查的目的、意义，取得群众的理解和支持，才能顺利完成普查任务。

2. 重点调查

重点调查是通过对重点样本的调查，大致掌握总体的基本数量情况的一种非全面性的调查。其中重点样本是指总体中某些数量指标占有较大比重的总体单位。如要了解全国大城市房地产发展的基本情况，一般选择北京、上海、广州等大城市；要了解全国钢铁生产情况，一般选择宝钢、鞍钢等几个重大的钢铁基地。重点调查的单位可以是一些企业、行业，也可以是一些地区、城市。运用重点调查可以用较短的时间，较少的人力、物力、财力搜集到满足有关部门所需要掌握的基本资料。

采用重点调查方法，主要为了掌握总体的基本情况，而部分单位能比较集中地反映所研究的项目和指标。另外，在那些直接影响国民经济发展关系重大的单位，国家需要专门掌握其生产情况，这时同样可采用重点调查。

重点调查主要采用专门调查的组织形式，有时也可颁发统计报表，由部分重点单位填报。

3. 典型调查

典型调查是从总体中选取一个或几个具有代表性的总体单位进行的一种专门组织的非全面调查。根据调查的目的要求，对所研究的对象进行初步全面的分析，有意识地从中选出具有代表性的单位，进行周密的调查，借以认识事物的本质及其规律性。通过典型调查，能取得较为丰富的资料；能对事物进行具体细致的调查研究；能了解事物发展的过程和原因；能节省人力、物力，及时总结出调查报告。

典型调查单位的选择有以下几点要求：

（1）符合统计调查研究的目的要求。如了解某地区物业服务企业总体的综合情况，可按经济效益来选择，可以分别选择经济效益好的单位、经济效益一般的单位、经济效益差的单位进行调查。

（2）在掌握调查对象资料的基础上，作出客观、公正的判断。由于典型单位选取不能太多，所以在典型单位选取过程中，应听取各方面意见，多深入基层了解情况，作出较为合理的判断。

（3）应注意其针对性。任何典型都是具体的、有条件的，都处在不断地变化发展之中，随着条件的变化，典型也会变化，应根据具体的要求，有针对性地选择典型单位。

典型调查资料搜集的方法有开调查会法、个别访问法、蹲点调查法、查阅资料法等。典型调查的特点是以定性调查，定性分析为主；一般作为其他统计调查的辅助形式。典型调查和全面调查方法结合，既可以掌握全面情况，又具有典型材料，为分析问题、解决问题提供了丰富生动的资料。

第六次全国人口普查表短表

表2-11

表　　号：R601表
制定机关：国家统计局
批准机关：国务院第六次全国人口普查办公室
批准文号：国发〔2009〕23号
有效期至：2010年12月

经国务院批准进行第六次全国人口普查
人口普查的标准时点为2010年11月1日零时
人口普查的原始资料不向任何单位和个人提供，仅供汇总使用
公民应履行如实申报普查项目的义务

本户地址：_____ 县、市区：_____ 乡、镇街道：_____ 普查区_____ 普查小区_____ 建筑物_____ 编号：_____
和地址编码：_____

H1.户编号	H2.户别	H3.本户应登记人数	H4. 2009.11.1—2010.10.31				H5.本户住房建筑面积	H6.本户住房间数
___号	1.家庭户 2.集体户	2010年10月31日晚居住在本户_____人 户口在本户、2010年10月31日晚未住本户的人数_____人	出生人口		死亡人口		_____平方米	_____间
			男___人	女___人	男___人	女___人		

每个人都填报

R1.姓名	R2.与户主关系	R3.性别	R4.出生年月	R5.民族	R6.普查时点居住地	R7.户口登记地	R8.离开户口登记地时间	R9.离开户口登记地原因	R10.户口性质	6周岁及以上（2004年10月31日以前出生）的人填报	
	0.户主 1.配偶 2.子女 3.父母 4.岳父母或公婆 5.祖父母 6.媳婿 7.孙子女 8.兄弟姐妹 9.其他	1.男 2.女	出生于：___年___月	___族	1.本普查小区 2.本村（居）委会其他普查小区 3.本乡（镇、街道）其他村（居）委会 4.本县（市、区）其他乡（镇、街道） 5.其他县（市、区），请填写下面地址 6.港澳台或国外 省（区、市）___ 地（市）___ 县（市、区）___	1.本村（居）委会 2.本乡（镇、街道）其他村（居）委会 3.本县（市、区）其他乡（镇、街道） 4.其他县（市、区），请填写下面地址 5.户口待定→R11 省（区、市）___ 地（市）___ 县（市、区）___	1.没有离开户口登记地→R10 2.半年以下 3.半年至一年 4.一年至二年 5.二年至三年 6.三年至四年 7.四年至五年 8.五年至六年 9.六年以上	1.务工经商 2.工作调动 3.学习培训 4.随迁家属 5.投亲靠友 6.拆迁搬家 7.寄挂户口 8.婚姻嫁娶 9.其他	R11.是否识字 1.是 2.否	R12.受教育程度 1.未上过学 2.小学 3.初中 4.高中 5.大学专科 6.大学本科 7.研究生
	0.户主 1.配偶 2.子女 3.父母 4.岳父母或公婆 5.祖父母 6.媳婿 7.孙子女 8.兄弟姐妹 9.其他	1.男 2.女	出生于：___年___月	___族	1.本普查小区 2.本村（居）委会其他普查小区 3.本乡（镇、街道）其他村（居）委会 4.本县（市、区）其他乡（镇、街道） 5.其他县（市、区），请填写下面地址 6.港澳台或国外 省（区、市）___ 地（市）___ 县（市、区）___	1.本村（居）委会 2.本乡（镇、街道）其他村（居）委会 3.本县（市、区）其他乡（镇、街道） 4.其他县（市、区），请填写下面地址 5.户口待定→R11 省（区、市）___ 地（市）___ 县（市、区）___	1.没有离开户口登记地→R10 2.半年以下 3.半年至一年 4.一年至二年 5.二年至三年 6.三年至四年 7.四年至五年 8.五年至六年 9.六年以上	1.务工经商 2.工作调动 3.学习培训 4.随迁家属 5.投亲靠友 6.拆迁搬家 7.寄挂户口 8.婚姻嫁娶 9.其他	1.农业 2.非农业	1.是 2.否	1.未上过学 2.小学 3.初中 4.高中 5.大学专科 6.大学本科 7.研究生

（超过五人的户，从第2张普查表起，户记录只填写"H1.户编号"）

典型调查和重点调查的区别在于典型调查的调查单位选择侧重于某一方面质的代表性；重点调查的调查单位选择侧重于总体数量方面的代表性。

4．抽样调查

抽样调查是按随机原则，在总体中抽取一部分单位调查，用来推断总体的一种非全面性的调查。其主要特点有：

（1）总体的各单位都有一个指定的概率被抽取。

（2）随机原则。在抽取样本单位时必须通过一个或几个随机的步骤进行，而不得采取主观、有意的选择方式。

（3）从数量上推断总体。即以样本的估计值来推断总体有关参数，并可以控制抽样误差的大小。

抽样调查是物业服务企业统计调查中最主要的调查方法之一，在业主对物业管理满意程度的调查中，通常采用抽样调查这种调查形式。

采用抽样调查的几种情况：

（1）有些现象不可能或不必要进行的全面调查。如城市居民居住水平调查、物业管理服务质量调查、食品质量状况调查等。

（2）运用抽样调查，检查全面调查资料的质量。如对人口普查工作质量进行检查等。

（3）运用抽样调查资料来判断生产过程是否处于正常状态。生产流水线上产品质量检验等。关于这方面的理论和方法，将在第八章中专门研究。现将几种非全面性调查列表比较，见表2-12。

重点调查、典型调查、抽样调查的区别 表2-12

区别	重点调查	典型调查	抽样调查
调查目的	掌握总体的基本情况	推论总体的本质和规律或研究具体问题	从数量上由样本推断总体，并用概率表明推断的可靠程度
调查的组织形式	专门调查或定期统计报表	专门调查（有时也用统计报表）	专门调查
调查单位的选择	有意识地选择在总体中占绝对比重的单位	有意识选择具有代表性的单位	按随机原则抽取样本单位
调查结果能否推断总体	不能	不能	能

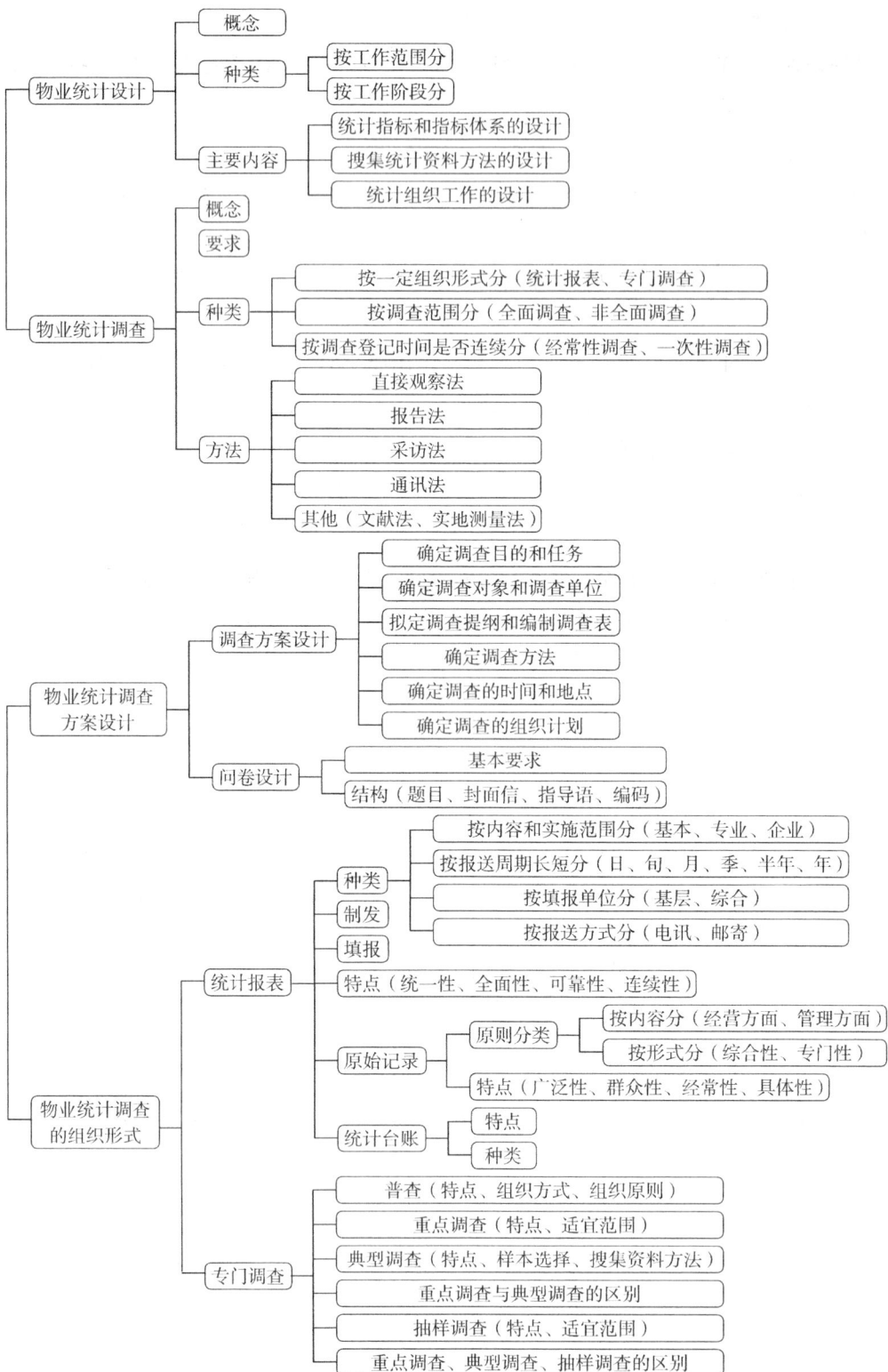

本章小结

物业统计设计
- 概念
- 种类
  - 按工作范围分
  - 按工作阶段分
- 主要内容
  - 统计指标和指标体系的设计
  - 搜集统计资料方法的设计
  - 统计组织工作的设计

物业统计调查
- 概念
- 要求
- 种类
  - 按一定组织形式分（统计报表、专门调查）
  - 按调查范围分（全面调查、非全面调查）
  - 按调查登记时间是否连续分（经常性调查、一次性调查）
- 方法
  - 直接观察法
  - 报告法
  - 采访法
  - 通讯法
  - 其他（文献法、实地测量法）

物业统计调查方案设计
- 调查方案设计
  - 确定调查目的和任务
  - 确定调查对象和调查单位
  - 拟定调查提纲和编制调查表
  - 确定调查方法
  - 确定调查的时间和地点
  - 确定调查的组织计划
- 问卷设计
  - 基本要求
  - 结构（题目、封面信、指导语、编码）

物业统计调查的组织形式
- 统计报表
  - 种类
    - 按内容和实施范围分（基本、专业、企业）
    - 按报送周期长短分（日、旬、月、季、半年、年）
    - 按填报单位分（基层、综合）
    - 按报送方式分（电讯、邮寄）
  - 制发
  - 填报
  - 特点（统一性、全面性、可靠性、连续性）
  - 原始记录
    - 原则分类
      - 按内容分（经营方面、管理方面）
      - 按形式分（综合性、专门性）
    - 特点（广泛性、群众性、经常性、具体性）
  - 统计台账
    - 特点
    - 种类
- 专门调查
  - 普查（特点、组织方式、组织原则）
  - 重点调查（特点、适宜范围）
  - 典型调查（特点、样本选择、搜集资料方法）
  - 重点调查与典型调查的区别
  - 抽样调查（特点、适宜范围）
  - 重点调查、典型调查、抽样调查的区别

习题

一、判断题

1. 统计设计是根据统计研究对象的性质和研究目的，对统计工作的各个阶段所作的通盘考虑和安排。（　　）

2. 统计报表制度是以统计台账为依据，按照国家统一规定的表格形式，统一的指标内容，统一的报送时间和程序，自下而上定期向国家报告基本统计资料的一种调查制度。（　　）

3. 调查表是将已设计出来的指标按一定顺序和形式编排成表格，以便填写和登记调查单位的具体特征和情况。（　　）

4. 全面调查和非全面调查是根据调查结果所得到的资料是否全面来划分的。（　　）

5. 采用重点调查搜集资料时，选择的调查单位是标志值较大的单位。（　　）

6. 与普查相比，抽样调查调查的范围小，组织方便，省时省力，所以调查项目可以多一些。（　　）

7. 对调查资料进行准确性检查，既要检查调查资料的登记性误差，也要检查资料的代表性误差。（　　）

8. 在对现象进行分析的基础上，有意识地选择若干具有代表性的单位进行调查，这种调查属于重点调查。（　　）

二、单选题

1. 下列选项不属于物业统计调查要求的是（　　）。

　　a. 及时性　　　　　b. 规范性　　　　　c. 保密性　　　　　d. 一致性

2. 在物业统计调查方法中，对于范围较大的调查宜采用（　　）。

　　a. 直接观察法　　　b. 推断法　　　　　c. 报告法　　　　　d. 通信法

3. 统计调查是进行资料整理和分析的（　　）。

　　a. 基础环节　　　　b. 中间环节　　　　c. 最终环节　　　　d. 必要补充

4. 在统计调查过程中，如果调查整个物业管理行业的职工情况，则调查单位为（　　）。

　　a. 整个物业管理行业的职工　　　　　b. 整个物业管理行业

　　c. 物业管理行业的每一个职工　　　　d. 物业管理行业的每一个企业

5. 下列选项不属于物业统计调查方案设计内容的是（　　）。

　　a. 确定调查对象和调查单位　　　　　b. 拟定调查提纲和编制调查表

　　c. 确定调查方法和形式　　　　　　　d. 确定调查的时间和地点

6. 对物业智能化设备进行质量检验，最适宜采用的方法是（　　）。

　　a. 全面调查　　　　b. 抽样调查　　　　c. 典型调查　　　　d. 重点调查

7. 调查几个重要铁路枢纽，就可以了解我国铁路货运量的基本情况和问题，这种调查属于（　　　）。

　　a. 普查　　　　　b. 重点调查　　　　c. 典型调查　　　　d. 抽样调查

8. 抽样调查和重点调查都是非全面调查，二者的根本区别在于（　　　）。

　　a. 灵活程度不同　　　b. 组织方式不同

　　c. 作用不同　　　　　d. 选取单位方式不同

三、多选题

1. 下列选项属于物业统计设计主要内容的是（　　　）。

　　a. 统计指标的设计　　　　　　　　b. 统计指标体系的设计

　　c. 搜集统计资料方法的设计　　　　d. 整理统计资料内容的设计

　　e. 统计组织工作的设计

2. 下列选项属于物业统计调查方法的是（　　　）。

　　a. 直接观察法　　　b. 推断法　　　c. 采访法　　　d. 通信法

　　e. 报告法

3. 在物业服务企业统计年报中，需要统计物业管理情况的指标有（　　　）。

　　a. 在管物业占地面积　　　　　　　b. 在管物业房屋面积

　　c. 管理本市房屋面积　　　　　　　d. 管理本市房屋数量

　　e. 管理外省市房屋面积

4. 统计报表按照填报单位来分，可分为（　　　）。

　　a. 基本统计报表　　　　　　　　　b. 专业统计报表

　　c. 企业内部报表　　　　　　　　　d. 基层报表

　　e. 综合报表

5. 下列选项中属于统计报表的资料来源有（　　　）。

　　a. 原始记录　　　b. 基层报表　　　c. 综合报表　　　d. 统计台账

　　e. 数据平台

6. 重点调查的特点包括（　　　）

　　a. 重点调查是一种非全面调查

　　b. 重点单位需要随着所调查的对象的改变而改变

　　c. 其主要目的是要了解调查对象的基本情况

　　d. 重点单位的某一主要标志值总量占总体标志总量的绝大比重

　　e. 重点单位的选择带有主观因素

四、简答题

1. 简述物业统计设计的内容。

2. 什么是物业统计调查？其一般要求有哪些？

3. 统计调查的分类有哪些？

4. 什么是统计调查方案？它包括哪些基本内容？

5. 什么是调查表？它有哪几种形式？

6. 问卷设计有哪几种？举例说明封闭式问卷的几种设计形式。

7. 什么是定期统计报表？什么是普查？两者有何异同？

8. 统计报表的资料来源有哪些？简述其各自特点。

9. 简述重点调查、典型调查和抽样调查的区别。

10. 根据本人的生活经验和对研究内容的熟悉程度，选择下列一项调查课题，要求制定统计调查方案和编制调查表。

　　1）业主对物业管理工作满意程度的调查。

　　2）上海市在职人员生活质量状况的调查。

　　3）全国各大城市居民住房情况的调查。

　　4）目前消费者出国旅游的现状和未来发展趋势的调查。

3 物业统计整理

【教学目标】

使学生理解统计整理的目的和作用、分配数列、统计图表等知识；掌握利用简单计算机软件（如：Excel）有效率的对调查得到的原始资料进行统计整理、描述的工作。

通过案例教学、任务驱动等方式，使学生掌握统计分组、分配数列、统计图表的编制。

通过分组练习、教师点评等方式，使学生主动思考、相互比较，理解如何进行统计整理可以使原始资料标准化，为统计分析和描述奠定基础。

结合物业服务企业的实际工作介绍知识的运用，使学生能够针对工作中可能遇到的统计资料选择适合的整理方式。

教学要求

能力目标	知识要点	权重
统计资料的预处理	统计资料审核、筛选的标准，统计资料排序的作用	15%
统计分组	统计分组的含义、作用、原则，分组标志的选择，分组界限的设定	30%
编制分配数列	分配数列的含义、种类，频数和频率及其累计	20%
编制统计表	统计表含义、种类、设计要求	15%
绘制统计图	统计图的含义、种类、绘制和应用	20%

当我们成为一名物业服务企业的管理者，可能需要经常进行大与小、多与少、优与劣的比较；例如，分析物业规模大小对于成本的影响、分析劳动力和技术投入多与少对效率的影响、分析职工工作质量的优与劣以决定奖金的分配等。这些分析需要我们搜集统计资料，但通过直接观察原始资料却难以得到孰大孰小、孰多孰少、孰优孰劣的结论。因为一大堆零散的资料会使人眼花缭乱，难以发现研究对象的整体特征，如同让我们直接在一堆苹果中选择一个最大的是十分困难的。因此，为了使我们能够方便地进行深入的统计分析，就需要我们先对原始资料进行处理，使之条理化、系统化，为下一步的分析打好基础。本章主要介绍将原始资料条理化、系统化的方法，以及如何将整理后的资料有效描述表达的手段。

3.1 物业统计整理概述

3.1.1 统计整理的含义

统计整理是根据统计研究的目的，按照科学的方法，对统计调查得到的原始资料进行分类、汇总，使之条理化、系统化，将原本反映个体特征的原始资料（统计标志），转化为反映总体特征的统计指标的过程。随着后面的学习，大家会了解到统计整理不单是统计技术的问题，而且是实现统计研究目的的一个极为重要的理论问题。同时，统计整理工作的质量还取决于统计人员对所研究的统计对象及其运行规律的掌握程度。

如同统计学在其他行业的应用，物业统计整理是统计整理技术在物业服务领域的具体应用。

3.1.2 统计整理的作用

在统计工作中，统计整理是统计调查的延续，是统计分析的基础和前提，起到承上启下的作用；是对统计总体从感性认识上升到理性认识的过渡阶段。

统计学研究的对象是总体现象的数量方面。然而，统计调查往往登记的原始资料是反映个体特征的统计标志。这些原始资料是杂乱的、不系统的，只能表明各个被调查单位的某一方面的情况，不能反映研究对象的总体特征和规律。为了实现统计研究的目的，就需要对原始资料进行统计整理。

例如，我们想了解某物业服务公司职工的收入结构。于是，我们进行了统计调查，但一张张的观察数百张、数千张调查表很难得出我们想要的信息。只有我们对列在每张调查表中不系统的资料进行分类汇总后，我们才能得到各类收入水平和对应人数，进而对全公司收入结构有所认识，也为下一步的分析奠定基础。

3.1.3 统计整理的主要工作

1．统计资料的预处理

在对原始资料进行分类之前，先要根据研究目的对原始资料进行审核、筛选和排序等预处理工作。

2．统计分组

在对原始资料预处理之后，一般要根据研究对象和研究目的，选择适当的分组标志，划分各组间的界限。其实质就是制定出一种规则，使得分组标志的标志表现异质的个体被分割，同质的个体被组合。

3．统计汇总

在完成统计分组工作后，就要依据分组规则将原始资料归入其所属的组内，然后根据调查得到的个体有关标志表现进行汇总，编制分配数列，进而得到对应的统计指标。

4．统计资料的显示

通过前几项统计整理工作，我们会得到能够反映总体特征和规律的统计指标等资料。为了使其他统计资料使用者（如：决策者、研究人员）便捷高效的理解和利用这些资料，我们需要将整理后的统计资料以简明、系统、有序的方式显示出来。较为有效的方式就是编制统计图、表。

3.2 统计资料的预处理

3.2.1 统计资料的审核

调查得到原始资料（如：调查问卷、观测记录、统计报表、历史资料等）后，我们首先要进行审核。这就如同对原材料的质量检验，通过检验的资料才能进入下一步的整理和分析，否则会影响统计研究的质量。

1．一手统计资料的审核

一手统计资料一般是根据统计研究的目的，采用问卷、观察、报表等方法进行了专门统计调查，从调查对象处直接得到的统计资料。这类资料取得成本较高但针对性强，主要审核其完整性和正确性。

（1）完整性审核

统计资料完整性审核一般包括：调查单位的完整性审核和调查项目的完整性审核。

1）调查单位的完整性审核

调查单位的完整性审核主要是根据调查方案，检查收到的统计资料（如问卷）是否涵盖了全部应该调查的对象。如果发现缺少部分调查对象的统计资料，统计人员就需要根据研究目的和事先确定的原则判断统计资料是否能够满足研究的需要。如果不能满足需要就应进行补充调查；如果能够满足需要就可以开展下一步工作，但应加以记录，并在相关研究报告中披露。

特别要指出的是，所谓完整性不只是调查对象的数量问题，更重要的是其对于整体代表性问题。所以除了检查统计资料的数量覆盖程度，也要注意检查其对总体结构的覆盖程度。

例如，某物业服务企业想了解业主有哪些专项服务需要时，就在网上社区论坛中发起一项调查，最终70%的业主进行了投票。但是当该企业按照调查结果开展服务时，仍然有很多人提出意见，认为其服务项目不能满足需求。经过分析发现，这些提出意见的业主主要是中老年人。他们大多数人对网络并不熟悉，没有能够参与投票。而且，他们的需求又与参与投票的人群不同，最终造成物业服务企业决策的偏差。

2）调查项目的完整性审核

调查项目的完整性审核就是检查调查项目是否填写完整，实质就是检查所有需了解的统计标志是否全部填写了标志表现。调查项目的缺项往往会造成个体难以归类，进而严重影响对于总体结构、比例、相关性的分析质量。一般当调查项目缺项时，必须进行补充调查，否则该统计资料就难以使用。

特别要指出的是，调查对象的基本信息资料（如：人的性别、年龄）往往是进一步整理分析的重要依据，虽然有时这些资料并不在调查问卷正式问题当中。

（2）正确性审核

统计资料正确性审核一般包括：统计资料的逻辑审核和统计资料的计算审核。

1）逻辑审核

统计资料的逻辑审核就是检查统计资料是否存在有悖常理、自相矛盾的问题。对于出现逻辑错误的统计资料，我们有时可以根据常识对统计资料加以修正；有时则必须进行补充调查或剔除该资料。

例如，某职工登记表中身高一栏填写为1.75cm，这是明显有悖常理的。我们可以推测填写人没有看清楚计量单位，此时，应该根据常识将其修正为175cm。再如，某物业基本信息统计表中，电梯装配年代早于房屋建筑年代，这是自相矛盾的，二者至少有一个是错的。

特别需要指出的是，当我们希望了解一些调查对象不愿透露的资料时，往往调查对象会给出假答案或拒绝回答该问题。然而，随着心理学等专业知识在调查问卷设计时的应用，设计缜密的调查问卷会通过多个问题相互印证来了解这类信息，这就需要我们通过逻辑审核了解调查对象不愿透露的真相。

例如，当我们想了解调查对象的收入水平，我们可以直接询问，还可以设置与其收入密切相关的其他问题，如家庭成员、职业、房地产、交通工具、投资储蓄等情况。

2）计算审核

统计资料的计算审核主要是针对数量标志，检查其计算方法、计算口径、计算过程、计算结果和计量单位是否存在错误或不符合规则的问题。如果出现这类问题我们一般可以直接对其进行修正。

2．二手统计资料的审核

二手统计资料是本次统计研究利用的以往为了其他统计研究而收集整理的统计资料，一般是间接的从其他研究机构或人员处得到的。这类资料取得成本较低但针对性弱，在对其进行完整性和正确性审核的同时，还要审核其适用性和时效性。

（1）适用性审核

二手统计资料的适用性审核就是检查其调查对象、调查项目等是否符合本次研究的目的，能否满足本次研究的需要。二手统计资料是否适用，首先要检查二手资料所属的总体是否和本次研究的总体一致；其次要检查二手统计资料记载的统计标志和统计指标等情况是否能满足本次研究的需要。

（2）时效性审核

二手统计资料的时效性审核就是检查其所属的时间是否符合本次研究目的。在进行现状研究时应尽量采用最新的资料；在进行动态数列分析时，会采用相应的历史资料。当二手统计资料不能满足要求时就应该进行一手资料的调查收集。

3.2.2 统计资料的筛选

统计资料的筛选包括两项工作内容：一是对不符合以上审核要求而又无法弥补的统计资料加以剔除；二是对具备某种特定条件的统计资料单独选拔出来，以备专门研究。

1．错误资料的剔除

统计工作的最终目标是通过分析为决策提供参考，决策往往都有其时效性。当我们得到的一些统计资料不能通过以上审核而又无法弥补时，我们就应该果断的剔除这些资料。当然，最好是能够在收集资料时就不出问题或能够及时弥补。好在统计学并不像会计学那样要求一分不差，在一定的准确程度下，牺牲掉一些资料并不会影响我们对于研究对象整体特征和规律的揭示。

2．特定资料的选拔

根据研究目的，我们可能特别关注调查对象中某个或某类对象的情况。我们一般可以事先制定出一些标准，在调查后根据这些标准将特定的调查对象选拔出来。对于这些对象我们可能会进行一些专门的研究。

例如，在进行物业服务满意度调查时，物业服务企业会特别关注满意度较低的业主的意见。因为，通过解决这些业主的问题会使得整体满意度明显上升。那么我们就可以将综合满意度低于80分的业主问卷筛选出来，认真分析其原因，甚至派专人登门了解具体情况。

3.2.3 统计资料的排序

统计资料的排序就是根据某项标志，按照个体标志表现的一定顺序将统计资料进行排列。

（1）统计资料排序的作用

经过排序之后的统计资料会变得条理清晰，便于发现特征和趋势。下面，以我国各地区居住服务费的统计资料为例，帮助大家理解排序的作用，见表3-1。

我国各地区居住服务费一览表　　　　　　　　　表3-1

序号	地区	居住服务费（元）	序号	地区	居住服务费（元）
1	北京市	140.28	5	内蒙古自治区	91.64
2	天津市	61.14	6	辽宁省	95.24
3	河北省	77.15	7	吉林省	75.34
4	山西省	97.51	8	黑龙江省	46.98

序号	地区	居住服务费（元）	序号	地区	居住服务费（元）
9	上海市	178.05	21	海南省	91.47
10	江苏省	88.53	22	重庆市	145.70
11	浙江省	77.78	23	四川省	90.92
12	安徽省	121.14	24	贵州省	63.60
13	福建省	122.21	25	云南省	60.08
14	江西省	45.57	26	西藏自治区	29.23
15	山东省	89.28	27	陕西省	72.79
16	河南省	60.70	28	甘肃省	60.57
17	湖北省	83.26	29	青海省	74.12
18	湖南省	72.55	30	宁夏回族自治区	80.08
19	广东省	259.24	31	新疆维吾尔自治区	62.45
20	广西壮族自治区	56.04			

我们将表3-1所显示的资料，按照居住服务费降序排列，得到表3-2。

我国各地区居住服务费一览表　　　　　　　　　　表3-2

序号	地区	居住服务费（元）	序号	地区	居住服务费（元）
1	广东省	259.24	17	河北省	77.15
2	上海市	178.05	18	吉林省	75.34
3	重庆市	145.70	19	青海省	74.12
4	北京市	140.28	20	陕西省	72.79
5	福建省	122.21	21	湖南省	72.55
6	安徽省	121.14	22	贵州省	63.60
7	山西省	97.51	23	新疆维吾尔自治区	62.45
8	辽宁省	95.24	24	天津市	61.14
9	内蒙古自治区	91.64	25	河南省	60.70
10	海南省	91.47	26	甘肃省	60.57
11	四川省	90.92	27	云南省	60.08
12	山东省	89.28	28	广西壮族自治区	56.04
13	江苏省	88.53	29	黑龙江省	46.98
14	湖北省	83.26	30	江西省	45.57
15	宁夏回族自治区	80.08	31	西藏自治区	29.23
16	浙江省	77.78			

通过观察，表3-2的统计资料是按照居住服务费这一标志降序排列的，而表3-1的统计资料没有进行排序。如果我们是要研究不同地区居住服务费的问题，两个表格哪个更方便不言而喻。表3-2使我们能够清楚快速地发现标志表现的最大值、最小值；甚至容易看出研究对象的大体分布情况，如第六位安徽省与第七位陕西省的居住服务费差距较大，是明显的分水岭。这些信息对于后面的分组工作是十分有价值的。可见统计资料的排序是使原本杂乱的原始资料条理化、系统化重要的基础工作。在某些时候，研究的最终目的就是排序，如：企业竞争力排名、满意度排名等。

（2）统计资料排序的方式

统计资料排序的方式需要我们根据具体的研究对象和研究目的确定。排序时针对研究目的选择排序依据的标志，再结合标志表现的情况确定排列顺序。标志表现为序号（序数、字母等）的，排序有升序降序之分，但一般采用升序。标志表现为汉字的，可按文字的汉语拼音字母排列，也可以按笔画排列。标志表现为数值的一般按照数值大小排列，可以按照升序也可以按照降序排列。

如今，随着电子计算机的普及，在进行统计资料排序时已经很少采取人工操作了。很多软件都有排序的功能，希望同学们能够掌握使用Excel进行统计资料排序的方法，由于这项操作比较简单在这里就不加以赘述了。

3.3 统计分组

3.3.1 统计分组的含义

1．统计分组的概念

统计分组就是为了将总体（或样本）中的个体按照不同性质划分为若干类，而根据研究目的和研究对象的特点，选择特定标志作为分组标志，选择特定标志表现作为组限的工作过程。分组标志可以是品质标志，也可以是数量标志。组限也称分组界限，是用来划分组的边界的标志表现；可能归属于某个总体（或样本）中的个体，也可能是一个理论的标志表现。

2．统计分组的意义

从本质上来讲，统计分组对于统计资料既是"分"的过程也是"合"的过程。

首先，对于总体（或样本）而言，是按照某个或某几个标志"分"的过程。

总体（或样本）本身是许多客观存在的具有相同性质事物的整体。但是，这个整体又具有大量性，其内部又具有差异性。我们为了进一步研究聚集于同一整体内大量事物的差异性，就需要按照某项存在差异的性质（可变标志），将混在一起的事物分门别类。这样我们就能了解总体（或样本）中包含个体的类别。例如，要研究物业服务企业主营业务开展情况，我们可以按照物业用途将所管理的物业分组。分组后，我们就能将企业管理的物业归结为居住物业、商业物业、工业物业等。

其次，对于个体而言，是按照某个或某几个标志"合"的过程。

就个体而言，其本身附着了众多标志。理论上讲，所有标志表现不同的标志（可变标志）都可以作为分组标志。随着我们研究目的的不同，我们选择了某个或某几个分组标志，就会忽略个体在其他可变标志上的差异。例如，上面我们将物业服务企业管理的物业按照物业用途分组，我们就忽略了每个物业之间诸如：物业规模、服务满意度、利润率等标志的差异。汇总时，我们就只会得到不同物业类型中所有物业的平均物业规模、平均服务满意度、平均利润率等，而不再关注每个物业（个体）的具体表现了。

因此，当我们选择了某个或某几个分组标志，就相当于关注了总体（或样本）中某种或某几种差异，同时也就忽略了其他差异。选择不同的分组标志，会揭示总体不同侧面的特征和规律，会直接影响研究分析的结论。不能深刻把握研究目的和研究对象的分组，就不能科学的揭示研究对象的特征和规律，反而会扭曲事物的本质，得出错误认识和结论。因此，统计分组是统计整理工作的一项重要内容。恰当的分组是汇总出有价值的统计指标，并借助统计指标来揭示研究对象特征和规律的重要前提。

3.3.2　统计分组的作用

当我们采用科学的方法对总体（或样本）进行了恰当的分组后，我们会清晰方便的得到总体（或样本）的构成、各组指标值等资料。我们可以利用这些资料，得出很多分析结论。

1. 划分总体（或样本）现象的类型

统计研究的总体（或样本）具有变异性，由于这些差异使总体（或样本）中的现象出现了不同的类型。通过统计分组我们可以将这些现象按照其特征和规律进行区分，为进一步深刻分析研究奠定基础。

例如，我们希望研究企业职工的专业技术水平，可以选择学历作为分组标志将企业职工进行分组，见表3-3。借助学历对专业技术的影响关系，分析企业职工整体一定学历状况下的专业技术水平。

企业职工学历分组

表3-3

序号	学历
1	初中
2	职高
3	中专
4	高中
5	高职或专科
6	本科
7	硕士研究生
8	博士研究生

2．揭示总体（或样本）的内部结构

统计分组是揭示总体（或样本）的内部结构的基础。内部结构是总体（或样本）的重要特征，它反映了不同性质的事物在总体（或样本）内的分布状况，表明局部对全局的影响作用，甚至通过比较研究可以表明事物所处的发展阶段。

例如，我们按照三次产业的类型对产出进行分组，汇总得到国内生产总值的三次产业构成。从表3-4中，我们可以看出国内生产总值中三次产业的结构；还可以发现随着我国社会经济的发展，物业服务行业所属的第三产业对社会经济的贡献不断增强。

国内生产总值的三次产业构成（单位：%）　　　　表3-4

年份	国内生产总值			
	合计	第一产业	第二产业	第三产业
2000	100.0	14.7	45.5	39.8
2001	100.0	14.0	44.8	41.2
2002	100.0	13.3	44.5	42.2
2003	100.0	12.3	45.6	42.2
2004	100.0	12.9	45.9	41.2
2005	100.0	11.6	47.0	41.3
2006	100.0	10.6	47.6	41.8
2007	100.0	10.3	46.9	42.8
2008	100.0	10.3	46.9	42.8
2009	100.0	9.8	45.9	44.3
2010	100.0	9.5	46.4	44.1
2011	100.0	9.4	46.4	44.2
2012	100.0	9.4	45.3	45.3
2013	100.0	9.3	44.0	46.7
2014	100.0	9.1	43.1	47.8
2015	100.0	8.8	40.9	50.2
2016	100.0	8.6	39.8	51.6

注：本表按当年价格计算

3．揭示社会经济现象间的影响

统计分组是揭示社会经济现象间的影响的基础。所有社会经济现象都不是完全独立的，当我们研究不同个体特征时，一些标志相互关联、相互影响。在工作中，我们可以利用这些

关联和影响，找到实现工作目标的有效因素，通过对这些因素的调整控制实现工作目标。

例如，某物业服务企业在满意度调查后，结合物业管理服务费用收缴情况进行研究。当研究人员对企业在管物业项目（总体）按照服务满意度（分组标志）进行分组，并计算了各组物业服务费平均收缴率后，得到表3-5。从中我们很容易发现，服务满意度较高时物业管理服务费用收缴率一般也较高。这就为我们提高物业管理服务费用收缴率找到了一个方法。

某企业物业项目服务满意率与收缴率　　　　　　　　　表3-5

序号	物业项目服务满意率区间	物业管理服务费用平均收缴率
1	90%以上	85%
2	80%~90%	79%
3	70%~80%	70%
4	60%~70%	61%
5	50%~60%	32%

3.3.3　统计分组的原则

统计分组是对总体（或样本）中大量个体制定出的分类规则。这一规则应该保证我们在将个体的标志表现汇总为总体的指标时，不漏不重。也就是说不会由于某个个体不属于任何组，而没有计算该个体的标志表现；也不会由于某个个体同时属于两个组，而重复计算该个体的标志表现。这就需要我们遵循"穷举"和"互斥"两个原则。

1. 穷举原则

穷举原则就是在统计分组时，要保证总体（或样本）中每一个个体都能有组包含它。如果我们把总体（或样本）以及各个组都看作是一个集合，那么所有组的并集就是总体（或样本）。遵循这一原则的关键就是所有组的组限以外，不存在出现个体标志表现的可能，应该做到滴水不漏。

违背这一原则就会破坏汇总时统计资料的完整性，会丢失总体（或样本）中某类个体的信息，从而降低对总体（或样本）特征和规律描述的准确性。

2. 互斥原则

互斥原则就是在统计分组时，要保证总体（或样本）中每一个个体都只被一个组所包含。如果我们把各个组都看作是一个集合，那么所有组的交集应该是空集。遵循这一原则的关键就是各组的组限以内，特别是组限本身的标志表现，不存在属于其他组的可能，应该做到互不渗透。

违背这一原则就会在汇总时重复计算总体（或样本）中某类个体的信息，从而降低对总体（或样本）特征和规律描述的准确性。

以上原则可以简单总结为一句话，即：我们应该保证每一个个体都属于且仅属于一个组。

3.3.4 统计分组的方法与规则

统计分组的关键是恰当地选择分组标志与划分各组组限。为了给总体（或样本）中的个体制定出合理的分类规则，需要我们从研究的目的出发，根据不同研究对象的本质，在对与研究内容相关的学科知识有一定掌握的基础上，按照统计学的要求，选择好分组标志和分组界限。特别请大家注意的是，统计学是一门方法论科学，如果我们希望进行更科学地分组，除了掌握统计学的知识以外，还应了解与研究对象、研究内容相关的专业知识，以尽量能够揭示现象的本质。下面就从统计学的角度来介绍一下统计分组时的要求。

1．分组标志的选择

（1）分组标志的选择标准

分组标志是对总体（或样本）进行统计分组的依据。分组标志确定是否恰当直接影响到能否发挥统计分组的作用。在选择分组标志时，一般有以下几条标准。

1）以统计研究的目的为导向

统计分组是为统计研究服务的，统计研究的目的不同，选择的分组标志也应有所不同。

例如，同是以物业项目作为研究对象，当研究目的是为了分析某物业服务企业承接物业项目的经济效益时，一般就会选择各项目的人均利润或劳动生产率等作为分组标志；当研究目的是为了分析该企业承接物业项目覆盖的业态以备资质审查时，一般就会选择项目的物业类型作为分组标志。

2）以反映现象的本质为目标

社会经济现象本身的特征及其运行规律都十分复杂，往往反映某一现象时需要多个标志。例如，我们在体检后，会得到一张体检表，这张表上有很多的标志综合反映了我们每个人的身体健康状况。在选择分组标志时，我们应该力求将与有关现象的性质或类型关系最密切的标志选择出来，以保证能够反映现象的本质，从而得出正确的结论。

例如，研究城镇居民对于物业服务的消费能力时，可供选择的分组标志有：城镇家庭总收入、城镇家庭可支配收入等。相对城镇家庭总收入而言，城镇家庭可支配收入更能反映城镇居民对于物业服务的消费能力，因此应选择城镇家庭可支配收入作为分组标志。

3）综合考虑其他条件的影响

各种现象的性质或类型关系可能由于其他条件的变化而不同。因此，在选择分组标志时，要综合考虑其他条件的影响，根据具体情况选择分组标志。

例如，研究物业项目的规模时，不同的物业类型条件会造成反映其规模本质的标志有所不同。普通居住小区，一般会选择建筑面积作为分组标志；仓储设施等，一般会选择容积作为分组标志；医院、酒店等，一般会选择床位作为分组标志；停车场，一般会选择车位作为分组标志。

（2）分组标志的选择方式

分组标志选择的不同方式，主要是根据选择的分组标志的类型和数量进行划分。

1) 分组标志的类型

分组标志是用于分组的统计标志。所以，与统计标志的类型一致，分组标志的类型包括品质型和数量型。一般将选择品质型标志作为分组标志的分组方式称为品质标志分组；将选择数量型标志作为分组标志的分组方式称为数量标志分组（也称变量分组）。

例如，以性别作为分组标志对企业职工进行分组，就属于品质标志分组，见表3-6；以工龄作为分组标志对企业职工进行分组，就属于数量标志分组，见表3-7。

企业职工性别分组　　　　　　　　　　　　表3-6

分组标志	性别
标志表现	男
	女

企业职工工龄分组　　　　　　　　　　　　表3-7

分组标志	工龄
标志表现	不足1年
	1~4年
	5~9年
	10~14年
	15~19年
	20年及以上

2) 分组标志的数量

根据选择的分组标志数量的不同，分组方式分为简单分组和分组体系。简单分组是对总体（或样本）只按照一个标志进行分组的分组方式。分组体系是对总体（或样本）按照两个或两个以上标志进行分组的方式。分组体系中，品质标志分组和数量标志分组可以混用。

由于分组体系中分组标志的结合关系不同，分组体系可以分为平行分组体系和复合分组体系。平行分组体系是对总体（或样本）按照两个或两个以上标志分别独立进行分组的方式。复合分组体系是对总体（或样本）按照两个或两个以上标志分先后顺序逐层进行分组的方式。

例如，我们将上例中的两种分组方式结合，平行分组就是分别以性别、工龄作为分组标志，各自独立的分组，互不影响，见表3-8；复合分组则可先以性别分组，在此基础上再以工龄分组，见表3-9。可以看出，一旦汇总完成后复合分组可以得到比平行分组更多的信息，复合分组不仅可以反映企业职工整体的性别结构和工龄结构，还可以看出不同性别的工龄结构和不同工龄的性别结构。

某企业职工性别工龄平行分组体系 表3-8

分组标志1	性别
标志表现	男
	女
分组标志2	工龄
标志表现	不足1年
	1～4年
	5～9年
	10～14年
	15～19年
	20年及以上

某企业职工性别工龄复合分组体系 表3-9

分组标志	性别（分组标志1）	工龄（分组标志2）
标志表现	男	不足1年
		1～4年
		5～9年
		10～14年
		15～19年
		20年及以上
	女	不足1年
		1～4年
		5～9年
		10～14年
		15～19年
		20年及以上

2. 分组界限的设定

从对于总体（或样本）的分类的角度来看，分组界限是各组之间的边界；从各组来看，分组界限界定了归属各组的标志表现的范围，进而界定了归属各组的个体的特征。

一般情况下，设定分组界限时，按品质标志分组较为简单，数量标志分组较为复杂。下面我们就品质标志分组和数量标志分组两种情况分别介绍分组界限设定的要求。

（1）品质标志分组的分组界限设定

品质标志分组的分组界限一般是反映现象属性、类型的文字，分组界限间没有数量关系。一般情况下，某一个属性或类型即为一组的组限。为保证品质标志分组的合理性，一般应做到以下几点。

1）掌握分组标志的所有标志表现

一般情况下，品质标志分组汇总时，是按照个体的标志表现是否符合某一组的分组界限判断其归属的。所以，如果在设定分组界限时忽略了某种标志表现，就会直接造成具有该类标志表现的个体的汇总遗漏，违反了穷举原则。为了保证统计资料整理的完整性，我们首先需要通过深入全面的调查，充分掌握分组标志所有的标志表现。

这一工作看似简单，但如果总体（或样本）单位的数量很大时，工作量就会变得很大。好在当前计算机技术的应用，使我们在处理具体工作时可以使用Excel等软件，对全部资料按照分组标志进行排序，排序后分组标志的所有标志表现就一目了然了。例如，我们准备为涉外小区中不同风俗习惯的人开展特色服务，就可以按照国籍对已掌握的业主信息进行排序（表3-10、表3-11）。

当对总体（或样本）中所有个体在分组标志上的标志表现掌握不充分可能发生变化时，一般可以将"其他"设定为一个分组界限，由该组收容不符合一般分组界限的个体。

表3-10

业主编号	国籍
0001	埃及
0002	日本
0003	约旦
0004	美国
0005	英国
0006	德国
0007	意大利
0008	法国
0009	巴西
0010	韩国
0011	埃及
0012	日本
0013	约旦
0014	美国
0015	英国
0016	德国
0017	意大利
0018	法国
0019	巴西
0020	韩国

将国籍作为排序依据对原始资料进行排序，所有的国籍一目了然

表3-11

业主编号	国籍
0009	巴西
0019	巴西
0006	德国
0016	德国
0008	法国
0018	法国
0010	韩国
0020	韩国
0004	美国
0014	美国
0002	日本
0012	日本
0001	埃及
0011	埃及
0007	意大利
0017	意大利
0005	英国
0015	英国
0003	约旦
0013	约旦

2）适当归并繁杂的标志表现

当分组标志的标志变化过于繁杂时，不仅会极大地增加研究的工作量，甚至会影响我们把握现象结构、相互关系的准确性，破坏研究总体（或样本）特征和规律的科学性。

上例中我们只是选择了某涉外小区的很少部分业主的资料，如果调查该小区全部千余户业主的国籍，我们就可能得到几十甚至上百个标志表现。结合我们的研究目的——根据涉外小区中不同风俗习惯的人设计特色服务，我们可以将风俗习惯大体相同的人的国籍加以归并，见表3-12。在此，我们也可以发现归并的合理，不仅取决于统计学的知识，也有赖于我们对各国文化的了解，说明了其他专业知识对于分组合理性的重要影响。

风俗习惯分组 表3-12

分组标志	文化圈	备注
标志表现	阿拉伯	包括埃及、约旦等
	东亚	包括日本、韩国等
	南美	包括巴西等
	欧美	包括英国、美国等
	其他	

3）界限准确含义明确

由于品质标志分组的分组界限使用文字表述，其本质是简要的描述某一概念，以限定组内涵盖的个体。如果概念表述不准确或概念本身容易产生歧义，就会使统计工作人员和统计资料使用者产生疑惑。

所以在设定分组界限时，我们应该注意了解相关专业的划分方法和称谓习惯，尽量将意思表述准确，做到组限清晰。

例如，某物业服务企业以职务作为分组标志，对全部职工的人事资料进行分组。表3-13为该统计资料的节选，其中高级工程师一般是一种职称名称，而不是职务名称。职务和职称并不完全一致，职务说明的是该职工的工作岗位，职称说明的是经有关部门认定的技术水平。在具体进行统计工作时，可能总经理、副总经理、部门经理、部门副经理等岗位的职工也具备高级工程师的职称，那么在汇总时就会将同一个体重复计算。其实造成这一问题就是因为统计人员对于职务这一标志的标志表现描述不准确。一般的企事业单位会设置总工程师、总会计师、总经济师等职位。我们将高级工程师改为总工程师就可以解决了。

以职务作为分组标志的分组 表3-13

序号	职务	平均年龄（岁）	平均工资（元）
1	总经理		
2	副总经理		

序号	职务	平均年龄（岁）	平均工资（元）
3	总工程师		
4	部门经理		
5	副总经理		

另外，如果概念本身没有权威界定或容易产生歧义，我们可以在统计整理方案中专门加以约定。

（2）数量标志分组的分组界限设定

数量标志分组的分组界限之间存在数量关系，我们通过规定特定的数量或数量距离划分各组的界限。作为分组标志的数量标志一般都是可变标志，故也称变量。因此，数量标志分组也称变量分组。根据变量值的具体情况我们可以采取不同的分组方式，包括单项式分组和组距式分组两种。

变量可以分为离散变量和连续变量两种。离散变量是指标志表现为自然数或整数单位计算的变量。例如，设备数量、业主人数、电梯数量等。这种变量的标志表现一般用计数的方法得到。连续变量是指标志表现在一定区间内可以任意取值的变量。例如，建筑面积、设备耗电量、室内温度等，这种变量的标志表现只能通过测量或计量的方法得到。

1）分组方式的选择

变量分组有两种方式，一种是单项式分组，另一种是组距式分组。单项式分组是把一个变量值作为一组。组距式分组是将全部变量值依次划分为几段区间，并将每一区间的变量值作为一组。相对于组距式分组，单项式分组的应用较有局限性。单项式分组只适用于变量值变化范围较小的离散变量。组距式分组一般可以适用于各种情况的变量。

变量分组方式的选择关键在于，个体可能出现的变量值的数量多少，或者说是变量值变异范围的大小。变异范围小，变量值本身的数量少时可以采用单项式分组，否则应选择组距式分组。因为单项式分组是将一个变量值作为一组，所以在遵循穷举原则下，为保证统计资料的完整性，就需要将每一个可能出现的变量值作为一个组。如果变量值的数量很多，单项式分组就会出现两个问题：一是组的个数就会变得很大，二是个体分布过于分散。这就难以实现分组的作用，不能反映总体的结构等特征，无法为下一步的分析提供科学的依据。

2）单项式分组

单项式分组就是选择一个变量值作为一组分组界限，以个体的变量值是否与该组的分组界限相等判断个体的归属的变量分组方式。一般如果总体（或样本）中个体的变量值变异范围不大，分布较集中，且类型划分对差异变化很敏感时，采用单项式分组比较合适。否则，除了会出现组数过多、分组过细的问题，还可能由于个体分布不均，在汇总时出现空组的问题，影响分组质量。

例如，总体（或样本）出现了类似双峰分布的形态，就不宜采用单项式分组。某物业服务企业以家庭人口作为分组标志，对承接管理的居住小区的住户进行分组，见表3-14，经过调查发现小区住户的家庭人口有1位、2位、3位、4位、6位、7位等几种变量值。虽然没有出现家庭人口是5位的变量值，但若采用单项式分组，在最大和最小变量值之间的每个变量值都应作为一个组。这时，虽然其变量值的变异范围不大，但会出现一个没有个体的空组。

以家庭人口作为分组标志的分组 表3-14

分组标志	家庭人口（人）
分组界限	1
	2
	3
	4
	5
	6
	7

3）组距式分组

组距式分组就是将变量值依次划分为几段区间，以各区间的边界作为分组界限，以个体的变量值是否属于该区间判断个体的归属的变量分组方式。设定分组界限时，最小组的下限应小于最小变量值，最大组的上限应大于最大变量值。

① 相关概念

组距式分组的分组界限，分为上限和下限。上限是各组的最大变量值，下限是各组的最小变量值。组距就是上限与下限的差值。组距宜在条件许可的情况下取5或者10的倍数，以方便计算。全距是总体中最大的标志值与最小的标志值之差。组数是全部分组的个数，一般等于全距除以组距。

有时为了包容离群点的个体，会将最大或最小组设定为开口组。开口组就是最小组不设下限，最大组不设上限的情况。例如，对办公能耗进行统计研究时，以日办公耗电量作为分组标志，得到表3-15。其中，最大组和最小组即为开口组。

以日办公耗电量作为分组标志的分组 表3-15

分组标志	日办公耗电量（千瓦时）
分组界限	10以下
	10~15
	15~20

续表

分组标志	日办公耗电量（千瓦时）
分组界限	20 ~ 25
	25 ~ 30
	30 ~ 35
	35 ~ 40
	40 ~ 45
	45 ~ 50
	50以上

② 间断组距式分组和连续组距式分组

按照分组界限是否重叠，组距式分组可以分为间断组距式分组和连续组距式分组。

A．间断组距式分组

间断组距式分组是指组限有间断的距离，而不相连的组距式分组，一般间断的距离为"1"。间断组距式分组只适用于分组标志为离散变量的情况。因为如果分组标志为连续变量，就会在组限间断的距离中仍存在变量值，汇总时就会漏掉具有该变量值的个体，违背穷举原则。例如，我们可以对企业职工按照年龄进行间断组距式分组，但一般不能按照身高、体重对企业职工进行间断组距式分组，见表3-16。

以职工年龄作为分组标志的分组　　　　　　表3-16

分组标志	年龄（岁）
分组界限	20岁及以下
	21 ~ 25
	26 ~ 30
	31 ~ 35
	36 ~ 40
	41 ~ 45
	46 ~ 50
	51 ~ 55
	56 ~ 60

B．连续组距式分组

连续组距式分组是指相邻组的组限相互重叠的组距式分组。这样，同一变量值会作为相邻两组的共同界限。因为连续组距式分组的组间没有变量值存在的缝隙，可以有效避免汇总时的个体遗漏问题，很好地遵循穷举原则。所以，连续组距式分组既适用于离散变量的分组，也适用于连续变量的分组。

但这种重叠组限的设定方式，也是双刃剑。它带来了另一个问题，就是当有个体的变量值恰好等于组限时，就会出现该个体同时属于两组的情况。这种情况违背了互斥原则，会使得该个体被重复计算。所以，我们应该在分组时对于重叠组限上的个体归属作出规定。我们可以有两种选择，即"上限不在内"原则和"下限不在内"原则。

"上限不在内"原则是指某一个体的变量值等于相邻两组的分组界限时，这一个体归属于该变量值作为下限的那一组。"下限不在内"原则是指某一个体的变量值等于相邻两组的分组界限时，这一个体归属于该变量值作为上限的那一组。例如，通过对业主的问卷调查，我们得到了业主对于服务满意的评分。如果某位业主的评分恰好为80分，按照表3-17的分组方式，采用不同的原则时，会使该个体归入不同的组，甚至影响最终的满意率。

以服务满意评分作为分组标志的分组　　表3-17

分组标志	服务满意的评分（分）	满意类型
分组界限	90以上	非常满意
	80～90	满意
	70～80	一般
	60～70	不满意
	60以下	非常不满意

> 如果采用"上限不在内"原则，变量值为80分的个体归入"满意"。

> 如果采用"下限不在内"原则，变量值为80分的个体归入"一般"。

③ 等距分组与异距分组

按照各组组距是否相同，组距式分组可以分为等距分组和异距分组。

A．等距分组

等距分组是指各组组距都相等的组距式分组。这种分组，每组上下限间的距离相同，各组变量值的变异范围相同。等距分组适用于总体（或样本）中个体的变量值变动比较均匀的情况。这种均匀既要考虑调查得到资料的客观分布情况是否均匀，也要结合研究目的，考虑理论上研究对象的特征差距是否均匀。

从本质上讲，分组是对总体（或样本）的分类，其形式应服从划分类型的需要，即组内同质性，组间差异性。个体特征的差异取决于事物的本质规律，而不在于数学形式。这也是统计学与数学的不同之处，统计学研究具有具体性的特点。所以选择等距分组还是异距分组，必须根据统计研究的目的和事物的本质规律来确定。其实，等距分组是一种方便进行数学处理的分组方式，在不影响对总体（或样本）的科学分类时，采用它是比较适宜的。但有时，我们根据统计研究目的和事物的本质规律，结合其他学科的专业知识，会发现某些总体（或样本）并不适用等距分组。

例如，表3-16就是一个等距分组的例子，如果我们仅是为了研究企业职工的年龄分布，且职工年龄的客观分布均匀，我们可以采用这样的分组。但如果我们的研究目的是人类不同年龄的生理特征，那么关注的是人的身体机能特征随年龄的变化，而不是人数随年龄的变化，这时就要考虑生理特征的变化相对于年龄的变化是否均匀了。而根据生理学的知识，我们可以知道生理特征的变化相对于年龄是不均匀的。所以，我们就不能选择等距分组了。这个问题我们在异距分组中还会讨论。

如果事物的分布均匀，我们采用等距分组，怎么使分组更加科学，更好地反映事物的特征和规律呢？这就要研究一下组数、组距的合理性。

因为在等距分组的条件下，组数等于全距除以组距。而全距是总体（或样本）确定后客观存在的事实，是不能人为调整的常数项。所以，组数与组距是反比关系。组距越小，组数越多，突出"分"的意义；组距越大，组数越少，突出"合"的意义。然而组数过多，分类过于繁杂，无法起到归类的作用；组数过少，分类不充分，无法揭示总体（或样本）分布。至于分类繁杂与不充分的标准往往在考虑全距的基础上，还要结合总体（或样本）单位个数进行经验判断。

组距大小和组数多少，没有一定之规，其合理性建立在对研究对象本质深入把握的基础之上。想要把握研究对象的本质，不仅需要统计学的研究，更需要其他学科的理论支持。对于初步分组，可以根据一般经验进行尝试。美国学者斯特杰斯（Sturges）设计了一个经验公式，可以作为参考。

$$i = \frac{R}{n} = \frac{R}{1 + 3.322 \log N}$$

式中　　n——组数；

　　　　N——总体（或样本）单位数；

　　　　i——组距；

　　　　R——全距。

B. 异距分组

异距分组是指各组组距不完全相等的组距式分组。这种分组，每组上下限间的距离不完全相同，各组变量值的变异范围不完全相同。一般在不影响对总体（或样本）的科学分类时我们简便的采用等距分组。但在如下情况时，就必须考虑采用异距分组。

一是标志值分布极不均匀。等距分组会使某些组的个体过于稠密，而某些组的个体又过于稀少。这时采取等距分组，无法显示出总体分布的规律性。而且，分组汇总后个体被融入了某个组中，其个体信息就会被掩盖。如果某组的个体过多，会使得这一分布密集的变量值段的信息损失过大。这时，恰当的分组方式是，在个体变量值分布比较密集的区间内设定较小的组距，在个体变量值分布比较稀少部分使用较大的组距。

例如，在分析写字楼公用电梯单位时间使用频度时，按照时间段进行组距分组，计算不同时段使用电梯的人次（表3-18）。根据一般经验可知，在上下班和午休前后等时段是电梯使用的高峰。其每半小时的人流量变化都是很重要的，所以可以将这些时段范围的组的组距定为30分钟。而电梯使用低谷时段范围的组的组距则可适当增加。

以电梯使用时段作为分组标志的分组 表3-18

分组标志	时间范围	使用电梯人次
分组界限	0：00 ~ 8：00	27
	8：00 ~ 8：30	25
	8：30 ~ 9：00	20
	9：00 ~ 11：30	28
	11：30 ~ 12：00	25
	12：00 ~ 12：30	21
	12：00 ~ 13：00	26
	13：00 ~ 13：30	22
	13：30 ~ 14：00	20
	14：00 ~ 14：30	19
	14：30 ~ 16：30	23
	16：30 ~ 17：00	26
	17：30 ~ 18：00	28
	18：00 ~ 18：30	24
	18：30 ~ 19：00	19
	19：00 ~ 0：00	28

二是根据其他学科的知识，总体（或样本）的本质特征规律不均匀，其个体变量值的变化具有特殊意义。例如，前面讲到根据生理学的相关理论，生理特征的变化相对于年龄是不均匀的。所以，我们到医院就诊时，医生一般只会询问成年人的年龄，而对婴幼儿则会精确到几个月甚至几周。再如，表3-19中联合国世界卫生组织提出的年龄分段，也体现了人的身体机能并不是随年龄增长均匀变化的。

以人类年龄分段作为分组标志的分组 表3-19

序号	年龄范围	年龄阶段
1	44岁以下	青年人
2	45 ~ 59岁	中年人
3	60 ~ 74岁	年轻老年人
4	75 ~ 89岁	老年人
5	90岁以上	长寿老人

在一定的研究目的下，对于像人类年龄分段这样的研究对象，我们的分组就不能仅考虑统计学和数学因素的影响。我们应该尊重并利用其他学科的理论，使我们的分组更加科学，反映事物的本质。

三是量变与质变关系。例如，以百货商场营业额反映其经营规模，营业额的差异是很大的，从5万元至5000万元不等，可采取公比为10的不等距分组5～50万元、50～500万元、500～5000万元。若用等距分组，不仅不能通过营业额的量变反映经营规模的质变；而且即使组距设定为100万元，也需要分为50组，显然是不合适的。

对于异距分组方法的运用，没有固定模式可供依循，需要统计人员在实践中不断探索，关键在于对所研究现象的内在联系必须十分熟悉，才能很好运用异距分组来揭示事物的本质。

④ 组中值

组中值是上限下限之间的中点数值。由于进行了组距式分组后，个体归入相应的组后，每个个体的信息就难以显现了。而在进行各种指标分析时，又需要个体相应的变量值信息。为了解决这一问题，我们用组中值来代表各组中个体变量值的平均水平。例如，计算总体（或样本）平均数时，我们就先以各组的组中值代表各组变量值的平均水平，再计算出所有组的平均水平。组中值的计算公式为：

$$组中值＝（上限＋下限）÷2。$$

为了计算开口组的组中值，一般是用相邻组的组距作为开口组的组距。因此，开口组组中值的计算公式近似为：

$$组中值＝该组下限＋邻组组距÷2（适合上开口组）$$
$$组中值＝该组上限－邻组组距÷2（适合下开口组）。$$

我们以上面表3-15为例，计算组中值见表3-20。

以每日办公耗电量作为分组标志的分组（单位：千瓦时）　　　　表3-20

分组标志	每日办公耗电量	组中值
分组界限	10以下	7.5
	10～15	12.5
	15～20	17.5
	20～25	22.5
	25～30	27.5
	30～35	32.5
	35～40	37.5
	40～45	42.5
	45～50	47.5
	50以上	52.5

用组中值来代表各组变量值的平均水平，是以假设各组变量值在本组内分布均匀为前提的。当各组变量值分布越均匀时，组中值对各组变量值的代表效果就越好。

另外，当连续变量按离散变量表示，即对连续变量进行了取整处理时，采取间断组距式分组方式，组中值的确定应考虑到连续变量自身的特点。

例如，表3-16中显示的企业职工年龄，年龄实质上是连续型变量，但人们习惯用整数表示。这时，其各组组距不应是4岁，而应该是5岁。因为第一组应包括超过20岁又不到21岁的职工，上限应视为21岁。所以第一组的组中值不是18岁而是18.5岁。同理，第二组上限应视为26岁，组中值不是23岁而是23.5岁。以此类推，各组组中值见表3-21。

以年龄作为分组标志的分组　　　　　　　　　　　表3-21

分组标志	年龄（岁）	组中值（岁）
分组界限	20岁及以下	18.5
	21 ~ 25	23.5
	26 ~ 30	28.5
	31 ~ 35	33.5
	36 ~ 40	38.5
	41 ~ 45	43.5
	46 ~ 50	48.5
	51 ~ 55	53.5
	56 ~ 60	58.5

3.4　分配数列

3.4.1　分配数列的含义

1．分配数列的概念

分配数列也称频数分布或分布数列，是在统计分组的基础上，将总体（或样本）中的全部个体按事先制定的分组规则进行归类、排列，形成每个个体在各组的分配。分布在各组内的个体个数称为频数或次数，各组频数与总频数的比值称为频率。分配数列一般用表格的形式表现出来，就是常见的分配数列表。

本质上讲，分配数列是在统计分组的基础上，通过统计汇总工作得到的条理化的统计资料。分配数列是根据统计分组的规则编制的，其形式和内容是由统计分组的方式决定的。统计汇总是根据分组规则操作的行为过程，分配数列是其资料结果。

2．分配数列的要素

分配数列由组名和频数（或频率）两个要素构成，编制分配数列主要就是确定这两个要素。

（1）组名

组名也称组别，就是按照规则划分的各组，一般用分组界限表示，有品质组名和变量组名。

（2）频数（次数）和频率

频数也称次数，是各组的个体单位数，是绝对数。频率是各组的个体单位数与总体（或样本）的个体单位数的比值，是相对数。

频率具备以下两个性质：一是各组频率都介于0到1之间；二是各组频率之和应该等于1。这也是检验分配数列编制是否正确的一种方法。

我们根据表3-16所显示的分组规则，对调查得到的资料进行汇总后可以得到相应的分配数列，可以用表3-22的分配数列表形式表达出来，也可以用直方图、条形图等统计图的形式表达出来。

某物业服务企业职工年龄情况统计表 表3-22

组名列	频数列	频率列
年龄	人数（人）	比重（%）
20岁及以下	228	20.6
21～25	156	14.1
26～30	189	17.1
31～35	145	13.1
36～40	104	9.4
41～45	89	8.0
46～50	82	7.4
51～55	67	6.0
56～60	48	4.3
合计	1108	100.0

3.4.2　分配数列的种类

总体（或样本）按照分组标志的类型不同，分配数列分为品质数列和变量数列。

1．品质数列

品质数列是总体（或样本）按照品质标志分组后，经过汇总形成的分配数列。品质数列的组名一般是文字形式，表示一些概念或类型。

例如，根据国家统计局公布的2016年我国人口结构资料，整理后编制了表3-23的分配数列。该分配数列的组名表示的含义就是人口的常住地类型。统计年鉴中指标解释为：城镇人口是指居住在城镇范围内的全部常住人口；乡村人口是除上述人口以外的全部人口。

2016年我国城乡人口结构情况统计表　　　　　　　　　　表3-23

人口常住地	人数（人）	比重（%）
城镇	79298	57.35
乡村	58973	42.65
合计	138271	100

2. 变量数列

变量数列是总体（或样本）按照数量标志分组后，经过汇总形成的分配数列。变量数列的组名一般是数字或数字范围形式，表示一定的数值或数值区间。同变量分组保持一致，变量数列又分为单项数列和组距数列。

（1）单项数列

单项数列是以一个变量值为一组编制的变量数列，其编制基础是单项式分组。我们根据表3-14显示的分组方式，编制单项数列见表3-24。

某物业小区家庭人口情况　　　　　　　　　　表3-24

家庭人口（人）	户数（户）	比重（%）
1	15	12.9
2	18	15.5
3	30	25.9
4	12	10.3
5	0	0.0
6	26	22.4
7	15	12.9
合计	116	100.0

（2）组距数列

组距数列是以一定变量值区间构成各组所编制的变量数列，其编制基础是组距式分组。我们根据表3-15显示的分组方式，编制组距数列见表3-25。

某物业项目办公室日耗电情况 表3-25

日办公耗电量（千瓦时）	天数（天）	比重（%）
10以下	15	4.1
10～15	26	7.1
15～20	46	12.6
20～25	49	13.4
25～30	78	21.4
30～35	56	15.3
35～40	41	11.2
40～45	28	7.7
45～50	21	5.8
50以上	5	1.4
合计	365	100.0

3.4.3 分配数列的应用

下面我们来讨论编制分配数列后，如何利用它进行初步的统计分析。其实，分配数列的形式和内容都很简单，分配数列反映的主要信息就是组名和频数（或频率）。我们主要就是利用分配数列中的频数（或频率）来揭示事物的一些规律，进行一些初步的判断和决策。

1. 频数和频率

分配数列编制好后，我们观察分配数列表，主要是看各组的频数或频率大小。由于最终研究总体时，反映总体特征的指标值是由各组的标志表现汇总得到的。所以，频数或频率就具有了权重的意义。在各组中，频数或频率越大，则该组的标志表现对于总体指标的影响就越大；反之，频数或频率越小，则该组的标志表现对于总体指标的影响就越小。我们在分析问题解决问题时，往往需要抓住关键因素，把握事物的主要方面。统计分析中，对于总体指标的影响大小可以作为一个判断事物关键因素和主要方面的条件。

例如，某物业服务公司在进行服务满意度调查后，又向不满意和非常不满意的业主调查了不满意的原因，问卷经整理后编制了分配数列，得到了表3-26。

某物业小区业主服务不满意原因统计表 表3-26

不满意原因	人数（人）	比重（%）
停车位管理混乱	69	54.76
工作人员形象	5	3.97
维修及时性	9	7.14

续表

不满意原因	人数（人）	比重（%）
维修有效性	3	2.38
环境卫生	15	11.90
绿化园林	7	5.56
收费标准	18	14.29
合计	126	100.00

从表3-26中我们可以看出，业主对服务不满意的原因最多的是"停车位管理混乱"，比重超过了50%，说明这是造成业主不满意的主要问题。根据这样的情况，该公司如果希望有效地提升服务满意度，可以首先从加强停车位管理入手。

2．频数或频率的累计

除了观察频数与频率外，我们还可对频数或频率进行累计。其方法是，从最边缘的组开始，逐个将相邻的组的频数或频率进行累加，得到某几个组的累计频数或频率。

变量数列频数或频率的累计可以向上累计，也可以向下累计。

（1）向上累计

向上累计是由变量值低的组向变量值高的组依次累计频数（或频率）。某组向上累计频数表明该组上限以下的各组个体单位数之和是多少，某组向上累计频率表明该组上限以下的各组个体单位数之和占总体单位数的比重。例如，表3-27中，"60~70"这一组的向上累计频数为126，向上累计频率为10.48%，代表服务满意评分70分以下的人数和比重。如果我们要计算对服务不满意的人数，就是126人，要计算不满意率，就是10.48%。

某物业小区服务满意评分情况　　　　　　　　　　表3-27

服务满意的评分（分）	人数（人）	比重（%）	向上累计		备注
			人数（人）	比重（%）	
90以上	358	29.79	1202	100.00	非常满意
80~90	620	51.58	844	70.21	满意
70~80	98	8.15	224	18.63	一般
60~70	100	8.32	126	10.48	不满意
60以下	26	2.16	26	2.16	非常不满意
合计	1202	100.00	—	—	—

（2）向下累计

向下累计是由变量值高的组向变量值低的组依次累计频数（或频率）。某组向下累计频数表明该组下限以上的各组个体单位数之和是多少，某组向上累计频率表明该组下限以上的各组个体单位数之和占总体单位数的比重。例如，表3-28中，"80~90"这一组的向下累计频数为978，向下累计频率为81.4%，代表服务满意评分80分以上的人数和比重。如果我们要计算对服务满意的人数，就应该是978人，要计算满意率，就是81.4%。

某物业小区服务满意评分情况   表3-28

服务满意的评分（分）	人数（人）	比重（%）	向下累计人数（人）	向下累计比重（%）	备注
90以上	358	29.8	358	29.8	非常满意
80~90	620	51.6	978	81.4	满意
70~80	98	8.2	1076	89.5	一般
60~70	100	8.3	1176	97.8	不满意
60以下	26	2.2	1202	100.0	非常不满意
合计	1202	100.0	—	—	

3.5 统计表和统计图

在进行统计研究时，统计工作完成后，会得到统计资料。二者一个是过程，一个是结果。为了使其他研究人员或决策者能够了解统计工作过程，理解和利用统计资料，我们会将统计工作和统计资料以统计表和统计图的方式表达出来。这种表达应该做到准确、标准、直观、美观。下面我们就讨论一下如何能编制出符合要求的统计表和统计图。

3.5.1 统计表

1. 统计表的含义

（1）统计表的概念

统计表是利用纵横交叉线条所绘制的表格来表现统计资料的一种形式。其本质是利用一种二维的表格，简明的对统计资料进行条理清晰的表示，每一表格的内容取决于交叉在该表格处纵横两个标题的意义。这种表达方式相比文字表述更加有条理性、组织性，便于分析对照，互相比较。

广义地讲，统计工作各个阶段使用、制作的表格都属于统计表。分配数列表就是统计表的一种，是分配数列通过统计表表达的形式。

（2）统计表的结构

从形式上看，统计表包括总标题、横行标题、纵栏标题、指标数值四个部分构成。

总标题是统计表的名称，写在表上端中部；横行标题是横行各组的名称，写在表的左方；纵栏标题是纵栏各指标的名称，写在表的上方；指标数值是列在横行标题和纵栏标题的交叉对应处。

我们以上一节的某物业小区服务满意评分情况统计表为例，来具体了解一下，见表3-29。

总标题

某物业小区服务满意评分情况表　　表3-29

服务满意的评分（分）	人数（人）	比重（%）
90以上	358	29.8
80～90	620	51.6
70～80	98	8.2
60～70	100	8.3
60以下	26	2.2
合计	1202	100

横行标题　　纵栏标题　　指标数值　　主词　　宾词

从内容上看，统计表由主词和宾词两大部分构成。

主词是统计表所要说明的总体各单位或各组别的名称。宾词是统计表所要说明的统计指标的名称和指标数值。主词列在横行标题的位置，宾词列在纵栏标题的位置。有时为了编排合理和阅读方便的需要，主词和宾词可以互换位置。

2．统计表的种类

（1）按表的作用分，广义的统计表有调查表，汇总整理表，分析表三种。调查表是用于登记、搜集原始资料的表格；汇总整理表是用于表现统计汇总整理结果的表格；分析表是用于统计定量分析的表格，通常是整理表的延续，即在整理表的基础上增加若干分析指标的栏目。

（2）按数列的性质不同，可分为品质数列表、变量数列表、时间数列表、空间数列表、相关数列表、平衡数列表。

（3）按分组方式不同，可分为简单表、简单分组表和复合分组表。凡总体未经任何分组，仅罗列各单位名称和按时间顺序排列的统计表称为简单表；凡总体仅用一个标志分组所形成的统计表称为简单分组表。凡总体按两个或两个以上标志进行分组所形成的统计表称为复合分组表。

3．统计表的设计要求

统计表的设计应体现科学性、针对性、简明性、美观性的基本原则。

（1）统计表形式的要求

1）统计表一般设计为长方形表格，长宽之间应保持适当的比例，过于窄长、过于扁短或正方形表，都不够美观。

2）统计表上、下两端的端线应采用粗线或双线。表内其他线条一般应采用细线，但如果有必要表示明显分隔的部分的界线，也可以采用粗线或双线。统计表左、右两端一般不划线，即采用"开口"形式。

3）采用复合分组时。如对横行标题分组，应顺序在先分组的各组组名下方，空一、二字符后填写顺序在后分组的组名。这时，先分组的组名就成为后分组各组的小计项。若再需分组，可以此类推。如对纵栏标题分组，应将先分组的组名分别列为大栏，再将后分组的组名分列于相应大栏下成为各小栏，并可在最前面的小栏前加列小计栏。若再需分组，可以此类推。

4）统计表行列较多时，为便于阅读和查询，可按行、列顺序编号。一般对非填写统计资料的各栏，如主词栏分别以汉字"甲"、"乙"、"丙"……的次序编号；对填写统计资料的各栏，如宾词栏分别以阿拉伯数字"1"、"2"、"3"……的次序编号。各栏统计资料间有计算关系的，可用相应的编号和数学符号表示其计算关系。

（2）统计表内容的设计

1）统计表的总标题应当表明统计表中资料的内容、所属的空间和时间，文字应尽量简明扼要。

2）统计表各主词之间或宾词之间的顺序，宜按照时间的远近、数量的大小、空间的位置等自然顺序编排。应该符合事物之间的因果关系、发展规律，使分析人员和统计表使用者更容易理解统计表的内容。如：公布物业管理服务费用的使用情况时，一般列示顺序为先收入、后支出、最后结余。

3）关于指标值的计量单位，可以采取以下方式处理。一是统计表中所有指标值的计量单位相同时，应将计量单位写在统计表的外面右上方。二是当某行或某列的指标值计量单位相同时，应将计量单位写在横行标题的右侧、纵栏标题的下方。

（3）统计表制表技术要求

1）文字应书写工整，字迹清晰；数字应填写整齐、数位对齐。

2）关于一些特殊指标值的填写有以下几个要求。一是当指标值为0时必须要填写出来。二是某栏中不应有数字时，应以一横线填写，即用符号"—"填写。三是当指标值缺项或因数值小可略而不计时，应以符号"……"填写。四是当资料可免填时，应以符号"×"填写。五是当指标值与上、下、左、右的数值相同时，必须填写该数值，不得用"同上"、"同左"等代替。总之统计表中的指标数值部分一般不得空填。

3）对某些需要特殊说明的事项，可在表外下方加以说明。

4）统计表填写完成并经审核后，制表人和主管负责人都应签字，并填报单位公章，以便核实、追责。

表3-30和表3-31是由相关行业主管部门编制，统计主管部门审批后使用的，较为规范，我们节选了其中一部分作为参考。表中数据为虚构内容。

物业管理统计汇总表　　　　　　　　　　　　表3-30

指标名称	代码	项目个数（个）	房屋建筑面积（万平方米）
甲	乙	1	2
一、物业管理项目情况	—	—	—
项目合计	101	3623	23145.55
住宅	102	2668	21028.65
其中：5万平方米以上的住宅小区	103	2023	17796.56
办公楼	104	367	622.12
商业营业用房	105	168	687.29
工业仓储用房	106	196	477.89
其他	107	224	329.60

单位负责人：　　　　　　统计负责人：　　　　　　填表人：　　　　　　报出日期：

说明：1. 本表由各省、自治区建设行政主管部门、直辖市房地产行政主管部门报送。
　　　2. 本表由辖区内全部物业管理企业和单位填报，由各级房地产行政主管部门逐级上报。
　　　3. 本报表为年报，报送时间为年后3月底前。报送方式为网络或电子邮件。
　　　4. 本表逻辑审查关系：101=102+104+105+106+107。

房地产交易情况统计表　　　　　　　　　　　表3-31

指标名称	代码	计量单位	合计	住宅	再上市房	办公楼	储用房业用房	工业仓储用房	其他
甲	乙	丙	1	2	3	4	5	6	7
三、本年存量房买卖	—	—	—	—	—	—	—	—	—
成交套数	301	套	—	98662	46878	—	—	—	—
成交面积	302	万平方米	1846.88	1278.96	589.23	78.90	158.68	263.80	66.54
成交金额	303	万元	23177173.35	15886526.60	5226762.80	1178689.45	4687901.30	956026.89	468029.11
平均成交价格	304	元/平方米	12549.37	12421.44	8870.50	14939.03	29543.11	3624.06	7033.80
四、本年房屋租赁登记备案	—	—	—	—	—	—	—	—	—
登记备案件数	401	件	669002	626864	—	12568	28762	682	126
登记备案面积	402	万平方米	1528.96	565.78	—	251.60	566.20	108.28	37.10

3.5.2 统计图

1.统计图的含义与种类

（1）统计图的概念

统计图是利用点、线、几何图形和象形图案等表现统计资料的一种形式。相比文字表达而言，这种形式更加直观，也会使原本枯燥的资料变得美观，给人以明确而深刻的印象。本质上讲，统计图是将统计工作产生的统计资料的数值、数量关系用形象的图形显示的表达方式；是一种数形结合思想的应用。所以，在绘制统计图时不同于一般图形，我们一定要注意数与形的对应，图形要真实准确地反映统计资料。

（2）统计图的种类

统计图是为统计研究服务的，不同的统计图适合不同的研究目的和不同的统计资料。另外，统计图的形式多种多样，各有各的特点，各自能够突出表达统计资料的某些方面。我们主要介绍几种常见的统计图，包括：散点图、直方图、折线图、茎叶图、条形图、饼图几种统计图。

1）按照适合表达的统计资料类型划分

① 适合表达连续变量资料的统计图

散点图、直方图、折线图、茎叶图较适用于连续变量资料的表达。

② 适合表达品质资料或离散变量资料的统计图

条形图、饼图较适用于品质资料或离散变量资料的表达。

2）按照是否能够显示原始资料划分

① 能够显示原始统计资料的统计图

散点图、茎叶图能够显示每个个体的原始统计资料。

② 不能显示原始统计资料的统计图

直方图、折线图、条形图、饼图不能够显示每个个体的原始统计资料。

统计图的分类可以帮助我们大体了解如何根据统计资料选择合适的统计图。在具体应用时，我还要结合统计研究的目的，发挥每一种统计图的表现特色，帮助我们形象的分析和表达统计资料。而且，有些统计图是在其他统计图的基础上演化而来，设计新颖的统计图需要统计研究者的想象力。例如，表达两个总体（或样本）的统计资料时，我们可以在一个图域内绘制两个图形，就可以对两个总体（或样本）的情况进行比较。

2.统计图的绘制与应用

目前，能够帮助我们绘制统计图的计算机软件很多（如：Excel、SPSS、SAS、R等），研究人员已经很少手工绘制统计图。所以，我们重点介绍如何使用软件绘制统计图。虽然Excel软件相对比较简易，只可以实现部分统计功能，一般专业统计人员很少使用。但它非常适合统计初学者和其他行业人员使用，也是我们容易得到的常见软件。所以我们结合每种统计图的讲解，分别介绍如何利用Excel软件进行统计图的绘制。

为了后面内容的介绍更加直观，我们首先设定一个统计资料的案例，作为每个统计图讲解的背景。例如，某物业服务公司在全国承接了50个物业项目，关于各个项目的房屋建筑面积和人员配置我们搜集了如下资料，我们先在Excel 2007中输入表3-32（注意在Excel表格中每种标志输入为一列）。

某物业服务公司承接项目一览表　　　　　　　　表3-32

项目编号	职工人数（人）	房屋建筑面积（平方米）	所在城市	项目编号	职工人数（人）	房屋建筑面积（平方米）	所在城市
001	40	90953.28	北京	026	65	171004.9	北京
002	59	155311.21	北京	027	76	200545.4	天津
003	39	98991.38	北京	028	65	171481.8	北京
004	61	166096.18	北京	029	78	207127.6	上海
005	88	234639.28	上海	030	86	227675.4	上海
006	105	278107.37	深圳	031	94	242728.1	广州
007	61	159522.4	北京	032	75	200170.5	天津
008	72	197578.56	天津	033	92	241122.4	广州
009	78	209610.34	上海	034	62	161440.6	北京
010	72	194508.51	天津	035	90	229487.2	上海
011	54	138426.21	北京	036	78	206196.6	上海
012	99	267075.68	深圳	037	84	225581.4	上海
013	72	193731.15	天津	038	100	268868.4	深圳
014	65	171537.73	天津	039	83	218680.1	上海
015	104	271574.54	深圳	040	72	186699.6	天津
016	75	185650.21	天津	041	64	174780.3	天津
017	94	241372.73	广州	042	88	236511.8	广州
018	87	226925.58	上海	043	88	240749.1	广州
019	91	234688.74	上海	044	103	280731.6	深圳
020	113	292623.48	深圳	045	68	180705.6	天津
021	60	170257.71	北京	046	56	141573.8	北京
022	64	168840.86	北京	047	56	147327.5	北京
023	76	195786.38	天津	048	81	210039.1	上海
024	68	166112	北京	049	65	177366.8	天津
025	102	258140.87	深圳	050	67	171399.9	北京

我们可以利用学习的统计分组的知识，对以上的原始资料进行分组，并编制分配数列。下面我们来讨论一下不同的统计图适合表达什么样的统计资料，以及能为我们的分析提供什么帮助。

（1）散点图

散点图是在二维直角坐标系中，以一个点表示两个对应的数值，利用一系列点（坐标点）的分布形态反映数值对应关系的一种统计图。

1）适用资料和作用

凡是研究对象的两个对应的数值资料，一般都可以采用散点图表达。例如，散点图最常用于原始资料的表达，即个体的两个标志值关系（相关或因果关系）的表达，一般X轴为自变量，Y轴为因变量。也可以用于分组后资料的表达，一般X轴为各组的组名，Y轴为各组的某种特征数（如：组中值、中位数等）。

散点图在二维直角坐标系中，反映两个相对应的数值的关系；其中一个数值为横坐标，另一数值为纵坐标，能直观地表现出两个数值的关系趋势。一般在进行初步分析时，利用散点图直观地反映变量间对应状态，辅助我们判断变量间存在何种数量关系。

2）绘制方法

第一步，在Excel2007中已输入表3-32的工作簿中，选中两组对应的变量值（图3-1中的黄色部分）；

第二步，点击"插入——图表"，点击"散点图——仅带资料标记的散点图"；

第三步，右键点击图表，点击"选择资料"，点击"编辑"，在此可以编辑X轴、Y轴的系列值和系列名称。

得到图3-1中的散点图，即不同建筑面积的职工人数配置图。

（2）直方图和折线图

直方图是在二维直角坐标系中，以矩形及其面积表示总体单位分布情况的分配数列，横轴刻度代表组限，横轴宽度代表组距，纵轴高度代表各组频数或频率的统计图。

折线图是在直方图的基础上，用折线连接各个矩形顶部中点，并在矩形两侧各延伸一组，使折线与横轴相连的统计图。

1）适用资料和作用

完成对总体（或样本）的统计分组（一般为组距式分组）和分配数列后得到的统计资料，一般可以采用直方图和折线图表达。图中，一般X轴为组距式分组组名（组限），Y轴为频数或频率。

直方图和折线图在二维直角坐标系中，反映总体（或样本）的分布结构，能直观的表现各组重要程度。一般可以利用直方图和折线图，辅助我们分析总体（或样本）的分布状态、找寻变量中的关键或主要部分。

2）直方图绘制方法

第一步，将准备进行分组、编制分配数列的统计资料输入Excel2007中，可将表3-32的

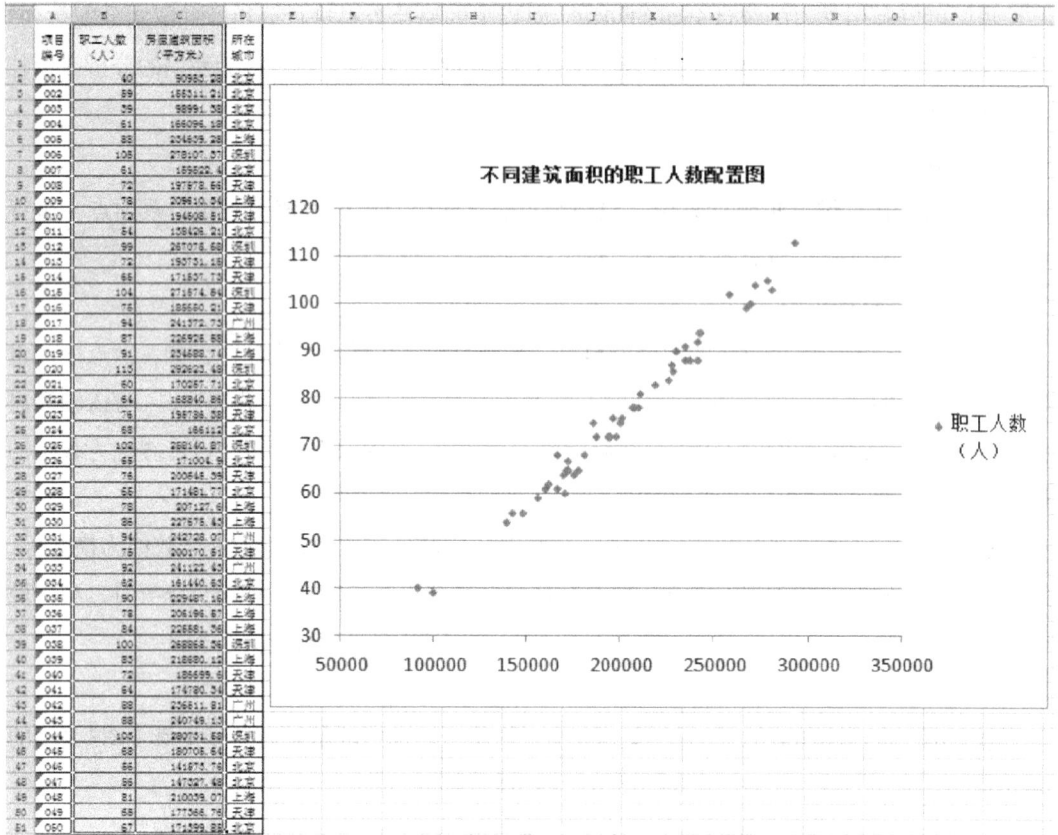

图3-1

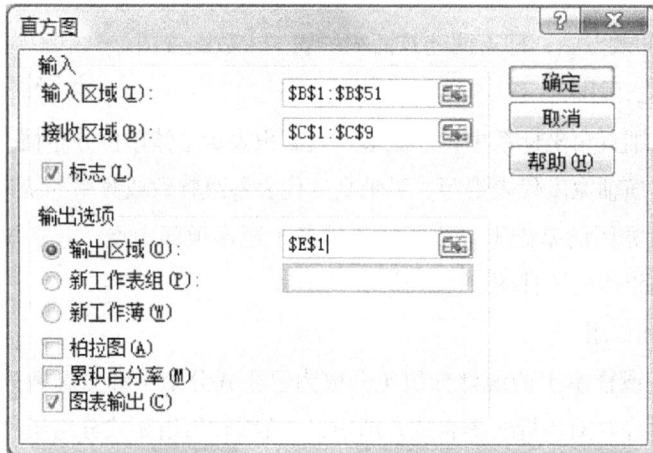

图3-2

前两列粘入工作簿，如图3-2所示；

第二步，根据分组规则，在其他某列输入分组上限（软件默认下限不在内）；

第三步，点击"资料——资料分析"（要加载资料分析库），点击"直方图"，点击"确定"打开对话框，如图3-2所示；

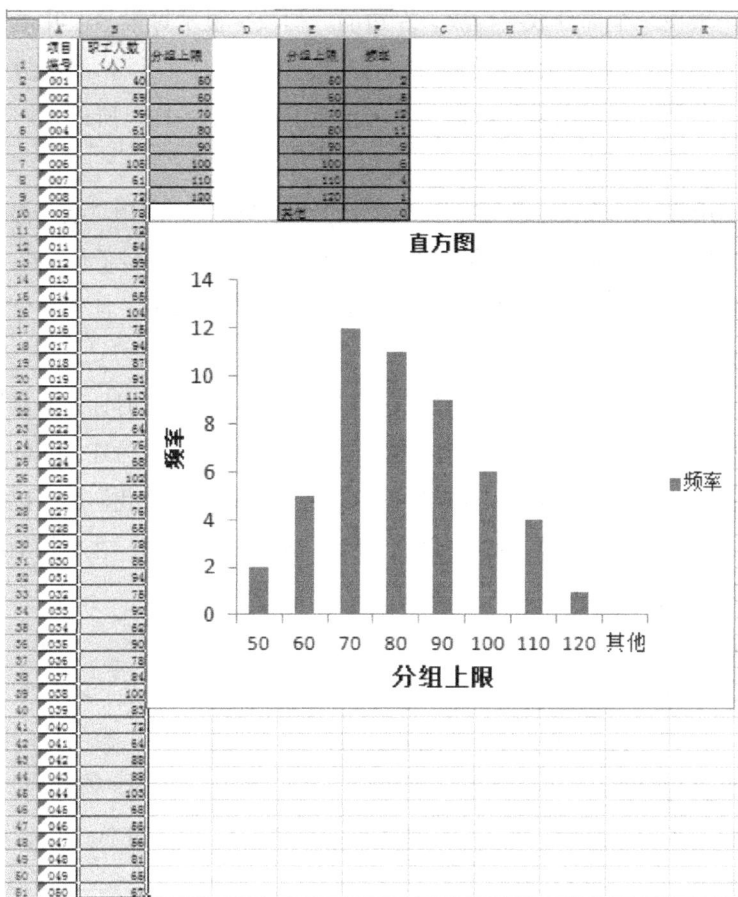

图3-3

第四步，在"输入区域"内选择分组的统计资料（图3-3），在"接收区域"内选择分组上限，勾选"标志"和"图表输出"，在"输出区域"内选择好图表的显示位置。

得到图3-3中的直方图。

直方图的矩形应该无间隔地连续排列在一起。所以，利用Excel绘制的直方图其实并不严谨。好在如果是进行简单统计分析，这一问题并不影响我们对直方图的利用。

3）折线图绘制方法

折线图的绘制可利用Excel图表中折线图绘制，根据各组组中值与频数求出各组的坐标点。这一功能并不复杂，请同学们自己尝试绘制，这里就不赘述了。

（3）茎叶图

茎叶图的基本理论是将数组中的数按位数进行比较，将数的大小基本不变或变化不大的位作为一个"茎"，将变化大的位的数作为"叶"，逐个列在对应的"茎"后面，这样就可以显示出每个"茎"包括多少个数（个体），每个数具体是多少。

1）适用资料和作用

茎叶图一般只适用两位有效数字的资料或可改造为两位有效数字的资料的表达。它完全由数字绘制，一般由三个部分数字构成，左边的一列数字显示每根茎上叶子的频数；中间的一列数字是"茎"，显示变化不大的位数；右边一组数字是"叶"，显示组中的变化大的位数，逐个将这位数字列示出来，像排列在一根茎上的叶子一样，所以人们形象地叫它茎叶图。

我们可以利用茎叶图来表达组距式分组资料的分配数列，即利用"茎"显示各组内变量值的较高位的数字（组内应不变），利用"叶"显示各组内变量值较低位的数字及频数。这就要求统计资料的变量值（或要研究的有效部分）为2位有效数字，且要求分组时能保证组内有效数字较高位的数字不变。

茎叶图是一个与直方图相类似的统计图。将茎叶图的茎和叶逆时针方向旋转90度，就类似于直方图。从而可以辅助我们看出总体（或样本）的分布状态。另外，茎叶图没有原始资料信息的损失，所有资料信息都可以从茎叶图中得到。也就是说，我们还可以利用它了解各组的组内信息，并更准确的计算一些特征数。所以，相较于直方图，在更精细的分析时，我们会更多地采用茎叶图。

2）绘制方法

一些专业软件有专门绘制茎叶图的程式，我们利用Excel绘制茎叶图其实就是人工的输入相应的数字。例如，我们按照用茎叶图表达表3-32中关于职工人数的分配数列，我们将分组规则设定见表3-33。

第一步，将准备进行分组、编制分配数列的统计资料输入Excel 2007中，可将表3-32的前两列粘入工作簿；

第二步，先对全部资料按照标志"职工人数"升序排列，为便于下一步工作，可将较高位数字不同的资料以不同颜色标出，如图3-4所示；

第三步，在"茎"列输入各组变量值较高位的数字，如图3-4所示；

某物业服务公司承接项目职工分布统计表　　　　　　　　　　　　表3-33

序号	职工人数（人）	频数	备注
1	30 ~ 40	1	
2	40 ~ 50	1	
3	50 ~ 60	4	
4	60 ~ 70	13	
5	70 ~ 80	11	上限不在内
6	80 ~ 90	8	
7	90 ~ 100	6	
8	100 ~ 110	5	
9	110 ~ 120	1	

项目编号	职工人数（人）	项目编号	职工人数（人）	频数	茎	叶
003	39	023	76	1	3	9
001	40	027	76	1	4	0
011	54	009	78	4	5	4 6 6 9
046	56	029	78	13	6	0 1 1 2 4 4 5 5 5 5 7 8 8
047	56	036	78	11	7	2 2 2 2 5 5 6 6 8 8 8
002	59	048	81	8	8	1 3 4 6 7 8 8 8
021	60	039	83	6	9	0 1 2 4 4 9
004	61	037	84	5	10	0 2 3 4 5
007	61	030	86	1	11	3
034	62	018	87			
022	64	005	88			
041	64	042	88			
014	65	043	88			
026	65	035	90			
028	65	019	91			
049	65	033	92			
050	67	017	94			
024	68	031	94			
045	68	012	99			
008	72	038	100			
010	72	025	102			
013	72	044	103			
040	72	015	104			
016	75	006	105			
032	75	020	113			

图3-4

第四步，在"叶"的部分输入各组变量值较低位的数字，如图3-4所示（应采取上限不在内原则）；

第五步，在"频数"列输入计数函数，计数范围为对应行"叶"的数字部分表格。

得到图3-4中右上部分的茎叶图。

（4）条形图

条形图是在二维直角坐标系中，以宽度相等的条形表示不同的标志表现，以条形的长度或高度表示该标志表现的频数或其他变量值的统计图。条形图又分为单式条形图和复式条形图，复式条形图由多种资料组成，用不同的颜色标出。

1）适用资料和作用

条形图主要用于表示品质型或离散型的资料，适合用于品质分组和单项分组的分配数列的表达。条形图可以辅助我们分析各组频数和其他变量值的多少；复式条形图更可以辅助我们用于比较多个对象的数量。

2）绘制方法

如果我们想要研究上例中物业服务企业承接项目的区域分布情况，我们可以按照所在城市对表3-32中的资料进行分组，汇总并编制分配数列后得到表3-34。

某物业服务企业项目分布表　　表3-34

所在城市	项目数（个）	职工人数（人）	房屋建筑面积（万平方米）
北京	15	877	227.87
广州	5	456	120.25

续表

所在城市	项目数（个）	职工人数（人）	房屋建筑面积（万平方米）
上海	11	924	243.07
深圳	7	726	191.71
天津	12	852	225.91
合计	50	3835	1008.81

第一步，将表3-34的资料输入Excel 2007的工作簿中；

第二步，选中工作簿中前两列的相应资料，如图3-5的列A、B部分；

第三步，点击"插入——图表"，点击"柱形图（软件中条形图是将柱形图顺时针旋转90度，本质一样）——三维柱形图——三维簇状柱形图"；

第四步，可以直接在图表标题的文本框中编辑图名，可以点击"布局——资料标签——显示"在条形顶部添加频数或变量值。

得到图3-5中的条形图。

另外，复式条形图的绘制与上图基本一致，只是第二步选中多个列的相应资料，如图3-6所示。

（5）饼图

饼图是用圆形和圆内扇形的面积来表示资料值大小、所占比重的统计图。

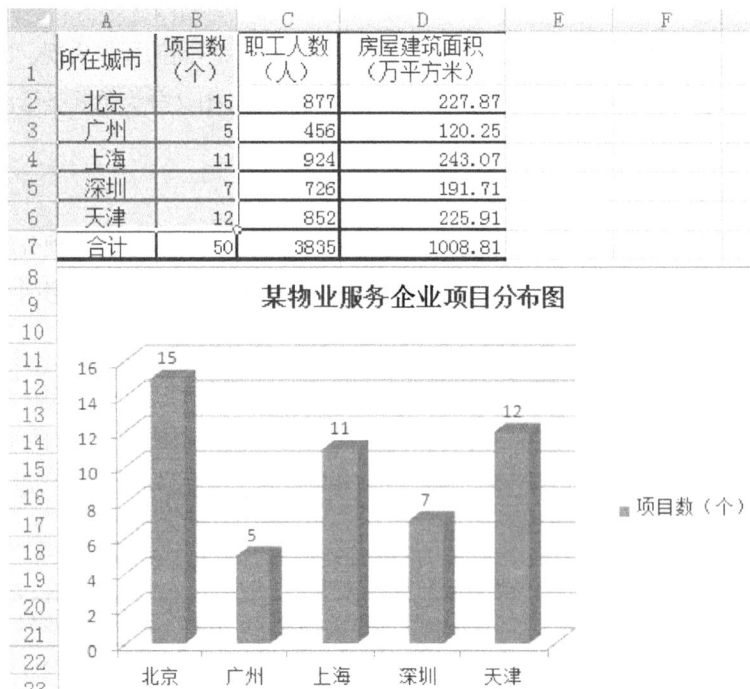

图3-5

	A	B	C	D	E	F	G
1	所在城市	项目数（个）	职工人数（人）	房屋建筑面积（万平方米）			
2	北京	15	877	227.87			
3	广州	5	456	120.25			
4	上海	11	924	243.07			
5	深圳	7	726	191.71			
6	天津	12	852	225.91			
7	合计	50	3835	1008.81			

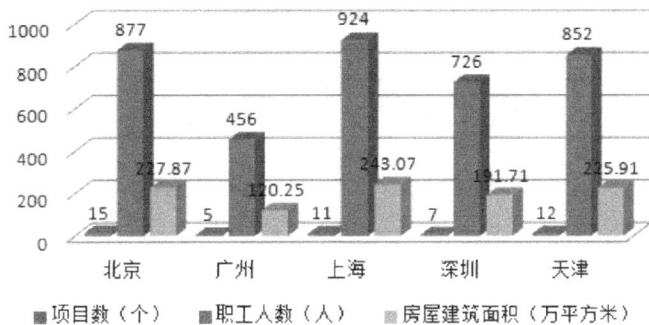

图3-6

1）适用资料和作用

饼图主要用于表示品质型或离散型的资料，适合用于品质分组和单项分组的分配数列的表达。有时，也可以用于组距分组分配数列的表达。饼图可以辅助我们分析各组频数和其他变量值的大小和比重，进而直观地了解总体（或样本）的结构。饼图的整个圆面积代表100%或变量值合计值，各扇形面积代表各组的频数、频率或其他变量值大小。

2）绘制方法

如果我们想要研究上例中物业服务企业承接项目的各种结构情况，我们可以继续利用表3-34的资料。

第一步，将表3-34的资料输入Excel 2007的工作簿中；

第二步，选中图3-7工作簿中前两列的相应资料；

第三步，点击"插入——图表"，点击"饼图——三维饼图"；

第四步，可以直接在图表标题的文本框中编辑图名，可以点击"布局——资料标签"中相应的选项在扇形部位添加频数或变量值。

得到图3-7中的饼图。

其实，利用Excel绘制图表，除了以上基本设置以外还有很多选项，大家可以通过多加尝试逐渐熟练掌握，相信可以获得更加美观的图表。

	所在城市	项目数（个）	职工人数（人）	房屋建筑面积（万平方米）			
1					E	F	G
2	北京	15	877	227.87			
3	广州	5	456	120.25			
4	上海	11	924	243.07			
5	深圳	7	726	191.71			
6	天津	12	852	225.91			
7	合计	50	3835	1008.81			

某物业服务企业项目分布情况图

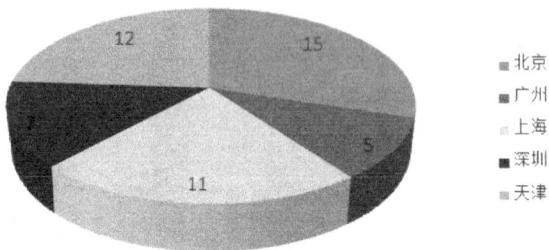

图3-7

📓 本章小结

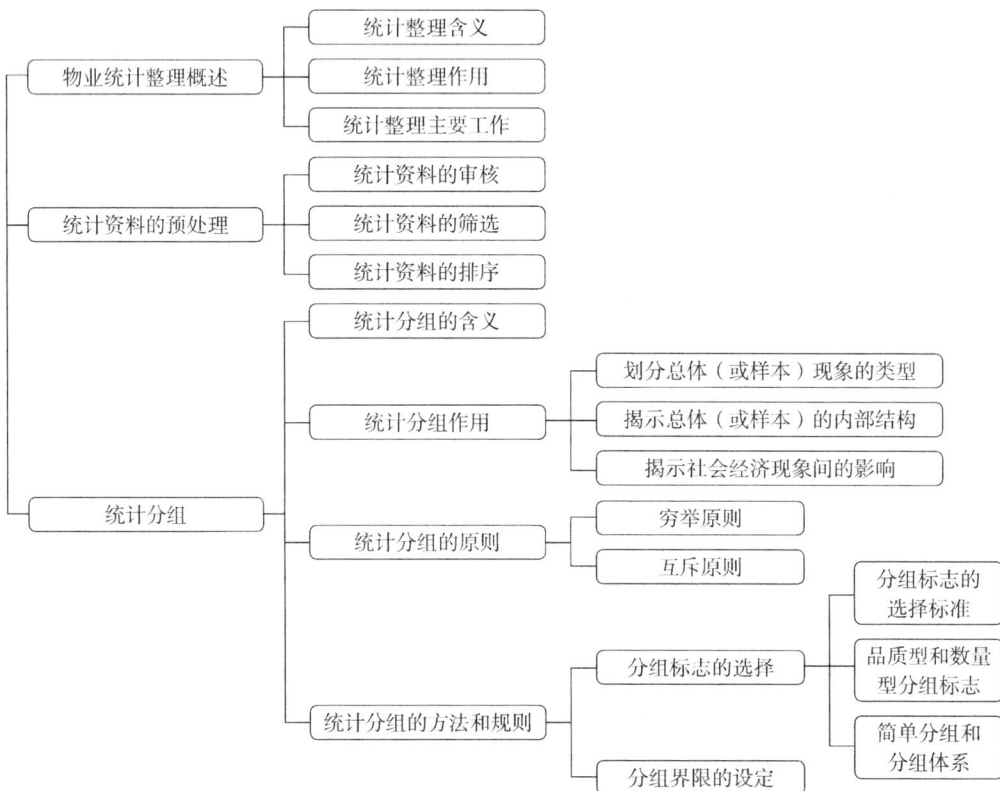

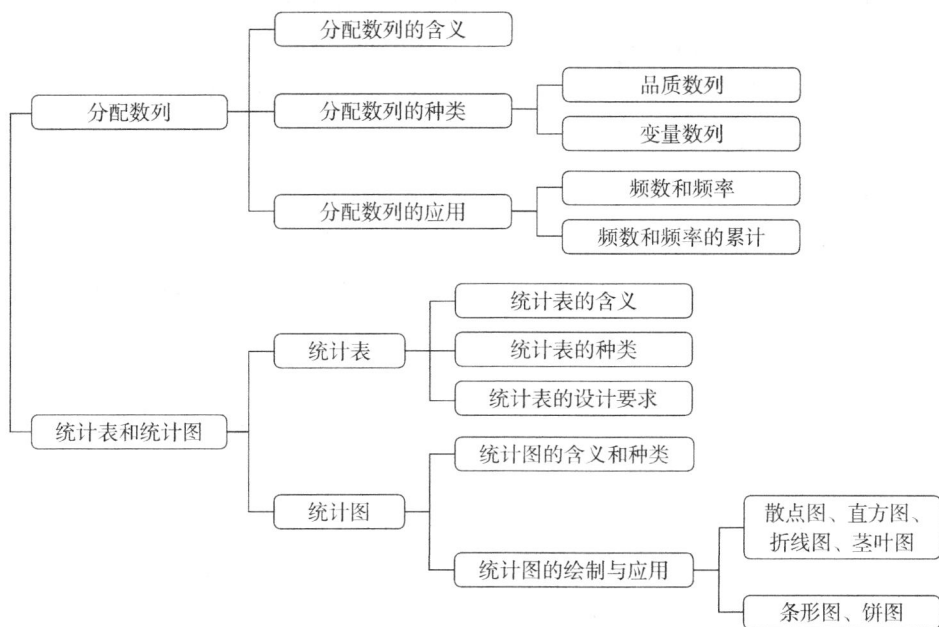

习题

一、判断题

1. 统计整理仅指对原始资料的整理。（　　　）

2. 分组标志是将统计总体区分为不同性质的组的依据。（　　　）

3. 各组次数占总体次数的比值通常称为频数。（　　　）

4. 用统计表表示次数分布，各组频率相加之和应等于100%。（　　　）

5. 统计分组的关键问题是确定组距和组数。（　　　）

6. 对连续变量数列，既可以编制成单项式变量数列，也可以编制成组距式变量数列。
（　　　）

7. 统计表的内容可分为主词和宾词两部分，前者是说明总体的统计指标，后者是统计
表所要说明的总体。（　　　）

8. 按品质标志分组可以将总体单位划分为若干类型。（　　　）

9. 统计表的格式一般是"开口"式的，表的左右两端不画纵线。（　　　）

10. 组距式分组中每组包含多个变量值。（　　　）

二、单选题

1. 统计分组是统计资料整理中常用的统计方法，它能够区分（　　　）。

    a. 总体中性质相同的单位　　　　　b. 总体标志

    c. 总体与总体单位　　　　　　　　d. 总体中性质相异的单位

2. 统计分组的关键在于确定（　　　）。

    a. 组中值　　　　　　　　　　　　b. 组距

    c. 组数　　　　　　　　　　　　　d. 分组标志和分组界限

3. 按照反映事物属性差异的品质标志进行分组称为按品质标志分组。下述分组中属于这一类的是（　　　）。

    a. 人口按年龄分组　　　　　　　　b. 在校学生按性别分组

    c. 职工按工资水平分组　　　　　　d. 企业按职工人数分组

4. 组距数列中的上限一般是指（　　　）。

    a. 本组变量的最大值　　　　　　　b. 本组变量的最小值

    c. 总体内变量的最大值　　　　　　d. 总体内变量的最小值

5. 组距和组数是组距数列中的一对基本要素，当变量的全距一定时，组距和组数（　　　）。

    a. 没有关系　　b. 关系不确定　　c. 有正向关系　　d. 有反向关系

6. 用离散变量作分组标志时，相邻组的上下限应（　　　）。

    a. 重合　　　　b. 间隔　　　　　c. 不相等　　　　d. 相等

7. 某企业职工月工资收入最高者为4260元，最低者为2700元，据此分为六个组，形成闭口式等距数列，则组距最可能为（　　　）。

    a. 7108　　　　b. 260　　　　　c. 1560　　　　d. 3480

8. 在组距数列中，对各组的上限与下限进行简单平均，得到的是（　　　）。

    a. 组中值　　　b. 组平均数　　　c. 组距　　　　d. 组数

9. 某连续变量数列，其末组为开口组，下限为200，又知其邻组的组中值为170，则末组组中值为（　　　）。

    a. 260　　　　b. 215　　　　　c. 230　　　　d. 285

10. 分配数列包含两个组成要素，即（　　　）。

    a. 分组标志和组距　　b. 分组和次数　　c. 分组标志和次数　　d. 分组和表式

三、多选题

1. 统计分组有按品质标志分组和按数量标志分组两种，下述对全体职工总体分组属于按数量标志分组的是（　　　）。

    a. 按性别分组　　　　　　　　　　b. 按年龄分组

    c. 按文化程度分组　　　　　　　　d. 按收入水平分组

    e. 按居住地区分组

2．指出下表表示的分布数列的类型（　　　）。

日垃圾清运量（吨）	天数（天）
5以下	2
5～10	6
10～15	15
15～20	5
20～25	1
25以上	1
合计	30

a．品质数列　　　　b．变量数列　　　c．组距数列　　　d．不等距数列

e．等距数列

3．在次数分配数列中，有（　　　）。

a．总频数一定，频数和频率成反比

b．各组的频数之和等于100

c．各组频率大于0，频率之和等于1

d．频数越小，则该组的标志值所起的作用越小

e．频率又称为次数

4．组中值的计算公式为（　　　）。

a．组中值＝（上限＋下限）÷2　　　　b．组中值＝上限＋下限÷2

c．组中值＝下限÷2＋下限　　　　　　d．组中值＝下限＋（上限－下限）÷2

e．组中值＝上限－（上限－下限）÷2

5．在某物业服务企业将项目按建筑面积分组的变量数列中，下面正确的说法有
（　　　）。

a．建筑面积是分组的数量标志　　　b．各组的项目数是变量值或标志值

c．各组的项目数是次数或频数　　　d．各组建筑面积的比重是频率

e．分组变量是连续变量

四、简答题

1．简述统计整理的作用。

2．简述统计整理的主要工作。

3．简述统计资料排序的方式。

4．简述统计分组的意义和作用。

5．简述采用异距分组的原因。

6．简述频数的性质。

7. 简述二手资料的审核内容。

五、计算题

1. 某企业工人日产量如下：

日产量分组（件）	工人数（人）	日产量分组（件）	工人数（人）
50 ~ 60	6	90 ~ 100	15
60 ~ 70	12	100 ~ 110	18
70 ~ 80	12	110 ~ 120	22
80 ~ 90	14	120 ~ 130	8
合计			107

问：（1）上述变量数列属于哪一种变量数列？

（2）指出上表中的变量、变量值、上限、下限、次数。

（3）计算组距、组中值和频率。

2. 已知某项目职工情况如下表：

年龄（岁）	人数（人）
25及以下	10
26 ~ 30	12
31 ~ 35	15
36 ~ 40	36
41 ~ 45	21
46 ~ 50	15
51 ~ 55	10
56 ~ 60	5
合计	124

根据上表计算组中值，便进行频数累计。

3. 请将下表空缺部分填写完整，不应有数据的划"—"。

建筑面积 （万平方米）	组中值 （万平方米）	项目数（个）	向上累计 频数（个）	向下累计 频数（个）
5以下				2
5 ~ 10				10
10 ~ 15				25

续表

建筑面积 （万平方米）	组中值 （万平方米）	项目数（个）	向上累计 频数（个）	向下累计 频数（个）
15~20			31	
20~25			34	
25~30			35	
30以上			36	
合计				

4. 根据抽样调查，某市50户居民每月购买消费品支出资料如下（单位：元）：

830　880　1230　1100　1180　1580　1210　1460　1170　1080　1050　1100　1070

1370　1200　1630　1250　1360　1270　1420　1180　1030　870　1150　1410

1170　1230　1260　1380　1510　1010　860　810　1130　1140　1190　1260　1350

930　1420　1080　1010　1050　1250　1160　1320　1380　1310　1270　1250

要求：（1）对上述资料采用等距分组，分为8组，组距为100，以800为第一组下限。

（2）编制分配数列。

5. 已知某物业项目一年公共部位日均电能消耗量最大值为100千瓦时，最小值为20千瓦时。现在要对全年日均电能消耗量进行等距分组。请根据斯特杰斯经验公式计算出合适的组距参考值。

4 综合指标分析

使学生了解总量指标、相对指标、平均指标和标志变异指标的概念、特点、分类及运用原则。熟悉各类综合指标的理论基础、计算公式。

通过案例教学、任务驱动等方式，使学生掌握如何根据研究目的和对象合理运用各类综合指标的思路和方法。

通过分组练习、教师点评等方式，使学生通过思考、比较，理解如何通过综合指标分析得到有价值的统计信息。

教学要求

能力目标	知识要点	权重
运用总量指标	总量指标的含义、计算和运用；单位总量和标志总量，时期指标和时点指标	20%
运用相对指标	相对指标的概念和表现形式；五种相对指标的含义、特点、计算和运用	35%
运用平均指标	平均指标的概念、特点、种类、计算和运用；不同平均指标适用的现象资料。算术平均数与强度相对指标的区别；数值平均数与位置平均数的异同	35%
运用标志变异指标	标志变异指标的概念及其与平均指标的联系。标志变异指标的运用	10%

从事物业管理服务工作时，我们会进行很多决策。这些决策应该建立在对于事物特征和规律的科学分析基础之上。例如，在决定是否承接一个物业项目时，我们就需要综合很多信息，对相关问题有整体的了解，包括项目的规模、智能化水平，业主的构成、支付能力，公司需投入的资源和各种资源的比例等。这些信息不是通过感性认识能够得到的，需要调查数据资料，并通过科学的分析方法，得出反映这些信息的量化指标。统计学中的综合指标分析恰恰能够为我们提供一些定量指标，帮助我们进行科学的决策。通过对整理后的统计资料的分析，可以得到能够分别反映事物总量规模、结构比例、集中趋势和变异程度的统计指标。这些统计指标包括总体的总量指标、相对指标、平均指标和标志变异指标，一般被统称为综合指标。综合指标是反映总体特征的基本指标，利用综合指标进行分析，是基本统计分析方法之一。本章我们就分别介绍几种综合指标的分析方法。

4.1 总量指标

4.1.1 总量指标的含义

总量指标是反映在一定时间、地点和条件下某种现象总体的总规模、总水平的综合指标，也可以表现其增减量。

总量指标是最基本的指标，是计算其他指标的基础。一般用绝对数表示，有计量单位，是有名数。它的指标值与被说明的现象总体的范围及总体单位数有关。因此，只有有限总体才能计算总量指标。

例如，我们在分析说明某一项目的规模时，就可以采用相应总量指标，如建筑面积、使用面积、占地面积、户数、人数等。而且，我们会发现如果扩大研究对象的范围，如研究全公司承接项目的总规模，以上指标的数值会随着项目个数的增加而增加。

4.1.2 总量指标的种类

总量指标按照反映现象的性质不同、指标对应时间不同和指标计量单位不同，可以划分为以下若干类型。

1. 按照指标反映现象的性质不同划分

按照指标反映现象的性质不同，我们可以将总量指标划分为总体单位总量指标和总体标志总量指标。

（1）总体单位总量指标

总体单位总量指标，也称总体单位数，是反映总体中包含总体单位个数多少的总量指标。它是总体内拥有的全部个体的数量，主要用来说明总体本身规模的大小。例如，我们研究某物业服务企业承接的全部项目经营情况时，该企业承接项目的个数就是总体单位总量指标。可参见表4-1中项目数的资料。

（2）总体标志总量指标

总体标志总量指标是反映总体标志表现计数累计值或合计值的总量指标。它是总体中全部个体某一品质标志个数的累计值或数量标志值的总和，主要用来说明总体各单位某一标志的规模大小。例如，上例中除了项目数我们还得到了职工人数、房屋建筑面积两个指标就属于总体标志总量指标。可参见表4-1中职工人数、房屋建筑面积的资料。

某物业服务公司项目分布表			表4-1
所在城市	项目数（个）	职工人数（人）	房屋建筑面积（万平方米）
北京	15	877	227.87
广州	5	456	120.25
上海	11	924	243.07

续表

所在城市	项目数（个）	职工人数（人）	房屋建筑面积（万平方米）
深圳	7	726	191.71
天津	12	852	225.91
合计	50	3835	1008.81

（3）划分标准及特点

总体单位总量指标和总体标志总量指标不是固定不变的，可以随着研究目的和研究对象的变化而变化。某个总量指标常常在一种情况下表现为总体标志总量指标，在另一种情况下则表现为总体单位总量指标。在统计研究时，区别两种指标的关键是我们设定的研究对象（即总体）和研究目的。例如，上例中我们研究企业承接的全部项目的经营情况，项目数就是总体单位总量指标，职工人数、房屋建筑面积是总体标志总量指标。如果我们改变了研究的目的，如我们要研究该公司职工工作水平，职工人数就成为总体单位总量指标，而项目数、房屋建筑面积就成为总体标志总量指标。

在进行总量指标分析时，这两种指标本身并不需要刻意的划分，明确总体单位总量和总体标志总量之间的差别，主要是为了计算和区分相对指标和平均指标。

2．按照指标对应时间不同划分

按照总量指标所对应的时间不同，我们可以将总量指标划分为时期指标和时点指标。

（1）时期指标

时期指标是反映某现象总体在一定时期内逐渐变化累积过程的总量指标。例如，企业新承接项目的数量、项目公共区域的耗电量、园林浇灌用水量、车辆进出量等。

（2）时点指标

时点指标是反映某现象总体在某一时点上所处状态、达到水平的总量指标。例如，企业现有承接项目的数量、项目水箱的现有储水量、现时停车量等。

（3）划分标准及特点

通过观察表4-2中的车辆进出量与现时停车辆两个指标，大家可以发现，时期指标和时点指标往往反映的现象和研究目的相同，计量单位也可能一样，甚至指标值也一样，确实很容易混淆。为了正确区分时期指标与时点指标，我们需要透过表面形式研究一下它们的本质特点。我们从以下三个方面来揭示时期指标和时点指标的本质区别。

某物业服务项目车辆进出秩序统计表　　　　　　　表4-2

时期	车辆进出量（部）	时点	现时停车量（部）
00：00～06：00	0	06：00	0
06：00～08：00	316	08：00	316
08：00～10：00	186	10：00	502

续表

时期	车辆进出量（部）	时点	现时停车量（部）
10：00～12：00	−136	12：00	366
12：00～14：00	146	14：00	512
14：00～16：00	−50	16：00	462
16：00～18：00	−200	18：00	262
18：00～20：00	−194	20：00	68
20：00～22：00	−42	22：00	26
22：00～00：00	−26	0：00	0

注：车辆进出量指标值为进入车辆数与外出车辆数之差，正数代表进入量大于外出量，反之亦然。

1）指标值的累加性

时期指标可以按照时期范围累加，说明较长时期内现象活动变化的累计总量。例如表4-2中，06：00～08：00和08：00～10：00两个时期的车辆进出量累加得到502部，就是06：00～10：00车辆进出总量。

时点指标一般不可以按照时点间隔累加，除非由于空间上或计算其他指标过程的需要而相加。一般由于计算其他指标，而累加时点指标所得到的总和也没有累积的实际意义，数值不能说明什么问题。例如表4-2中，08：00和10：00两个时点的现时停车量相加得到818部，该结果本身没有任何意义。

另外值得注意的是，我们从表4-2中不难看出，时点指标加上临近的时期指标可以得到其对应的较晚时点的时点指标。

2）指标值与时间长短的关系

时期指标的指标值的大小与时期长短有一定的关系。需要强调的是，这种关系并不是一般认为的时期越长数值越大，或时期越长数值越小的某种单调关系。因为我们很可能遇到指标值有正有负的现象，例如表4-2中的车辆进出量。其实这种关系可以形容为，如果要知道08：00～12：00的车辆进出总量，我们必须利用其所辖的08：00～10：00和10：00～12：00两个时期的车辆进出量进行累加计算；要知道06：00～12：00的车辆进出总量，我们必须利用其所辖的06：00～08：00、08：00～10：00及10：00～12：00三个时期的车辆进出量进行累加计算。可见，虽然都是计算累积到12：00的车辆进出量，但是累积起点不同，累积的时期长短不同，累加得到的结果也就不同，计算时期的长短直接影响着指标值的计算，进而影响其结果。

时点指标的指标值与时点间隔长短没有直接关系。对比上文求取时期指标的过程，我们会发现如果要知道12：00的现时停车量，我们可以用06：00的现时停车量加上06：00～12：00的车辆进出总量，或者用08：00的现时停车量加上08：00～12：00的车辆进出总量。这两种算法的结果应该是一样的，12：00的现时停车量与我们用间隔多长的时点来计算没关系。

3）指标值的获得方式

时期指标的指标值一般通过连续登记取得。所谓"连续登记"其实并不是时间间隔长与短的问题，其关键是要在相应时间段内记录时期指标所反映现象的每一次活动变化。例如，我们所说的车辆进出量，很难说我们间隔多长时间登记算作连续，重要的是我们要保证每部车进出都有记录。在实际工作中，我们往往都是通过自动化的停车场系统连续不断的工作解决车辆进出记录问题，有效地保证了不会漏掉任何一次车辆进出行为。当然，有些时候不一定需要我们连续不断的登记，也可以用其他方法计算出时期指标，如用两个时点指标之差可得到时期指标。如何选择要根据研究对象的特点、研究目的、研究经费及需要的精确度等因素来决定。

时点指标的指标值则可以通过间断登记取得。前面讲了时点指标与现象活动变化的时期长短无关。我们一般只会在研究需要的时点观察、调查或记录一下时点指标的指标值。因为无论连续登记还是间断登记，某一确定时点上的时点指标值应该是一样的，显然连续登记是极不经济的。

综上所述，时期指标表现了现象的活动变化，时点指标表现了现象的现时状态，而这两者又存在一定的联系，甚至可以互相计算。如同水池中注入的水量和水池中储有的水量的关系。

3．按照指标计量单位不同划分

按照总量指标的计量单位不同，我们可以将总量指标划分为实物指标、价值指标和劳动量指标。

（1）实物指标

1）实物指标的含义

实物指标是采用实物单位计量反映现象总体使用价值总量的总量指标。实物单位包括自然单位、度量衡单位、标准实物量单位、复合单位四种。

2）实物指标的计量单位

① 自然单位

自然单位是根据被研究现象自然形成的可分割的状态来度量其数量的一种计量单位，如人口以"人"为单位，房屋以"套"为单位等等。

② 度量衡单位

度量衡单位是权威机构统一发布的度量衡制度中，规定的用来度量某些现象数量的计量单位。"度量衡"三个字其实分别代表了长短、容积、轻重三种含义。1984年，国务院发布命令，采用以国际单位制为基础，同时选用一些非国际单位制单位的中华人民共和国法定计量单位（简称法定单位）。自1991年1月1日起，法定单位成为中国唯一合法的计量单位。常见的如房屋面积以"平方米"为计量单位，设备电压以"伏特"为计量单位等等。

设置度量衡单位主要是为了解决某些现象无法或难以自然分割而又需要统一计量的问题，如液态水、粮食作物等。另外有些实物如水果、禽蛋等，可以采用自然单位，也可以采用度量衡单位，一般遵从当地习惯和工作需要。

③ 标准实物单位

标准实物单位是根据某一折算标准将其他计量单位折算而成的一种计量单位。人们往往为了工作需要不使用事物常用的原计量单位，而使用标准实物单位来度量某些现象的数量。其折算标准一般为某个领域约定俗成的统一系数，也可以在某次工作前事先约定。例如，能源的种类很多，所含的热量也各不相同，为了便于相互对比和在总量上进行研究，我国把每公斤含热7000千卡（29307.6千焦）的能源定为标准煤也称标煤。为了汇总我国各种能源产出情况，我国经常将各种能源折合成标准煤的吨数来表示，如1吨秸秆的能量相当于0.5吨标准煤的能量，1立方米沼气的能量相当于0.7公斤标准煤的能量。

④ 复合单位

复合单位是两种或两种以上单位结合而形成的一种计量单位，类似于物理学中的"导出量纲"。某些现象的数量取决于其他多种现象的数量，或者说某些现象的数量是由其他多种现象的数量计算而来的。那么，该现象的计量单位往往也对应其他多种现象计量单位的计算关系。例如，实际上用电能单位（电功的单位）俗称为"度"，其实它就是一个复合单位，即千瓦时（kWh）。顾名思义，它形象地表示了一台功率为1千瓦的电器工作1小时所消耗的电能。

数量关系上看：电功＝电功率×时间

计量单位上看：1千瓦时＝1千瓦×1小时＝1000瓦×1小时＝1000瓦×3600秒＝3600000焦

3）实物指标的特点

实物指标反映现象总体特征时比较直观。由于实物指标往往反映的是人们可见的客观现象的具体内容，所以指标容易使人理解，其结论也容易被人接受。

实物指标综合性较差。在实物指标能够反映客观现象具体内容的同时，我们也应注意到现实中存在着大量不同的客观现象，所以实物指标反映的总体多种多样。从上文我们又可以看出，这些繁杂的实物指标的计量单位不尽相同。这就会使得我们难以对不同客观现象的实物指标进行汇总。例如，某个物业项目总资产涵盖了各种动产不动产，我们不能直接汇总它们的实物指标，像3部汽车和20把扫帚这样的指标值是无法相加的，相加也没有意义。

实物指标是计算价值指标的基础。实物指标和价值指标都是总量指标，都反映现象总体的规模大小。价值指标的计算依赖于实物指标和价格。

（2）价值指标

1）价值指标的含义

价值指标是采用货币单位计量的反映现象总体价值总量的总量指标。从理论上讲，价值指标应该是反映现象总体的价值量，而实际上反应的是价格量。因为事物的价值在理论上存在但难以准确揭示，人们一般只能通过围绕其波动的价格来体现价值。经济学中对于价值的判断也有不同观点，我们可参考经济学的知识，这里不加赘述。

我们采用的价值指标相当于借助价格将实物指标进行了标准化。使得原本不能相提并论的不同客观现象的总量具有了一致的衡量的标准。例如，上文提到的物业项目中的汽车与扫帚，如果利用其市场价格将实物指标转换为价值指标，就可以对其进行汇总，从而综合了解项目的资产规模（表4-3）。

原本实物指标无法汇总：3（部）＋20（把）＝？ 无意义

转化为价值指标汇总：100000元／部×3（部）＋10元／把×20（把）＝300200元

某物业项目资产统计表（节选） 表4-3

资产名称	价格（元/部）	数量（部）	价值（元）
汽车	100000	3	300000
扫帚	10	20	200
合计	—	—	300200

2）价值指标的特点

价值指标综合性和概括性较强。社会经济活动中的各种事物一般都具有一定的价值。价值的衡量标准一般都采用货币量计量。这就使得价值指标反映的各种不同现象的总量具备了统一的衡量标准。在我们需要了解繁杂的现象的总体规模时，价值指标就可以克服现象本身自然属性的差异，归并到货币计量的总量上来。例如，当我们想了解我们的国家一年的产出有多少时，统计人员就会面对整个国家一年产出的各种物品和劳动，只有靠价值指标才能把它们的总量计量统一到价值量上来。

我们可以通过观察节选自2010年中国统计年鉴的"分行业增加值"统计表，想象一下如果采用实物指标反映国家产出的规模会是什么样子。

价值指标反映现象总体特征时比较抽象。价值指标以其高度的综合性和概括性被广泛用于反映复杂现象规模的同时，也掩盖了他所反映的现象的具体物质内容。例如，从表4-4中我们只能看出各行业增加值的大小，而无法得到具体产出了哪些东西。从而不能分析其结构合理与否、社会效益如何等问题。

分行业增加值统计表（单位：亿元） 表4-4

行业	2012年	2013年	2014年	2015年
国内生产总值	540367.4	595244.4	643974.0	689052.1
农林牧渔业	52368.7	56973.6	60165.7	62911.8
采矿业	25093.0	25467.6	23417.1	19104.5
制造业	169806.6	181867.8	195620.3	202420.1
电力、热力、燃气及水生产和供应业	14006.0	15002.2	14819.0	14981.7
建筑业	36896.1	40896.8	44880.5	46626.7

行业	2012年	2013年	2014年	2015年
批发和零售业	49831.0	56284.1	62423.5	66186.7
交通运输、仓储和邮政业	23763.2	26042.7	28500.9	30487.8
住宿和餐饮业	9536.9	10228.3	11158.5	12153.7
信息传输、软件和信息技术服务业	11928.7	13729.7	15939.6	18546.1
金融业	35188.4	41191.0	46665.2	57872.6
房地产业	31248.3	35987.6	38000.8	41701.0
租赁和商务服务业	11248.2	13335.0	15276.2	17111.5
科学研究和技术服务业	9449.4	11010.2	12250.7	13479.6
水利、环境和公共设施管理业	2556.8	3056.3	3472.7	3851.9
居民服务、修理和其他服务业	8156.8	8625.1	9706.3	10854.5
教育	16645.7	18951.4	21159.9	24253.1
卫生和社会工作	9011.2	11034.4	12734.0	14955.1
文化、体育和娱乐业	3530.6	3867.7	4274.5	4931.2
公共管理、社会保障和社会组织	20101.7	21693.0	23508.7	26622.6

注：本表按当年价格计算。

因此，在实际工作中，我们应该学会合理有效地将价值指标与实物指标结合起来使用，以便全面认识现象总体的特征。

（3）劳动量指标

劳动量指标是反映现象总体所消耗劳动量的总量指标。劳动量指标一般以劳动过程中消耗的劳动时间为计量单位，如工时、工日等。工时是指一个职工做一个小时的工作，工日通常指一个职工做八小时的工作。

目前，我国大多数物业服务企业还属于劳动密集型企业。所以，从事物业管理工作经常会涉及劳动量的核算。例如，考核出勤情况，每天要登记出勤人数，把一个月的出勤人数汇总就不能用"人"来计量而应用"工日"来计算。再如，安排项目的秩序维护员时，除了考虑固定门岗等所需人员数量，还要考虑流动巡查岗位的人员数量。这就需要考虑物业服务合同约定的巡查密度，并合理估计巡查人员巡视一次的所需工时。一个项目的物业服务工作正常运转所需的工时越多也就意味着管理成本越高，所以在满足物业服务合同要求的前提下，能否合理估计和安排工时体现了一个物业项目管理者的管理水平。

以上，我们将总量指标根据不同标准进行了划分，目的是从不同的侧面揭示总量指标特点，帮助大家便于理解和运用总量指标。

4.1.3　总量指标的运用

在了解总量指标的基本知识之后，我们需要重点讨论一下，通过总量指标可以为我们的工作提供哪些帮助，以及能够通过何种途径来获得高质量的总量指标。

1．总量指标的作用和局限性

通过这部分学习主要需要大家思考两个问题，一是什么情况我们应该考虑使用总量指标，二是总量指标能够在这种情况下给我们什么帮助。这样我们才能将理论知识与实际工作结合起来。

（1）总量指标能够反映现象的规模

我们在认识各种现象时，大到一个国家的自然环境、经济运行，小到一个人的身体状况、工作水平，首先会从总体规模上加以观察和分析。对于规模的把握是深入认识现象总体的基础，是分析研究的起点。

对于规模我们很容易有感性的认识，就是现象一眼看去的状态。但是，如果我们需要精细化的管理就必须采用科学的、定量的指标来反映现象的规模，如同量体方能裁衣。总量指标就能够通过数值将现象的规模准确、科学地反映出来。所以，当我们需要了解现象的规模大小时，就需要总量指标的帮助。

下面是中国物业管理协会2010年8月公布的《物业管理行业生存状况调查报告》中摘录的一段文字：

（三）管理物业项目情况

被调查企业管理物业项目总数30831个、总建筑面积203906.4万m^2。与从业772032人相对应，不难看出，目前情况下，平均每个物业管理项目有从业人员25人，平均每名从业人员管理面积2640m^2。

从这段文字即可以看出，项目总数、总建筑面积等总量指标的给出，使我们可以对物业管理行业的整体规模有了很准确的认识。

（2）总量指标能够评价事物的水平

在反应现象规模的基础上，总量指标也从一个侧面反映了其水平高低。经济学中有规模报酬理论，说明规模较小时往往难以获得较好的报酬水平。我们也能够发现大型企业一般比小企业具有更强的研发实力、管理水平等。总体规模与质量水平的这种关系也被应用于管理部门对于企业的评价，例如，《物业管理企业资质管理办法》第五条第一款就对物业服务企业的一级资质作了如下规定：

第一，注册资本人民币500万元以上；

第二，物业管理专业人员以及工程、管理、经济等相关专业类的专职管理和技术人员不少于30人。其中，具有中级以上职称的人员不少于20人，工程、财务等业务负责人具有相应专业中级以上职称；

第三，物业管理专业人员按照国家有关规定取得职业资格证书；

第四，管理两种类型以上物业，并且管理各类物业的房屋建筑面积分别占下列相应计算基数的百分比之和不低于100%：

① 多层住宅200万平方米；

② 高层住宅100万平方米；

③ 独立式住宅（别墅）15万平方米；

④ 办公楼、工业厂房及其他物业50万平方米。

第五，建立并严格执行服务质量、服务收费等企业管理制度和标准，建立企业信用档案系统，有优良的经营管理业绩。

我们从中看出五项中有三项是对企业的资本金、专业人员数量、在管面积等总量提出的要求。而企业资质其实应该注重的是企业的工作水平，而非规模总量。那么为什么管理部门要这样规定呢？首先反映工作水平的指标可能不易统计，难以考核。更重要的是开展和推行某些能够提高工作水平的研究和措施需要企业具备一定的规模基础，如同某种水平的入门门槛，如成立专门的物业经营团队、楼宇智能化管理团队等等，都需要一定的资金数量、在管数量和专业技术人员数量的积累。那么，虽然不能说规模大的企业一定水平高，但可以说规模较小的企业很难开展一些需要强大资金、技术、人员支持的工作，从而难以提高工作水平。所以，我们会发现在很多物业管理投标书中，企业会宣传自己的资金、技术、人员的规模进而彰显其企业实力和管理水平。

总之，当我们需要反映现象的水平时可以使用总量指标。当然，如果能够结合后面要介绍的其他综合指标，反应现象会更全面，说服力会更强。

（3）总量指标是计算其他指标的基础

一般统计整理汇总后，首先得到的是总体总量指标。相对指标和平均指标大多都是由两个或两个以上有关系的总量指标，按照反映其关系的公式计算出来的，属于总量指标的派生指标。总量指标汇总计算的是否科学、规范，直接影响相对指标和平均指标的准确性和有效性。

《物业管理行业生存状况调查报告》中"平均每个物业管理项目有从业人员25人，平均每名从业人员管理面积2640平方米。"就是由前面的总量指标相比计算出来的。

所以，当我们需要某些相对指标、平均指标时，我们可能首先要求获取所需的总量指标。

（4）总量指标的局限性

总量指标可以帮助我们分析和反映现象总体的很多问题，但它也不是万能的。总量指标作为绝对数指标一般只能反映现象总体的规模、水平，而很难直观地反映现象总体之间、现象总体内各部分的相互联系、结构比例、强度、平均水平、发展变化关系等问题。这就需要我们在研究问题时，综合运用总量指标和其他综合指标形成指标体系，以便全面地反映现象总体的特征。

2. 总量指标的计算方法

总量指标的计算方法分为直接计量法和间接推算法。

（1）直接计量法

直接计量法是通过对研究总体中具备一定现象条件的个体或个体标志值进行直接计数、合计，从而得到反映现象总体的总量指标的方法。这是计算总量指标的最基本、最直接的方法。

例如，上文提到《物业管理行业生存状况调查报告》中"被调查企业管理物业项目总数30831个、总建筑面积203906.4万 m^2"。如果我们是要研究企业管理的项目的现状，项目总数就是研究人员对总体中每个个体（物业项目）逐一计数得到的；总建筑面积就是研究人员对于总体中每个个体（物业项目）的建筑面积合计得到的。

（2）间接推算法

间接推算法是利用本次研究的指标与其他已知指标的数量关系，通过其他已知指标间接求得总量指标的方法。例如，上文表4-2中的车辆进出量，其实就是车辆驶入量与车辆驶出量两个总量指标的差。

使用此方法时，应该注意几个问题：一是指标间的数量关系是否合理；二是多个相互关联指标的统计口径是否一致；三是已知指标数值是否准确。例如，我们不能用6、7、8这三个月的园林灌溉用水量，推算全年的用水量，因为这三个月的用水量一般比其他月份要高。

选择计算总量指标方法的原则是在保证科学准确的基础上经济可行。一般直接计量的工作量比较大、成本比较高，但一手资料容易把握准确度；间接推算的工作难度和成本会比较低，但会增加偏误的风险。具体工作时如何选择往往就要根据我们现有的已经掌握的资料情况、需要的准确程度和工作成本的大小等因素来决定。

4.2　相对指标

4.2.1　相对指标的含义

1．相对指标的概念

相对指标是利用两个相互关联的指标对比得到的比值来反映现象总体特征的综合指标。相对指标采用对比的方法，主要反映现象总体、总体之间、总体内部数量上的联系程度和对比关系等特征。例如，企业中，职工的年龄结构、男女比例、人均管理服务面积、本企业与其他企业人均收入的对比和本年度物业服务收费计划完成度等。

2．相对指标的表现形式

相对指标的指标值有两种表现形式，即无名数和复名数。

无名数是一种抽象化的数值，一般以系数、倍数、成数、百分数或千分数表示。例如，《全国物业管理示范住宅小区标准及评分细则》第一部分"基础管理"中第19条的内容"建立并落实便民维修服务承诺制，零修急修及时率100%、返修率不高于1%，并有回访记录"，采用了百分数形式的相对指标作为标准。

复名数是反映现象总体强度水平的相对指标，主要用来说明总体某些现象的密度、强度、普遍程度等状况。例如，某物业项目的物业服务合同中约定"秩序维护员巡逻强度不低于3次/天"，"抽查时，大堂地面的纸屑、烟头不超过2个/百平方米"。

4.2.2 相对指标的种类及运用

相对指标反映现象的数量比较关系，是利用两个相互关联的指标对比得到的。当需要反映的关系性质不同，相互比较的对象就会不同，用来对比的指标也就不同。据此，一般将相对指标划分为结构相对指标、比例相对指标、比较相对指标、强度相对指标、动态相对指标和计划完成程度相对指标。其中，动态相对指标将在后面的章节专门介绍，我们就不在本章讨论了。下面我们分别介绍一下其他五种相对指标。

1．结构相对指标

（1）结构相对指标的含义

结构相对指标是以总体中某一部分的某项指标值与总体相同项的指标值相对比得到的，用以反映现象总体中某一部分所占的比重的相对指标。如果从对总体进行统计分组的角度考虑，结构相对指标是以某组（或某些组）的单位数与总体单位总数对比，或以某组（或某些组）的标志值总量与总体的标志值总量对比求得的相对指标。结构相对指标一般采用百分数、成数或系数等无名数表示。

例如，《全国物业管理示范住宅小区标准及评分细则》第八部分"管理效益"中第一条的内容"物业管理服务费用收缴率98%以上"。

（2）结构相对指标的计算与特点

1）结构相对指标的计算方法

结构相对指标的计算是以现象总体的某项指标值为100%，求取总体某部分相应指标值所占的比重。计算方法就是以总体内某一部分的指标值除以总体相同项指标值。计算公式为：

结构相对指标＝总体内某部分某项指标值/总体同项指标值

计算结构相对指标的前提是对总体进行了科学的分组。例如，上文的物业管理服务费用收缴率98%的计算，其实就是建立在将全部应收费用（总体）划分为已缴费用和未缴费两组的基础上。

某物业项目物业管理服务费用实际缴费额为563872元，合同约定应缴费额为612615元，则：

$$物业管理服务费用收缴率＝实际缴费额／应缴费额＝实际缴费额／（实际缴费额＋未缴费额）＝563872/612615＝92.05\%$$

2）结构相对指标的特点

① 结构相对指标中分子对应现象是分母对应的总体的一部分，即该现象必须属于分母对应总体。

例如，某些物业项目共用一支技术维修队伍，我们在计算技术人员占某一个项目全部职工的比重时，就应该适当分摊该技术维修队伍的人员，而不能将其全部视为某一项目的技术人员。

② 结构相对指标的分子与分母一般都是对应现象总体和总体部分的总量指标，且必须是同一项总量指标。

③ 结构相对指标的分子与分母不能互换。

④ 结构相对指标的指标值一般大于0小于1，同一总体的同一项结构相对指标值之和必定为1。我们可以利用这一特点，对计算加以检验。

（3）结构相对指标的运用

下面我们讨论在遇到什么情况或研究什么问题时，我们可以借助结构相对指标。

1）反映总体构成特征

我们可以通过计算结构相对指标，揭示现象总体中某些现象所占比重，从而合理安排工作。例如，某物业服务企业承接了某市国际机场的保洁管理工作。在人员配置时，就首先对不同区域的人员流量占机场全部人员流量的比重进行了结构分析，在人员密集的地区配备较多的保洁人员和保洁班次。

2）评判总体发展状态

现象总体发展到不同的阶段，会呈现很多不同的该阶段特有状态。总体内部的某些现象所占的比重可以从一个侧面反映这种状态。因此，我们也就能够将结构相对指标作为评判其状态的标准。

典型的例子就是根据德国统计学家和经济学家恩格尔19世纪提出的恩格尔定律而计算的恩格尔系数。恩格尔根据统计资料，对消费结构的变化得出一个规律：一个家庭收入越少，家庭收入中（或总支出中）用来购买食物的支出所占的比重就越大，随着家庭收入的增加，家庭收入中（或总支出中）用来购买食物的支出比重则会下降。

恩格尔系数计算公式：恩格尔系数＝食物支出金额÷总支出金额×100%

有些国际机构就利用恩格尔系数对国家和地区的生活水平划定了标准，见表4-5。

利用恩格尔系数对生活水平的评价一览表　　　　　　　　　　　　　表4-5

恩格尔系数%	该国（地区）生活水平
30以下	最富裕
30～40	富裕
40～50	小康
50～60	贫困
60以上	最贫困

其实，上文中物业管理服务费用收缴率，就被视作一个评价物业项目的管理水平的标准。其含义就是，业主缴费率高可以认为是对该项目管理水平的认可。

3）锁定工作重点对象

通过计算结构相对指标可以找出对现象总体某方面影响重大的重点部分。开展各项工作都应该抓住其主要方面，分析问题应该抓住其主要矛盾，这样在日常工作中有针对性的应对，就会收到事半功倍的效果。而现象总体中哪一部分是重要对象，往往可以通过考察该部分所占的比重来判断。但要注意，这种比重不一定是单位数量上的比重，根据不同的情况应该采用不同的指标。

例如，某些涉外居住项目中住户如以欧美客人为主，我们可以更多的开展针对其民俗风情的活动，如圣诞节庆祝活动等。再如，有些项目中栽植有名贵的植物，虽然数量上比重不多，但其价值占全部植物价值的比重很大，我们也应该组织专门的养护。

2．比例相对指标

（1）比例相对指标的含义

比例相对指标是以同一总体内不同部分的某项指标值对比得到的，用以反映现象总体中各个部分之间某项指标的比例关系和均衡状况的相对指标。如果从对总体进行统计分组的角度考虑，比例相对指标是将某几组的单位数进行对比，或将某几组的某项标志值进行对比求得的相对指标。比例相对指标一般采用百分数、系数、倍数或比例、连比等无名数表示。

例如，研究企业管理结构和岗位设置是否合理时，可以利用干部工人比例、工种比例等帮助分析（表4-6）。

企业职工分布一览表　　　　　表4-6

研究对象	比例相对指标
干部：工人	15：100
管理：技术：操作	5：10：100

（2）比例相对指标的计算与特点

1）比例相对指标的计算方法

比例相对指标的计算一般是以现象总体中某部分的某项指标值为基准，求取总体其他部分与该部分指标值的比值。计算方法就是以总体内某一部分的指标值除以总体另一部分相同项指标值。计算公式为：

比例相对指标＝总体内某部分某项指标值／总体内另一部分相同项指标值

计算比例相对指标的前提是对总体进行了科学的分组。例如，从表4-6中可以看出，计算比例相对指标前先要按照职位、工种等分组，得到各组相应的总量指标值再进行对比。

生活中，人们有时提到比例，如业主满意率、人员工资占物业管理服务费用的比例，其实严格地说大部分指的是结构相对指标。

例如，某地区的物业管理条例中就有如下内容："建设单位应当按照物业建设工程规划许可证载明的地上总建筑面积千分之七的比例配置物业管理用房；但物业管理区域内的物业均为非住宅的，物业管理用房的配置比例为物业建设工程规划许可证载明的地上总建筑面积的千分之三。"这时的"比例"一词，其实约定俗成的被当做相对数的意思，而不是特指比例相对指标。大家学习了这两种相对指标后，应该注意结合具体情况加以区分，准确选择其比较基础（分母）。

2）比例相对指标的特点

① 比例相对指标中分子和分母对应的现象属于同一总体。这里需要注意随着研究目的的变化，总体范围产生的变化。

② 比例相对指标的分子与分母一般都是对应现象总体某部分的总量指标，且必须是同一项总量指标。

③ 比例相对指标的分子与分母可以互换，互换后的计算意义是一致的。因为其分子分母都对应现象总体的一部分，其所反映现象的对象是平等的。

（3）比例相对指标的运用

下面我们讨论在遇到什么情况或研究什么问题时，我们可以借助比例相对指标。

1）反映总体内构成关系

实际上，比例相对指标与结构相对指标都可以反映某一总体的构成情况，有时可以互相演算。但是，两者的侧重点和视角不同。与结构相对指标比起来，比例相对指标更突出描述某一总体内不同部分之间的关系，而不是它们与总体的关系。例如，表4-7是我们节选的《2017年中国统计年鉴》中"2-9按年龄和性别分人口数（2016年）"的内容。

按年龄和性别分人口数一览表　　　　　　　　　　　　　　　表4-7

年龄	占总人口			性别比	
	比重（%）	男	女	男	女
总计	100.00	51.22	48.78	104.98	100.00
0~4	5.91	3.17	2.74	115.62	100.00
5~9	5.51	2.99	2.52	118.86	100.00
10~14	5.22	2.83	2.39	118.54	100.00
15~19	5.32	2.87	2.45	117.05	100.00
20~24	6.83	3.57	3.26	109.62	100.00

通过观察表4-7，我们就可看出：与占总人口比重指标相比，性别比指标能够更直观的反映各年龄段男性与女性之间的数量关系。这就使我们在分析解决有关不同性别间的问题时，更容易直接把握其特征。

2）评价现象间的协调关系

总体由各个部分组成，为了实现总体的发展目标各部分需要分别完成其任务。各部分比例关系合理就会发挥积极作用，否则可能影响总体的发展。这时，我们就可以利用比例相对指标衡量总体中各部分之间关系是否合理。

特别是物业服务行业的服务运作需要大量的人员组成团队，团队中各种人员配置的比例是否合理是非常重要的。例如，管理学中有管理宽度的概念，又称"管理跨度"或"管理幅度"，指的是一名主管人员有效地监督、管理其直接下属的人数是有限的。当超过这个限度时，管理的效率就会随之下降。因此，如果希望充分有效地发挥主管人员的领导作用，就应该配置合理数量的下属。其实就是某个部门主管人员与直接领导的下属的比例问题。一般认为一个主管直接领导7至12名下属比较合适，这就是在利用比例相对指标评价总体中不同部分之间关系的合理性。

3．比较相对指标

（1）比较相对指标的含义

比较相对指标是以不同空间、同一时间上同项指标静态对比得到的，用以反映同类现象在不同空间条件下的差异程度或相对状态的相对指标。从指标类型上看，比较相对指标可以是两个总量指标对比，也可以是两个相对指标对比，还可以是两个平均指标对比；从空间类型上看，比较相对指标可以是不同国家之间、不同地区之间、不同单位之间的对比，也可以是某一空间与抽象的标准（或平均）水平之间的对比。比较相对指标一般采用百分数、倍数或系数等无名数表示。

例如，两个国家的国内生产总值的对比、人均可支配收入的对比，某个企业劳动生产率与社会平均水平的对比。

（2）比较相对指标的计算与特点

1）比较相对指标的计算方法

比较相对指标的计算一般是求取不同空间之间、空间与标准（或平均）水平之间某项指标值的比值。计算公式为：

比较相对指标＝某空间的某项指标值／另一空间（或标准、平均）的同项指标值

根据表4-8中的中日两国的外汇储备额，我们可以计算外汇储备比较相对指标：

外汇储备比较相对指标＝中国外汇储备额／日本外汇储备额＝23991.50/9969.55＝2.406

2009年中日外汇储备比较表　　　　　　　表4-8

国家和地区	外汇储备额（亿美元）	外汇储备比较相对指标
中国	23991.50	2.406
日本	9969.55	1.000

说明2009年中国的外汇储备是日本的2.406倍。

2）比较相对指标的特点

① 比较相对指标对比的分子分母必须是同质现象。一是，虽然比较相对指标的分子分

母可以是总量指标、相对指标或平均指标。但计算某一比较相对指标时，其分子分母应是同类型的指标，而且指标反映的现象内容应该一致。二是，比较相对指标分子分母的指标值对应的时间、口径、计算方式、计量单位等应当一致。例如，如果以人民币计算中国的国民生产总值，以美元计算美国的国民生产总值，就不能直接进行比较。

② 比较相对指标的分子与分母可以互换。以哪个空间的指标值作为分母，也就是作为比较基础，一般要根据研究目的确定。如希望表现比较优势的时候，可以将指标值较差的空间作为比较基础，比较相对指标就会更直观地体现相对优势；而希望揭示差距的时候，可以将指标值较优的空间作为比较基础，比较相对指标就会更直观地体现相对差距。

（3）比较相对指标的运用

下面我们讨论在遇到什么情况或研究什么问题时，我们可以借助比较相对指标。

1）反映现象差异

比较相对指标可以通过反映不同空间之间、空间与标准（或平均）水平之间的差异程度，帮助我们揭示差距、显示研究对象所处的地位。在了解了研究对象存在的优势、劣势的方面和程度之后，我们可以科学地选择发展方向、发展模式和资源分配。例如，表4-9的内容就是利用比较相对指标，直观地反映了2009年我国四个直辖市及全国平均的城市设施水平的对比情况，可以为各个城市今后的发展规划提供参考意见。

城市设施水平对比表　　　　　　　表4-9

指标	每万人拥有公共交通车辆		人均城市道路面积		人均公园绿地面积		每万人拥有公共厕所	
地区	原指标（标台）	比较相对指标	原指标（m²）	比较相对指标	原指标（m²）	比较相对指标	原指标（座）	比较相对指标
全国	11.12	1.000	12.79	1.000	10.66	1.000	3.15	1.000
北京	24.75	2.226	6.15	0.481	12.11	1.136	4.04	1.283
天津	15.38	1.383	13.76	1.076	8.59	0.806	2.32	0.737
上海	12.76	1.147	4.48	0.350	8.02	0.752	2.93	0.930
重庆	7.85	0.706	9.78	0.765	11.25	1.055	2.4	0.762

注：各城市的比较相对指标均以全国水平为比较基础计算。

2）判断方案优劣

除了可以被动的利用比较相对指标反映不同空间差异以外，我们还可以主动出击，人为地在同一时间，对多个条件相同的空间安排不同的工作方案，搜集整理一些检验指标。通过计算这些不同空间检验指标的比较相对指标，分析不同方案在条件相同的不同空间实施后产生的效果差异，进而判断方案的优劣。例如，为了比较公共区域照明使用何种灯更经济，我们可以在照明面积、照明时间、光照度要求相同的公共区域，分别选择一种灯进行实验。实验后，得到表4-10。

两种灯的实验结果资料　　　　表4-10

种类	需要数量（只）	功耗（W）	用电时间（小时）	每度价格（元）	每天费用（元）	每月费用（元）	每年费用（元）	费用比较相对指标
白炽灯	44	260	5	0.98	56.06	1682	20180	3.25
节能灯	80	80	5	0.98	17.25	517.4	6209	1.00

从表4-10中，我们得知白炽灯的照明费用是节能灯的3.25倍。从照明费用上看，显然采用节能灯更为经济，然后我们可以再综合其他因素决定最终的选择。

4．强度相对指标

（1）强度相对指标的含义

强度相对指标是以同一地区或单位内，两个性质不同而又有一定联系的总量指标值对比得到的，反映现象的强度、密度和普及程度的相对指标。所谓"性质不同"，可以理解为虽然总量指标描述对象的范围一致，但反映的现象不同，归属的总体不同。强度相对指标一般用复名数表示，也可以采用百分数、千分数等无名数表示（分子分母两个总量指标单位相同）。

例如，某物业项目户均车位=0.6个/户，人均绿地面积=3.5m²/人。

（2）强度相对指标的计算与特点

1）强度相对指标的计算方法

强度相对指标的计算一般是求取同一空间、区划范围内，分别反映两种相互联系现象的两项总量指标值的对比。计算公式为：

强度相对指标 = 某范围内某项总量指标值／同一范围内另一性质不同而有联系的总量指标值

例如，我们利用某物业项目的住户数1026户和车位数682个，就可以计算户均车位：

户均车位 = 车位数／住户数 = 682/1026 = 0.66 个／户

2）强度相对指标的特点

① 分子分母所属总体不同

强度相对指标中分子分母的指标分别反映了两种不同的现象，不同的现象对应不同的总体。所以，强度相对指标中分子分母的指标所属的总体是不同的。但是，由于强度相对指标的分子分母指标所反映的现象对应的空间、区划范围一般是一致的，有时又会使我们不易分辨其总体的差别。我们要明确总体划分的关键不是空间、区划范围，而是其性质是否相同。

例如，同一个物业服务企业可以找出很多统计总体，如企业的全部职工、全部项目、全部设备、全部资金等；再到同一个物业项目也是如此，如项目的全体业主、全部建筑、全部土地、全部植物、全部配套设施等。所以，我们说户均车位（户均车位=车位数/住户数）的分子分母所属总体不同，车位数所属总体是全部车位、住户数所属总体是全部住户。

② 分子分母的单位决定表示方式

强度相对指标的分子分母是分属不同总体的不同性质的指标，通常其分子分母的计量单位也不同。所以，以此计算的强度相对指标就会以复名数表示，计量单位往往就采用分子分母计量单位的复合单位。

但是，有时强度相对指标的分子分母虽是分属不同总体的指标也可能计量单位相同。例如，房地产相关行业常用来反映居住舒适度的指标——容积率，其分子为建筑面积，分母为用地面积。建筑面积和用地面积两个指标就分属不同的总体，即全部建筑物和全部建筑用地，但单位都是平方米。所以，这时计算出的强度相对指标——容积率就采用无名数表示。某物业项目的建筑面积为121982m^2，用地面积为168934m^2，其容积率计算如下：

$$容积率 = 建筑面积 / 用地面积 = 121982/168934 = 0.72$$

③ 分子分母一般可以互换

强度相对指标是两种不同性质但有联系现象的对比，分子分母之间没有统属关系。所以，一般它的分子和分母可以互换。其分子分母互换后的差异是从正反两个方向来说明强度、密度和普及程度等问题，故有所谓"正指标"和"逆指标"之称。

例如，我们前面利用某物业项目的住户数1026户和车位数682个，计算了户均车位：

户均车位＝车位数 / 住户数＝682 / 1026＝0.66个 / 户，说明了每户可以分摊到多少车位。此指标数值越大，说明车位数与住户数的相对密度越大，二者同方向变动，称为正指标。

除此外，我们还可以互换分子分母的位置，利用住户数除以车位数来反映二者之间的分布密度，即：车位密度＝住户数/车位数＝1026 / 682＝1.50户 / 个，说明了每个车位要服务多少住户。此指标数值越大，说明车位数与住户数的相对密度越小，二者反方向变动，称为逆指标。

同一对正、逆指标中，正指标值越大逆指标值就越小，反之亦然。

④ 有时具有"平均"意义

由于强度相对指标的分子分母对应现象的空间、区划范围一致，所以计算出的强度指标有时具有"平均"意义，容易与算术平均数混淆。例如，人均绿地面积＝3.5m^2 / 人。但是，强度相对指标与算术平均数是不同的，我们应加以区别。如何区别我们将在学习算术平均数时予以讨论。

（3）强度相对指标的运用

下面我们讨论在遇到什么情况或研究什么问题时，我们可以借助强度相对指标。

1）反映现象的普遍程度

强度相对指标的对比对象分别是商品、服务、人、企业时，往往能非常直观地反映某种现象的普及程度，我们加以利用可以有效地指导日常经营管理工作。例如，我们从国家统计局得到了有关不同地区家用汽车普及程度的资料，见表4-11。

家用汽车普及程度一览表　　　　表4-11

地区	东部地区	中部地区	西部地区	东北地区
城镇居民家庭平均每百户家用汽车（辆/百户）	17.33	5.08	7.47	5.64

由表4-11的资料，我们就可以初步得出两个观点。一是，东部地区的家用汽车普及程度较高，其住宅物业项目的停车压力会很大，易产生相关的矛盾纠纷。东部地区的物业服务企业应进行专门的研究，找寻化解矛盾的方法。二是，汽车普及程度越高对于汽车相关服务的需求就会增加。而业主的汽车一般每天都要停放在相关物业中，物业服务企业又是与物业关系最密切的企业。那么物业服务企业可以利用这种近水楼台的优势，开展相关的专项服务，既可以节约业主的时间，又可以增加收入。

2）反映资源的承载和利用能力

强度相对指标的对比主体有资源时，往往能反映资源的承载能力或利用强度。

如果我们想反映某种资源的承载能力，一般可以采用这种资源的总量指标作为一方，以该资源计划配置对象的总量指标作为另一方进行对比。反映的是资源的承载能力。例如，以某居住项目车位数和设计户数对比的户均车位。

如果我们想反映某种资源的利用强度时，往往可以采用这种资源的总量指标作为一方，以该资源实际服务对象的总量指标作为另一方进行对比。反映的是资源的实际利用状态。例如，我们仍然计算户均车位，但使用车位数与实际入住户数两项指标对比。

3）反映工作的集约水平

强度相对指标在反映资源配置的同时，其实也说明了某项工作的工作质量、集约水平。一般完成相同的工作，使用资源越少说明工作的质量越高。那么，我们就可以将反映工作量的总量指标与反映资源数量的总量指标对比，分析完成单位工作量所需的资源数量或单位资源数量完成的工作量。例如，我们利用强度相对指标分析智能化住宅小区与普通住宅小区秩序维护工作对人员的集约利用水平，见表4-12。

秩序维护工作比对表　　　　　　　　　　　　表4-12

指标	代码	智能化住宅小区	普通住宅小区
管理面积（平方米）	①	150628.12	123260.26
秩序维护员数量（人）	②	58	64
人均额定管理面积（平方米/人）	③	2597.04	1925.94
单位面积配置秩序维护员数量（人/万平方米）	④	4	5

注：表中指标计算关系③=①/②，④=②/①×10000。

由表4-12可以看出，智能化住宅小区比普通住宅小区单位面积所需秩序维护员数量少，集约程度高。

5. 计划完成程度相对指标

（1）计划完成程度相对指标的含义

计划完成程度相对指标是以考核期间、某项任务考核指标的实际完成数值与计划数值对比得到的，反映该项任务计划完成程度的相对指标。考核期间指计划初期至考核截止时点间的一段时间。考核指标一般是被设定为反映该任务的数量、状态或水平的某项综合指标。计划完成程度相对指标的分子分母是该指标的两个数值，计量单位相同。所以，计划完成程度相对指标一般用百分数、成数等无名数表示。

例如，物业项目某段时间完成绿地灌溉计划的80%，完成用水量节约计划的5成等。

（2）计划完成程度相对指标的计算

考核指标可以是总量指标、相对指标或平均指标。根据考核指标的不同，计划完成程度相对指标的计算也会有所区别，下面我们就分别进行介绍。

1）总量指标作为考核指标

针对反映的任务计划周期长短不同，以总量指标为考核指标的计划完成程度相对指标的计算方法也有所不同。下面我们分别按照短期任务计划和长期任务计划来讨论计划完成程度相对指标的计算。

①短期任务计划

短期任务计划一般指计划期在1年以内的任务计划，包括年度、季度、月度、旬、周、日等计划。

某项任务以总量指标作为计划考核指标时，主要考核现象总体规模、数量在相应的考核期间是否达到了计划要求。一般在设定计划目标时，是以考核指标达到的总数作为是否完成计划的标准。此时，计划完成程度相对指标一般是用考核期间考核指标实际完成数除以全期考核指标计划数。计算公式为：

计划完成程度相对指标＝考核期间考核指标实际完成数／全期考核指标计划数×100%

短期任务计划完成程度，一般会在任务工作进行过程中和任务工作完成后进行考核，即分为考核计划执行进度和考核计划完成程度。

例如，某物业项目计划全年专项服务等经营收入达到30万元，年中（1月份至6月份）实际完成18万元，年末实际完成32万元。

则：年中计划执行进度＝18／30×100%＝60%

年末计划完成程度＝32／30×100%＝106.67%

考核计划执行进度时，计划完成程度相对指标一般反映任务计划期内某一时间段的任务计划完成情况。该指标应该与考核期间的时间长短对照使用，才能反映计划的执行情况。如同上例中半年完成了全部计划的60%，计划完成相对指标值不到100%。但是，结合考核期间是计划全期的一半来看，能说明该考核期间超额完成了任务，即所谓时间过半，进度过半。考核计划执行进度的目的主要是对任务计划执行情况进行事中控制，及时调整，以避免任务量积压，形成不可补救的后果。

②中长期任务计划

中长期任务计划一般指5年及以上的任务计划。总量指标作为考核指标的中长期计划考核，有两种考核方法，分别是水平法和累计法。中长期任务计划完成程度的考核，除计算计划完成程度相对指标外，一般还应计算提前完成计划的时间。

A．水平法

采用水平法考核计划完成程度时，计划目标应设定为计划期末年考核指标应达到的水平。考核时，以计划期末年考核指标实际完成数除以计划期末年考核指标计划数。计算公式为：

计划完成程度相对指标＝计划期末年考核指标实际完成数／计划期末年考核指标计划数×100%

采用水平法考核时，只要出现连续一年时间（可以跨年度），考核指标实际完成水平达到计划水平就算完成了计划，其后的时间就是提前完成计划的时间。例如，某物业服务企业新开展房屋代理经营服务业务，计划房屋代理经营服务收入在第5年达到1000万元。任务具体执行情况见表4-13。

房屋代理经营服务收入统计表（单位：万元）　　　　　　　　表4-13

第1年	一季度	二季度	三季度	四季度
房屋代理经营服务收入	110	150	210	180
向前累计一年房屋代理经营服务收入	—	—	—	650
第2年	一季度	二季度	三季度	四季度
房屋代理经营服务收入	160	200	250	210
向前累计一年房屋代理经营服务收入	700	750	790	820
第3年	一季度	二季度	三季度	四季度
房屋代理经营服务收入	180	220	260	220
向前累计一年房屋代理经营服务收入	840	860	870	880
第4年	一季度	二季度	三季度	四季度
房屋代理经营服务收入	200	250	290	240
向前累计一年房屋代理经营服务收入	900	930	960	980
第5年	一季度	二季度	三季度	四季度
房屋代理经营服务收入	220	260	310	260
向前累计一年房屋代理经营服务收入	1000	1010	1030	1050

则：计划完成程度相对指标＝（220＋260＋310＋260）／1000×100%＝1050/1000×100%＝105%

说明该企业超额完成了计划5%。另外，由表4-13我们可以看出，第4年的第二季度至第5年的第一季度的一年时间，该企业房屋代理经营服务收入水平已经达到计划数1000万元。所以，该企业在第5年第一季度已经完成了计划，提前完成计划时间为3个季度。

B．累计法

采用累计法考核计划完成程度时，计划目标应设定为计划期全期考核指标累计应达到的水平。考核时，以计划期全期考核指标实际累计完成数除以计划期全期考核指标累计计划数。计算公式为：

计划完成程度相对指标＝计划全期考核指标实际累计完成数/计划期全期考核指标累计计划数×100%

采用累计法考核时，需从计划初期开始逐期累计实际完成的考核指标值，直到实际完成考核指标值累计数达到计划数就算完成了计划，其后的时间就是提前完成计划的时间。例如，某物业服务企业计划5年内实现新增在管项目面积500万平方米。任务具体执行情况见表4-14。

某物业服务企业新增在管项目面积统计表　　　　　　　　表4-14

第1年	一季度	二季度	三季度	四季度
新增在管项目面积	18	26	31	21
累计新增在管项目面积	18	44	75	96
第2年	一季度	二季度	三季度	四季度
新增在管项目面积	18	26	35	26
累计新增在管项目面积	114	140	175	201
第3年	一季度	二季度	三季度	四季度
新增在管项目面积	24	35	36	32
累计新增在管项目面积	225	260	296	328
第4年	一季度	二季度	三季度	四季度
新增在管项目面积	12	35	41	28
累计新增在管项目面积	340	375	416	444
第5年	一季度	二季度	三季度	四季度
新增在管项目面积	20	36	50	19
累计新增在管项目面积	464	500	550	569

则：计划完成程度相对指标＝569/500×100%＝113.8%

说明该企业超额完成了计划13.8%。另外，由表4-14我们可以看出，第5年第二季度该企业新增在管项目面积累计达到了计划数500万 m^2。所以，该企业在第5年第二季度已经完成了计划，提前完成计划时间为半年。

2）相对指标作为考核指标

某项任务以相对指标作为计划考核指标时，主要考核现象总体在相应的考核期间的变化率（如：提高率、节约率等）是否达到了计划要求。一般在设定计划目标时，是以考核指标比原来提高或降低的比率作为是否完成计划的标准。此时，计算计划完成程度相对指标，不能直接用考核指标实际变化率除以计划变化率，而应该将考核指标实际完成变化率和计划变化率分别加上考核指标的原对应基数（一般是100%），再相除。计算公式为：

计划完成程度相对指标＝（考核指标实际变化率＋1)/（考核指标计划变化率＋1）×100%

例如，某物业项目计划本年度节约公共能源费用4%，实际节约了5%。则：

计划完成程度相对指标＝（1－5%)/（1－4%）×100%＝98.96%

说明该项目超额完成了计划1.04%。

3）平均指标作为考核指标

某项任务以平均指标作为计划考核指标时，主要考核现象总体在相应的考核期间的平均水平是否达到了计划要求。一般在设定计划目标时，是以考核指标达到的平均水平作为是否完成计划的标准。此时，计划完成程度相对指标一般是用考核指标实际平均水平除以考核指标计划平均水平。计算公式为：

计划完成程度相对指标＝实际平均水平／计划平均水平×100%

例如，某物业项目计划本季度维修抵达时间平均12分钟，实际为10分钟。则：

计划完成程度相对指标＝10／12×100%＝83.33%

说明该项目超额完成了计划16.67%。

（3）计划完成程度相对指标的特点

1）分子分母的关系

构成计划完成程度相对指标分子分母的考核指标本身是完全相同的，指标名称、性质、归属总体都相同；其区别是指标值的确定方法不同。分子是考核指标的实际值，由计量、测量等得来，反映的是现象实际状态；分母是考核指标的计划值，是根据工作目标人为事先设定的，反映的是现象拟实现或达到的状态。

2）分子分母不能互换

计划完成程度相对指标分子分母分别为实际值和计划值，对于反映计划完成程度的意义不同。计划值一般都应在实际值发生前明确设定，然后以计划值为基准，用实际值与计划值进行比较。实际值具有客观发生的意义，与分子的一般意义相对应；而计划值具有比较标准的意义，与分母的一般意义相对应。所以，二者不能互换。

3）完成计划的标准

通过上文的例子，我们能够发现并不是计划完成程度相对指标大于1时，就说明完成了计划，完成计划的标准应视考核指标的性质而定。一般考核指标本身越高越好时，计划完成程度相对指标大于1，说明完成计划；考核指标本身越低越好时，计划完成程度相对指标小于1，说明完成计划。

（4）计划完成程度相对指标的运用

1）工作考核

企业工作中一般会在年初或一段时期初，制定相应时期的工作计划。当该时期的工作进行完成后，计划完成程度相对指标可以帮助我们考核工作绩效；还可以帮助我们找出工作的薄弱环节，发现进一步拓展的空间。

2）事中监督

在工作进行过程中，计划完成程度相对指标可以帮助我们实时地监督工作的进展。从而使管理者及时发现工作进度存在的问题，以判断是否需要调整工作计划和安排。

4.3 平均指标

4.3.1 平均指标的含义

1．平均指标的概念

平均指标是反映同质总体中全部个体某一数量标志在一定时间、地点、条件下所达到的一般水平的综合指标。本章主要介绍如何利用静态数据计算同一时间范围内标志值的平均指标，即一般所称的静态平均指标。我们将在后面的章节介绍如何利用动态数据计算不同时期标志值的平均指标，即一般所称的动态平均指标。

在日常生产生活中，我们会经常遇到或使用平均指标。例如，平均成绩、平均收入、平均身高、平均居住面积、平均耗电量都属于平均指标。

2．平均指标的特点

（1）同质性

平均指标是反映现象总体一般水平的。同质的现象才能计算平均指标；不同质的事物就要分类后再计算平均指标，以便分析比较。例如，在研究房屋可出租面积与建筑面积的平均比例（下简称：平均租建比例）时，不宜将高层建筑与独立式建筑混在一起计算。因为二者的建筑结构截然不同，租建比例数值相差很远，平均后得到的数值意义不明。

（2）抽象性

平均指标在反映总体的一般水平和综合特征的同时，也将总体中个体变量值之间的差异抽象化。这样凸显了同质总体中个体的共性，而掩盖了其特性和差异性。这种以点代面的分析方法，既可以帮助我们迅速、直观的认识和把握总体，也可能使我们盲目忽略总体内在的特殊问题。如果科学全面的分析总体，特别是当研究目的关注总体内部结构、特殊个体的状态等问题时，应注意将平均指标与分配数列、其他综合指标配合使用。

（3）指标值与总体范围无关

平均指标的数值的大小不随总体范围的大小而增减。如果对总体中全部个体某项标志值大小排序，从排序产生的位置来讲，平均指标是一种位置特征数，一般位于序列的中间。因此，平均指标数值大小不像总量指标那样与总体范围的大小直接相关。两个总体同一项标志值的平均指标值不同，反映的是两个总体在该现象上的一般水平不同。例如，人口平均寿命与国家人口多少几乎没有关系，它一般从一个侧面反映某个国家的生活质量。表4-15中，就是某机构公布的2009年各国平均期望寿命的前十名。

各国家（地区）平均期望寿命一览表（单位：岁）　　　表4-15

排序	国家、地区	平均	男	女
1	中国澳门	84.33	81.36	87.45
2	安道尔	82.67	80.35	85.14
3	日本	82.07	78.73	85.59
4	新加坡	81.89	79.29	84.68
5	圣马力诺	81.88	78.43	85.64
6	中国香港	81.77	79.07	84.69
7	吉布拉塔（英国）	80.90	78.50	83.30
8	瑞典	80.63	78.39	83.00
9	澳大利亚	80.62	77.80	83.59
10	瑞士	80.62	77.75	83.63

4.3.2　平均指标的种类与计算

平均指标按照计算和确定的方法不同，分为算术平均数、调和平均数、几何平均数、众数和中位数。算术平均数、调和平均数、几何平均数是幂平均数的三个特例。它们是根据总体中全部个体的标志值计算得到的平均值，一般称为数值平均数。众数和中位数是根据总体中全部个体标志值出现频次和排序位置确定的，一般称为位置平均数。由于几何平均数多用于计算动态平均数，我们就不在此介绍了。

1．算术平均数

算术平均数也称均值，是最常用的平均指标。其计算公式为：

算术平均数＝总体标志总量指标／总体单位总量指标

针对掌握的资料的不同，算术平均数有两种计算形式，即简单算术平均数和加权算术平均数。

（1）简单算术平均数的计算方法

所谓简单算术平均数，其实是一种计算算术平均数的方法。它是将总体中全部个体的标志值简单加总求得的总体标志总量指标，再除以总体单位总量指标。

$$\bar{x} = \frac{\sum_{i=1}^{n} x_i}{n} = \frac{x_1 + x_2 + x_3 + \cdots + x_n}{n}$$

式中　　$\bar{x}$——算术平均数；

x_i——各类个体标志值（变量值）；

n——总体单位总量指标。

当我们掌握的是没有进行统计分组的统计资料，或已经计算出相应的总体标志总量指标和总体单位总量指标时，一般可以采用简单算术平均数的方法计算平均数。

例如，研究某物业项目的一种景观灯使用寿命时，我们根据维修记录得到表4-16的数据。

景观灯使用寿命统计表（单位：小时）　　　　　　表4-16

景观灯编号	使用寿命	景观灯编号	使用寿命
001	10240	007	12062
002	12872	008	10058
003	11640	009	9917
004	10980	010	11862
005	10006	合计	108719
006	9082		

根据表4-16的资料，我们可以计算出该物业项目的这种景观灯的平均使用寿命为：

$$\bar{x} = \frac{\sum_{i=1}^{n} x_i}{n} = \frac{108719}{10} = 10871.9 \text{ 小时}$$

（2）加权算术平均数

所谓加权算术平均数，也是一种计算算术平均数的方法。它与简单算术平均数的区别主要是，计算平均数所涉及的总体标志总量指标和总体单位总量指标都不再是直接加和得到，而是通过权数间接计算得到。权数即分配数列中的频数。由此可见，加权算术平均数适用于已经进行了统计分组的资料计算算术平均数。

$$\bar{x} = \frac{\sum_{i=1}^{n} x_i f_i}{\sum_{i=1}^{n} f_i}$$

式中　　$\bar{x}$——算术平均数；

　　　　x_i——各组标志值的代表值；

　　　　f_i——各组权数（频数）；

　　　　n——组数。

单项式分组的资料可直接将各组组名的标志值乘以相应的权数，并加和得到总体标志总量指标；组距式分组的资料一般要先计算各组组中值，再以组中值乘以相应的权数，并加和得到总体标志总量指标。然后，将各组权数加和得到总体单位总量指标。最后，同样是用总体标志总量指标除以总体单位总量指标得到算术平均数。

例如，某物业服务企业研究秩序维护人员的流动状况，经对本企业现有秩序维护人员的资料整理后得到表4-17的资料。

秩序维护人员工龄统计表　　　　　　　　　表4-17

工龄（年）	人数（人）	各组标志总量	工龄（年）	人数（人）	各组标志总量
1	260	260	6	46	276
2	185	370	7	58	406
3	68	204	8	31	248
4	52	208	9	29	261
5	44	220	合计	773	2453

根据表4-17的资料，我们可以计算出该物业服务企业秩序维护人员的平均工龄为：

$$\bar{x} = \frac{\sum_{i=1}^{n} x_i f_i}{\sum_{i=1}^{n} f_i} = \frac{2453}{773} = 3.17 \text{ 年}$$

如果，该企业想同时分析一下秩序维护人员的年龄，经资料整理后，我们会得到表4-18的资料。

秩序维护人员年龄统计分析表　　　　　　　　　表4-18

年龄（岁）	组中值（岁）	人数（人）	各组标志总量（岁）
20及以下	18.5	112	2072.0
21～25	23.5	226	5311.0
26～30	28.5	124	3534.0
31～35	33.5	36	1206.0
36～40	38.5	41	1578.5
41～45	43.5	37	1609.5
46～50	48.5	36	1746.0
51～55	53.5	66	3531.0
56～60	58.5	95	5557.5
合计	—	773	26145.5

根据表4-18的资料，我们可以计算出该物业服务企业秩序维护人员的平均年龄为：

$$\bar{x} = \frac{\sum_{i=1}^{n} x_i f_i}{\sum_{i=1}^{n} f_i} = \frac{26145.5}{773} = 33.82 \text{ 岁}$$

（3）算术平均数与强度相对指标的异同

1）分析意义有相似之处

算术平均数与强度相对指标都可用来分析某一现象普遍程度的意义。

2）反映的问题不同

算术平均数反映某一现象在同质总体中的一般水平。强度相对指标反映两个不同现象总体对比后形成的密度、强度。

3）计算公式及内容不同

算术平均数分子、分母分别是同质总体的总体标志总量指标和总体单位总量指标，分子、分母的元素具有一一对应的关系，其分母的每一个个体都可以在分子中找到与之对应的标志值；反之，分子的每一个标志值都可以在分母中找到与之对应的个体。而强度相对指标的分子分母没有这种对应关系。

4）分子分母可对调性不同

大部分强度相对指标的分子分母可以对调；算术平均数的分子分母不能对调。

（4）算术平均数的数学性质

1）算术平均数与总体单位总量指标的乘积等于该算术平均数对应的总体标志总量指标。

2）总体中全部个体的标志值与算术平均数的离差之和等于零，离差平方和最小。

3）将总体中全部个体的标志值都加、减、乘或除以一个常数C，其调整后的总体的算术平均数等于原算术平均数加、减、乘或除以该常数C。

2．调和平均数

调和平均数是总体中全部个体标志值倒数的算术平均数的倒数，也称倒数平均。它是算术平均数的变形，其本质仍然是总体标志总量指标除以总体单位总量指标。但是，当我们没有掌握个体数量，从而不能直接计算出总体单位总量指标，而只掌握了总体标志总量指标和该标志总量指标对应的每个个体（或各组）的标志值时，就需要首先利用掌握的资料求出总体单位总量指标，然后，我们再按照算术平均数的方法计算出平均指标。即为调和平均数。

针对掌握的资料的不同，调和平均数也有两种计算形式，即加权调和平均数和简单调和平均数。

（1）加权调和平均数

加权调和平均数是利用总体中每类个体的标志总量作为权数，计算出的平均指标。

$$\bar{X}_{H}=\frac{m_1+m_2+m_3+\cdots+m_n}{\dfrac{m_1}{x_1}+\dfrac{m_2}{x_2}+\dfrac{m_3}{x_3}+\cdots+\dfrac{m_n}{x_n}}=\frac{\sum_{i=1}^{n}m_i}{\sum_{i=1}^{n}\dfrac{m_i}{x_i}}$$

式中　　$\bar{X}_{H}$——调和平均数；

x_i——各类个体标志值（变量值）；

m_i——各类个体标志值总量。

这里的$m_i=x_if_i$，f_i是加权算术平均数中各组权数（频数），即各类个体的数量。

例如，某物业项目准备对护栏进行粉刷，分别购买了三种涂料A、B、C，将三种涂料混合后进行粉刷。现在，物业项目经理想了解混合后涂料的平均单价，我们该如何计算呢？首先来看看我们掌握的资料。

如果采购人员记得每种涂料的单价和用量，那么资料见表4-19，我们就掌握了总体中全部个体的标志值（单价）及其数量（用量）。这时，我们就可以采用算术平均数的方法直接计算平均单价。

涂料购买记录（一）　　　　　　　　　　表4-19

涂料	单价x_i（元/升）	用量（升）
A	20	50
B	25	20
C	10	80
合计	—	150

$$\bar{x}=\frac{\sum_{i=1}^{n}x_if_i}{\sum_{i=1}^{n}f_i}=\frac{20\times50+25\times20+10\times80}{150}=15.33\text{元／升}$$

如果采购人员记得每种涂料的单价和花费，那么资料就会见表4-20，我们就掌握了总体中每类个体的标志值（单价）及其标志总量（购置花费）。这时，我们就应该采用调和平均数的方法来计算平均单价。

涂料购买记录（二）　　　　　　　　　　表4-20

涂料	单价（元/升）	购置花费（元）
A	20	1000
B	25	500
C	10	800
合计	—	2300

$$\bar{X}_H=\frac{1000+500+800}{\frac{1000}{20}+\frac{500}{25}+\frac{800}{10}}=15.33\text{元／升}$$

可见在求取平均单价时，无论采用算术平均数还是调和平均数结果都是相同的。

（2）简单调和平均数

简单调和平均数是以总体中全部个体标志值倒数的算术平均数的倒数求得的平均指标。

它适用于总体中各类个体标志总量相同的情况。实际上，由于每类个体标志值对应的标志总量都相同，所以就会约掉加权调和平均数中的权数m_i，得到简单调和平均数：

$$\overline{X}_\mathrm{H} = \cfrac{1}{\cfrac{1}{n}\left(\cfrac{1}{x_1} + \cfrac{1}{x_2} + \cfrac{1}{x_3} + \cdots + \cfrac{1}{x_n}\right)} = \cfrac{n}{\displaystyle\sum_{i=1}^{n}\cfrac{1}{x_i}}$$

式中　　$\overline{X}_\mathrm{H}$——调和平均数；

　　　　x_i——各单位标志值（变量值）；

　　　　n——标志值个数。

3．众数

众数是总体中出现次数最多的标志值。当总体中的个体数量很多而又有明显的集中趋势时，我们可以使用众数来代表总体的一般水平。

一般来说，总体中全部个体的标志值出现次数最多的标志值就是众数。以抽象的数据为例，如：1、2、3、3、4的众数是3。如果多个数据出现次数都是最多的，那么这几个数据都是这组数据的众数。例如：1、2、2、3、3、4的众数是2和3。如果所有数据出现的次数都一样，那么这组数据没有众数。例如：1、2、3、4、5没有众数。在实际统计工作中，当总体单位数量越多，集中趋势越明显时，众数越容易唯一确定。

一般确定众数都应先编制分配数列，根据编制的分配数列不同，众数的确定方法也有所区别。

（1）由单项数列确定众数

根据单项数列确定众数比较简单，频数最大的那一组的组名（标志值）就是众数。例如，研究某居住小区每户家庭人口数量时，我们根据调查的资料整理得到表4-21。

某物业项目家庭人口统计表　　　　　　　　表4-21

家庭人口（人）	户数（户）	家庭人口（人）	户数（户）
1	109	5	89
2	566	6	65
3	151	合计	1178
4	198		

根据表4-21的资料显示，该物业项目的2口之家是最多的，有566户，占全部户数的48.05%。显然，2口人就是该居住小区家庭人口的众数。我们可以据此进一步分析，是否这些家庭都是双职工，是否可以针对他们开展某些专项服务等。

（2）由组距数列确定众数

由于组距式分组后，每个个体的原始标志值被掩盖了，所以根据组距数列确定众数，需要分两步进行。第一步，先确定众数所在的组，这个组就是频数最大的组。第二步，根据下面的公式确定众数的值。

下限公式：$M_o = L + \dfrac{\Delta_1}{\Delta_1 + \Delta_2} \cdot d$

上限公式：$M_o = U - \dfrac{\Delta_2}{\Delta_1 + \Delta_2} \cdot d$

式中　　M_o——众数；

　　　L——众数所在组的下限；

　　　U——众数所在组的上限；

　　　Δ_1——众数所在组频数与下限相邻组频数之差；

　　　Δ_2——众数所在组频数与上限相邻组频数之差；

　　　d——众数所在组的组距。

例如，对某物业项目房屋的建筑面积进行研究，整理得到表4-22。

某物业项目房屋建筑面积统计表 表4-22

建筑面积（平方米）	套数（套）	比重（频率）
50以下	108	10.4%
50~70	206	19.8%
70~90	228	21.9%
90~110	212	20.4%
110~130	189	18.2%
130~150	96	9.2%
合计	1039	100.0%

根据表4-22的资料，我们可以知道，众数位于建筑面积"70~90m^2"那一组。则众数为：

利用下限公式：$M_o = L + \dfrac{\Delta_1}{\Delta_1 + \Delta_2} \cdot d = 70 + \dfrac{22}{22 + 16} \times 20 = 81.58 \text{m}^2$

利用上限公式：$M_o = U - \dfrac{\Delta_2}{\Delta_1 + \Delta_2} \cdot d = 90 + \dfrac{16}{22 + 16} \times 20 = 81.58 \text{m}^2$

可见两种公式计算众数的结果相同，均为81.58平方米。

4. 中位数

将总体中全部个体的标志值按大小顺序排列后形成数列，处于数列中点位置的标志值为中位数。中位数将总体中的全部个体分为单位数相等的两部分，一部分个体的标志值小于中位数，另一部分个体的标志值大于中位数。

根据掌握的资料是否进行了统计分组，确定中位数的方法有所区别。

（1）由未分组资料确定中位数

根据未分组资料确定中位数时，首先将总体中的全部个体按标志值大小顺序排列，然后根据中位数位置公式确定中位数的位置，再根据中位数的位置找出对应的标志值。

中位数位置公式：

中位数位置数＝（$n+1$）／2

式中　　n——总体单位数。

例如，对9名职工的年龄排序后得到数列：21、23、26、27、27、29、35、38、42。

中位数位置数＝（$n+1$）／2＝（9+1）／2＝5，说明排在数列第5个的标志值"27"为该标志中位数。中位数M_e＝27岁

若总体中个体单位数为偶数，即排序后得到的数列中数据个数为偶数。如上例中又增加一位年龄为44岁的职工，则数列变为：21、23、26、27、27、29、35、38、42、44。

中位数位置数＝（$n+1$）／2＝（10+1）／2＝5.5，说明中位数位于数列第5个的标志值和第6个指标值之间。这时，中位数即为二者的平均数，中位数M_e＝（27+29）／2＝28岁。

（2）由分组资料确定中位数

根据分组的方式，分组资料中位数的确定方法有所不同，分为单项数列中位数的确定和组距数列中位数的确定。

1）由单项数列确定中位数

单项数列在确定中位数时，同样首先要根据中位数位置公式确定中位数位置。在确定中位数位置后，可以根据各组频数确定中位数所在的组，该组的组名（标志值）就是中位数。在确定中位数所在组时，我们可以利用累计频数计算各组包含的个体的顺序位置。

例如，我们利用表4-21的资料计算中位数，对该表中的资料进行了相应整理，得到表4-23。中位数位置数＝（$n+1$）／2＝（1178+1）／2＝589.5。根据表4-23可以看出，中位数位置数落在了家庭人口为"2"人的组内，因此家庭人口的中位数为2人。

某物业项目家庭人口统计表　　　　　　　　　　表4-23

家庭人口（人）	户数（户）	向上累计频数（户）	各组个体顺序位置	向下累计频数（户）	各组个体顺序位置
1	109	109	1～109	1178	1170～1178
2	566	675	110～675	1069	504～1169
3	151	826	676～826	503	353～503
4	198	1024	827～1024	352	155～352
5	89	1113	1025～1113	154	66～154
6	65	1178	1114～1178	65	1～65
合计	1178	—	—	—	—

2）由组距数列确定中位数

由组距数列确定中位数时，确定中位数位置数和中位数所在组的步骤与单项数列的步骤相同。不同之处在于，确定中位数数值时需要采用下面的公式计算。

下限公式：

$$M_e = L + \frac{\frac{\sum f}{2} - S_{m-1}}{f_m} d$$

上限公式：

$$M_e = U - \frac{\frac{\sum f}{2} - S_{m+1}}{f_m} d$$

式中 L——中位数所在组的下限；

U——中位数所在组的上限；

f_m——中位数所在组的频数；

S_{m-1}——中位数所在组下限以下各组的累计频数；

S_{m+1}——中位数所在组上限以上各组的累计频数；

$\sum f$——总频数（总体单位总量指标）；

d——中位数所在组组距。

例如，我们利用表4-22的资料计算中位数，对该表中的资料进行了相应整理，得到表4-24。

某物业项目房屋建筑面积统计表   表4-24

建筑面积（平方米）	套数（套）	向上累计频数（套）	各组个体顺序位置	向下累计频数（套）	各组个体顺序位置
50以下	108	108	1～108	1039	932～1039
50～70	206	314	109～314	931	726～931
70～90	228	542	315～542	725	498～725
90～110	212	754	543～754	497	286～497
110～130	189	943	755～943	285	97～285
130～150	96	1039	944～1039	96	1～96
合计	1039	—	—	—	—

中位数位置数＝（n＋1）／2＝（1039＋1）／2＝520。根据表4-24可以看出，中位数位置数落在了建筑面积为"70～90" m² 的组内。

我们再根据公式计算出中位数：

利用下限公式：$M_e = L + \dfrac{\dfrac{\sum f}{2} - S_{m-1}}{f_m} d = 70 + \dfrac{\dfrac{1039}{2} - 314}{228} \times 20 = 88.03 \text{m}^2$

利用上限公式：$M_e = U - \dfrac{\dfrac{\sum f}{2} - S_{m+1}}{f_m} d = 90 - \dfrac{\dfrac{1039}{2} - 497}{228} \times 20 = 88.03 \text{m}^2$

可见两种公式计算众数的结果相同，均为88.03m²。

4.3.3 平均指标的运用

1．平均指标的一般运用

（1）揭示现象一般水平

当我们开展各种管理控制工作时，往往需要制定一些合理、适度的定额。例如，每名保洁人员每天应完成多少面积的清扫，维修人员一般应在接到报修后多长时间到达现场，职工的劳动报酬标准确定在什么标准比较合适等问题。如果能够对于该类问题的社会一般水平有所了解，肯定能够为我们制定科学合理的定额提供帮助。使管理者的行为有所依据，也减少了制度运行的风险。

（2）反映现象集中趋势

在实际工作中，物业服务企业会遇到不同要求的服务对象。例如，是否允许汽车进入居住小区，大厦晚间的关闭时间等问题，业主的态度可能并不一致，这就会造成物业服务工作陷入两难的困境。这时，我们经常会采取少数服从多数的原则进行决策。因此，能够科学、准确的找出大多数人的意见就显得尤为重要。平均指标恰好能帮助我们反映现象的集中趋势，即反应大多数现象的趋向。且通过运用统计学专业知识，科学的调查、整理、分析后得到的平均指标更具有说服力。

（3）对比不同范围水平

平均指标和总量指标都能反映现象的一般水平。但是，当我们希望对比同类现象在不同地区、不同单位的一般水平，反映各地区、各单位工作的质量和效果时，平均指标无疑是更好的选择。因为平均指标相对于总量指标剔除了不同地区、不同单位间规模数量的差异，能更直接地反映其单位工作质量。例如，某物业服务企业比较两个项目客户服务入户走访工作水平时，调查并整理了如下资料（表4-25）。

走访工作量统计表　　　　　　　　　　　　　　　　表4-25

所属项目	工作人员人数（人）	走访家庭数（户）	平均走访量（户/人）
A	8	176	22
B	6	156	26

从表4-25可以看出，如果按照总量指标比较，即比较走访家庭数时，A项目的工作水平高于B项目；但是，如果按照平均指标比较，即比较平均走访量时，B项目的工作水平高于A项目。显然按照平均指标比较时，剔除了参与工作的人员数量对于反映工作水平的指标的影响，能够反映出每个人的工作水平，因此更为合理。

2．个别平均指标的特殊运用

（1）运用数值平均数推断总量指标

因为，数值平均数是总体中全部个体标志值参与计算产生的。因此，利用相应的平均数公式，在已知条件下，可以倒推出总体标志总量指标和总体单位总量指标。

例如，我们掌握某种树木一段时间的平均灌溉用水量为1.5吨/株，又知道物业项目栽植了该种树木200株，那么该段时间的树木灌溉用水量就可以提前预测，做好预算。

$$灌溉用水量＝1.5×200＝300吨$$

（2）位置平均数消除极端值干扰

平均指标一般情况下都可以反映现象的一般水平和集中趋势。但是，当总体中出现极端值时，数值平均数就会出现失灵。非严格地讲，极端值就是某个极大或极小的，远离大多数个体标志值的个体标志值。由于数值平均数是由全部个体的标志值计算得到的，任何一个个体的指标值大小都会影响数值平均数的大小。当有极端值出现时，数值平均数就会被极端值"拽偏"。

这种"拽偏"会扭曲数据的真实状态，掩盖现象的本质真相。例如，我们应聘某家企业时，被告知了该企业的平均劳动报酬，我们会自然的认为这就是将来自己很可能实现的收入。如果该企业当前的报酬情况见表4-26，那么应聘者得到的关于年平均劳动报酬的答复是：720/68＝10.59万元/人，看起来比较诱人。但是，如果你走进这家企业，你会发现你最可能拿到的报酬是每年2万元/人，因为企业中有88.24%的人是这样的，2万元/人才是该企业劳动报酬的一般水平、集中趋势，10.59万元/人这样的算术平均数甚至根本不存在。那为什么平均报酬和真正的一般水平相差8万元之多呢？其实就是因为职位较高的职员的报酬出现了远离大多数个体标志值的极端值。

某企业劳动报酬统计表　　　　　　　　表4-26

职位	年报酬标准（万元/人）	人数（人）	人数比重（%）	报酬总额（万元）
总经理	150	1	1.47%	150
副总经理	100	2	2.94%	200
部门经理	50	5	7.35%	250
一线操作人员	2	60	88.24%	120
合计	—	68	100.00%	720

算术平均数＝10.59万元／人，众数＝2万元／人，中位数＝2万元／人。

而我们同时可以看出，位置平均数就较好地反映了该企业劳动报酬的一般水平。因为位置平均数只与标志值的个数、顺序有关，不受极端值的影响。通过这个例子，大家应该知道在什么时候不要只关注数值平均数，而更应该关注位置平均数了。

4.4　标志变异指标

4.4.1　标志变异指标的概述

1．标志变异指标的概念

标志变异指标是反映总体中全部个体标志值变异程度的指标，又称标志变动度。它经常与平均指标配合使用。因为，平均指标在反映现象总体一般水平和集中趋势的同时，将总体中个体间的差异抽象化，掩盖了个体标志值的差异。而标志变异指标恰恰可以反映个体标志值的差异程度，补充说明平均指标忽略的问题。

2．标志变异指标与平均指标的联系

（1）标志变异指标反映平均指标对一般水平的代表性

标志变异指标可用来反映平均数代表现象一般水平的代表性程度。标志变异指标越小，则平均数的代表性越大；反之，则平均数的代表性就越小。

（2）标志变异指标反映个体标志值向平均数集中的程度

标志变异指标可以用来反映个体标志值分布向平均数集中的程度；也说明了现象总体中全部个体分布的离散性。标志变异指标越小，则个体标志值越集中的出现在平均数附近，总体内分布越集中；反之，则个体标志值出现的越远离平均数，总体内分布越分散。

4.4.2　标志变异指标的种类及计算

标志变异指标一般包括极差（全距）、平均差、标准差和标志变异系数。其中，极差顾名思义是总体内全部个体标志值中最大值与最小值之间的差距，即最大值减最小值后所得的差。平均差是总体内全部个体标志值与其算术平均数的离差绝对值的算术平均数。比较常用的是标准差和标志变异系数中的标准差系数这套标志变异指标体系。我们下面就重点讨论标准差和标准差系数。

1．标准差

（1）标准差的含义

本章所介绍的标准差，准确地说是算术平均数的标准差，是总体中全部个体标志值与算术平均数离差的平方的算术平均数的平方根。标准差相对于极差更能反映总体内全部个体的分布，而不是只关注极值；相对于平均差有更好的数学性质，不仅便于计算，而且具备各标

志值对算术平均数的离差的平方和为最小的性质。另外，标准差是方差的平方根，可以保持与算术平均数一致的计量单位，是反映标志变动度的绝对数。所以，在反映标志变动度大小时，一般常采用标准差。

（2）标准差的计算

根据掌握的资料不同，计算标准差分为简单平均法和加权平均法两种方法。其方法区别在于求取标准差过程中，对标志值与算术平均数的离差平方求取算术平均数时，采用简单算术平均数还是加权算术平均数。二者分别适用于未分组资料和分组资料。

1）简单平均法

在资料未进行统计分组的条件下，可以采用简单平均法求取标准差，计算公式为：

$$\sigma = \sqrt{\frac{\sum_{i=1}^{n}(x_i - \bar{x})^2}{n}}$$

式中　　σ——标准差；

　　　　$\bar{x}$——算术平均数；

　　　　x_i——各类个体标志值（变量值）；

　　　　n——总体单位总量指标。

例如，我们研究A、B两种设备的耐用情况，得到如下资料，见表4-27。

A、B两种设备的耐用情况统计分析表　　　　　　　表4-27

设备种类	设备编号	使用寿命（小时）	设备种类	设备编号	使用寿命（小时）
A	001	5021	B	001	4219
	002	5238		002	5866
	003	4952		003	5598
	004	5189		004	5912
	005	5690		005	4569
	006	5310		006	4892
	007	5266		007	6120
	008	5260		008	5081
	009	4926		009	4321
	010	5318		010	5622
	平均数	5217.00		平均数	5220.00
	标准差	210.09		标准差	661.18

A种设备的标准差：

$$\sigma = \sqrt{\frac{\sum_{i=1}^{n}(x_i - \bar{x})^2}{n}} = \sqrt{\frac{(5021 - 5217)^2 + (5238 - 5217)^2 + \cdots + (5318 - 5217)^2}{10}} = 210.09 \text{ 小时}$$

B种设备的标准差：

$$\sigma = \sqrt{\frac{\sum_{i=1}^{n}(x_i - \bar{x})^2}{n}} = \sqrt{\frac{(4219 - 5220)^2 + (5866 - 5220)^2 + \cdots + (5622 - 5220)^2}{10}} = 661.18 \text{ 小时}$$

2）加权平均法

在资料已经进行统计分组的条件下，可以采用加权平均法求取标准差，计算公式为：

$$\sigma = \sqrt{\frac{\sum_{i=1}^{n}(x_i - \bar{x})^2 f_i}{\sum_{i=1}^{n} f_i}}$$

式中　　σ——标准差；

　　　　$\bar{x}$——算术平均数；

　　　　x_i——各组标志值的代表值；

　　　　f_i——各组权数（频数）；

　　　　n——组数。

例如，我们利用该表4-18的资料，分析秩序维护人员的年龄平均水平后，再分析一下其年龄差异程度，会得到表4-28的资料。

秩序维护人员年龄统计分析表　　　　　　　　　　　　　表4-28

年龄（岁）	组中值（岁）	人数（人）	平均数（岁）	标准差（岁）
20及岁以下	18.5	112		
21~25	23.5	226		
26~30	28.5	124		
31~35	33.5	36		
36~40	38.5	41	33.82	13.90
41~45	43.5	37		
46~50	48.5	36		
51~55	53.5	66		
56~60	58.5	95		

秩序维护人员平均年龄的标准差：

$$\sigma = \sqrt{\frac{\sum\limits_{i=1}^{n}(x_i - \bar{x})^2 f_i}{\sum\limits_{i=1}^{n} f_i}}$$

$$= \sqrt{\frac{(18.5-33.82)^2 \times 112 + (23.5-33.82)^2 \times 226 + \cdots + (58.5-33.82)^2 \times 95}{112+226+\cdots+95}} = 13.90$$

2. 标准差系数

标准差系数是总体中全部个体某项标志值的标准差与该标志值的算术平均数之比，是反映总体中全部个体标志值变异程度的相对数。标准差是反映总体中全部个体标志值变异程度的绝对数，其数值受平均数的影响。当进行多个现象总体的标志值变异程度的比较时，如果不同总体的平均数相差较多时，标准差就不能很好地进行变异程度的比较了。这时，我们就需采用标准差与平均数的比值（相对数），以剔除不同总体不同平均水平对于变异程度衡量的影响。

所以，标准差系数的计算公式为：

$$V_\sigma = \frac{\sigma}{\bar{x}} \times 100\%$$

式中　　V_σ——标准差系数；

　　　　σ——标准差；

　　　　$\bar{x}$——算术平均数。

我们举个很简单的例子，帮助大家理解。例如，1、2、3三个数和1001、1002、1003三个数。如果计算标准差，两组数的标准差都是$\sqrt{\dfrac{2}{3}}$。但是我们分析一下，1、2、3之间的变异程度和1001、1002、1003之间的变异程度一样吗？

如果我们计算两组数的标准差系数，就会一目了然地发现哪组数的变异程度较大，请同学们自己试一试。

4.4.3　标志变异指标的运用

1. 评价现象的集中度

客观现象越集中往往越整齐划一，越便于开展工作。而如何了解现象的集中度就需要标志变异指标，一般标志变异指标越小，说明现象集中度越高。例如，我们计算班级平均成绩的标准差，标准差越小说明该班级的学生学习成绩越接近，越便于安排教学内容。

2. 探寻现象的可能性

在工作中，我们常说"要做最好的准备，最坏的打算。"这其实就反映了管理中经常要了解现象出现的可能范围。如果现象的表现是数量特征，则标志变异指标就可以帮助我们了解现象的可能范围。

根据一般经验，约有68.26%标志值出现在平均数左右一倍标准差（$\bar{x} \pm \sigma$）范围内；约有95.43％的标志值出现在平均数左右两倍标准差（$\bar{x} \pm 2\sigma$）的范围内；约有99.73％的标志值出现在平均数左右三倍标准差（$\bar{x} \pm 3\sigma$）的范围内。

3．比较不同总体的工作水平

我们在比较不同地区、不同单位的工作水平时，除了可以借助平均指标外，还可以借助标志变异指标。标志变异指标往往反映其工作开展的稳定性、均匀性。例如，表4-27中显示的A、B两种设备的耐用情况。虽然，两种设备的平均使用寿命很接近，A种设备为5217小时，B种设备为5220小时，但两种设备使用寿命的标准差却相差很大，A种设备为210.09小时，B种设备为661.18小时，这说明B种设备使用寿命不稳定，会给设备维修养护的计划方案制定带来更大的不确定性。在两者平均使用寿命差距不大时，我们应该选择A设备。

📘 本章小结

习题

一、判断题

1. 平均数是将总体内各单位标志值的差异具体化。（　　　）

2. 已知销售额和销售单价，求平均销售价格，用调和平均数计算。（　　　）

3. 各变量值与其算术平均数离差之和为最小值。（　　　）

4. 计划完成程度相对指标大于100%，不一定是超额完成计划。（　　　）

5. 时期指标和时点指标会随着研究目的的变化而变化。（　　　）

二、单选题

1. 用有名数表现的相对指标是（　　　）。

   a. 计划完成情况相对指标　　　　　　b. 结构相对指标

   c. 比例相对指标　　　　　　　　　　d. 强度相对指标

2. 某企业计划2017年收入增长4%，实际增长6%，则收入计划完成情况相对指标为（　　　）。

   a. 101.92%　　　　b. 150.00%　　　　c. 66.67%　　　　d. 98.11%

3. 如果掌握各组标志总量和各组变量值时，计算平均数应采用（　　　）。

   a. 简单算术平均数公式　　　　　　b. 加权算术平均数公式

   c. 调和平均数公式　　　　　　　　d. 几何平均数公式

4. 下列标志变异指标中易受极端值影响的是（　　　）。

   a. 全距　　　　　b. 平均差　　　　c. 标准差　　　　d. 标准差系数

5. 中位数是一种（　　　）。

   a. 数值平均数　　　　　　　　　　b. 位置平均数

   c. 受极端值影响很大的平均数　　　d. 只有次数分布呈钟形时才有的平均数

6. 某企业2017年计划节约成本5%，实际节约了8%,则该企业2017年成本计划完成程度相对指标为（　　　）。

   a. 62.5%　　　　b. 160%　　　　c. 96.8%　　　　d. 102.9%

7. 某物业服务企业承接了5个物业项目，其中甲项目的面积占全部项目面积的15%,这一指标是（　　　）。

   a. 结构相对指标　　b. 强度相对指标　　c. 比较相对指标　　d. 比例相对指标

8. 如果各个指标值都扩大一倍，而频数都减少为原来的二分之一，则算术平均数（　　　）。

   a. 相等　　　　b. 减少二分之一　　　c. 扩大一倍　　　d. 无法判断

三、多选题

1. 下列超额完成计划的有（　　　）。

   a. 单位成本计划完成相对指标105%　　　b. 利润计划完成相对指标105%

c. 劳动生产率计划完成相对指标105%　　d. 单位成本计划完成相对指标95%

e. 利润计划完成相对指标95%

2. 某地区统计显示：该地区共有物业服务企业150家，从业人员5万人，人均管业面积2400平方米，人均年收入22482元。资料中出现有（　　　）。

a. 总量指标　　　　　　　　　　b. 相对指标

c. 平均指标　　　　　　　　　　d. 标准差

e. 标志变异指标

3. 相对指标中，分子和分母可以互换的有（　　　）。

a. 计划完成情况相对指标　　　　b. 强度相对指标

c. 比较相对指标　　　　　　　　d. 比例相对指标

e. 结构相对指标

4. 下列关于平均指标的理解正确的是（　　　）。

a. 把某一数量标志在总体各单位之间的数量差异抽象化

b. 反映总体各单位某一数量标志值的一般水平，是个代表性数值

c. 现象总体的同质性是计算和应用平均数的前提条件

d. 反映总体各单位标志值之间的差异

e. 反映总体各单位变量值分布的集中趋势

5. 标志变异指标可以说明（　　　）。

a. 分布数列中各单位标志值的集中趋势

b. 分布数列中变量值的离中趋势

c. 分布数列中各单位标志值之间的差异程度

d. 分布数列中各单位标志值的变动范围

e. 总体各单位标志值的分布特征

四、简答题

1. 简述总量指标的作用。
2. 简述结构相对指标的特点。
3. 简述比例相对指标的特点。
4. 简述算术平均数与强度相对指标的区别。
5. 为什么当总体中出现极端值时应选用为位置平均数反应一般水平和集中趋势？
6. 为什么标志变异指标要与平均数配合使用？
7. 什么情况下需要使用标准差系数反映总体变异程度？

五、计算题

1. 某市年末户籍人口和土地面积的资料如下：（单位：人）

户籍人口数

人口总数	1371588
男	695762
女	675826

已知该市土地面积1565平方公里，试计算全部可能计算的相对指标，并指出它们属于哪一种相对数。

2. 已知三个生产同种产品的企业2017年5月有关统计资料如下：

企业	实际产量（件）	计划完成程度（%）
甲	470	100
乙	380	95
丙	525	105

试求三个企业该月产品产量的平均计划完成程度。

3. 某企业承接的项目占地面积情况经统计整理如下：

按面积分组（公顷）	项目数（个）
10 ~ 20	18
20 ~ 30	39
30 ~ 40	31
40 ~ 50	12
合计	100

（1）计算该地区项目的平均面积；

（2）计算该地区宗地面积的标准差；

（3）计算该地区宗地面积的标准差系数。

4. 已知2017年甲物业项目年用水量为15000吨，乙物业项目年用水量为20000吨。甲物业项目单位面积年用水量1.2吨，乙物业项目单位面积年用水量为1.08吨。试分析哪个项目更加节水。

5. 某城市两城区商品房销售资料如下：

	甲区			乙区		
	销售套数	销售面积	均价（元/平方米）	销售套数	销售面积	均价（元/平方米）
别墅	10	3523	9545	5	1870	7874
住宅	898	112317	4523	353	37995	3900

	甲区			乙区		
	销售套数	销售面积	均价（元/平方米）	销售套数	销售面积	均价（元/平方米）
商场	188	33499	8308	95	7376	6700
写字楼	26	4078	4058	9	2281	5033
车库	153	10139	2247	14	2155	2050
厂房	0	0	0	1	212	165
合计	1275	163556		537	51889	

试计算标准差系数，确定哪个区房价差异较大。

第 2 篇 物业服务企业统计实务

5　物业服务企业统计指标分析

【教学目标】📖

通过本章学习，了解物业服务企业统计内容，熟悉物业管理项目个数、面积、价值量统计，熟悉物业管理房屋维修面积、维修费用统计，熟悉物业管理设备设施个数、完好率、利用率统计，熟悉物业服务企业从业人员数量、从业人员工资统计，熟悉物业服务企业经营状况统计。

📊 **教学要求**

能力目标	知识要点	权重
知道物业服务企业统计指标	全面了解本章各节内容，物业统计指标概念、统计范围	30%
知道物业服务企业统计指标的计算方法	物业管理项目个数、面积、价值量统计，物业管理房屋维修面积、维修费用统计，物业管理设备设施个数、完好率、利用率统计，物业服务企业从业人员数量、从业人员工资统计，物业服务企业经营状况统计	70%

物业服务企业在经营管理过程中，涉及项目、人员、设备、财务等各方面的人、财、物的管理，并且作为企业有责任为上级主管部门提供各种数据资料，上报统计报表，如法人单位基本情况表、产业活动单位基本情况表、物业管理企业统计年报表、物业项目情况一览表。这些报表中的数据是通过统计人员日常收集、整理、汇总、计算得到的。所以，物业服务企业需要有专门人员做好日常资料的统计工作，包括物业服务项目统计、物业服务人员统计、物业管理设备统计、物业服务企业财务状况统计等工作，为物业服务企业经营管理提供资料。

本章主要针对物业服务企业进行物业管理量统计、物业设备统计、物业修缮统计、物业服务企业劳动工资统计以及物业服务企业经营状况统计。

5.1　物业管理量统计

物业管理量是指物业服务企业在一定时期范围内所管理或服务对象的数量。一般包括物业管理实物量统计和价值量统计，物业管理实物量统计包括物业管理项目的个数和面积统计、物业配套设施的个数和面积统计等，而价值量统计则是以货币形式表示的物业服务企业在管项目的总价值。物业管理量是衡量物业服务企业服务数量和规模的定量指标，物业管理量的统计，是反映物业服务企业经营成果的重要内容之一，也是物业服务企业上报统计资料中必须的内容之一。

5.1.1 物业管理项目统计

1．物业管理项目的概念及其分类

（1）物业管理项目的概念

物业管理项目是指物业服务企业通过招投标获取项目的物业管理任务，按照物业管理合同约定完成合同规定的全部任务。一般一份物业管理合同表现为一个物业管理项目。对于某一个物业管理项目，可以从物业名称、物业地址、物业种类、竣工时间、物业占地面积、土地使用年限、房屋建筑面积、接管时间等反映项目的情况。

一家物业服务企业可以管理一个或多个物业项目，物业服务企业的经营状况、服务质量决定其承接项目的多少。所以，物业管理项目的多少也可以反映物业服务企业的规模和经营业绩。

（2）物业管理项目分类

物业管理项目的基本分类一般是按照物业用途来分。

1）住宅

是指专供居住的房屋，包括别墅、高档公寓、职工家属宿舍和集体宿舍（包括职工单身宿舍和学生宿舍）等，不包括住宅楼中作为人防用、不住人的地下室等。

其中：5万m^2以上的住宅小区是指住宅总建筑面积超过5万m^2的，被居住区级道路或自然分界线所围合，配建有公共服务设施的居民生活聚居地。

2）办公楼

是指机关、团体、企业、事业等单位使用的各类办公用房，又称写字楼。

3）商业营业用房

是指用于商业服务活动的房屋建筑。如度假村、饭店、酒店、商场等。

4）工业仓储用房

是指用于工业生产、储备、供应等使用的房屋。如厂房、仓库等。

5）其他

是指不属于上述用途的房屋建筑。如学校教学用房、医院医疗用房、图书馆、体育场馆等。

2．物业管理项目的主要统计指标

为了综合反映一定时期内物业服务企业所管理的项目总量及其变动情况，物业管理项目的主要统计指标有两大类，一类是物业管理项目个数统计指标，包括新接物业管理项目个数、本期物业管理项目个数、到期和解除物业管理项目个数、期末物业管理项目个数；另一类是物业管理项目面积统计指标，包括在管物业占地面积、在管物业房屋建筑面积（即新接物业管理房屋建筑面积、本期物业管理房屋建筑面积、到期和解除物业管理房屋建筑面积、期末物业管理房屋建筑面积）。

（1）物业管理项目个数统计指标

1）新接物业管理项目个数

新接物业管理项目个数是指物业服务企业在报告期内新签订的物业管理合同从事物业管理的项目个数之和。不包括按合同约定，在本期重新签订合同继续从事物业管理的项目。

2）本期物业管理项目个数

本期物业管理项目个数是指物业服务企业在报告期内正在管理的物业项目个数之和。包括上期跨入本期继续履行物业管理合同的物业管理项目个数、本期新接物业管理项目个数。该项指标是反映物业服务企业规模、物业管理量的一个重要内容。

本期物业管理项目个数＝本期新接物业管理项目个数＋上期跨入本期的物业管理项目个数

3）到期和解除物业管理项目个数

到期和解除物业管理项目个数是指物业服务企业在报告期内已完成合同约定的全部任务或解除合同的物业项目个数之和。

4）期末物业管理项目个数

期末物业管理项目个数是指物业服务企业在报告期末还在管理的物业项目个数之和。

期末物业管理项目个数＝本期物业管理项目个数－到期和解除物业管理项目个数

在物业管理项目个数的各项指标统计过程中，应将物业按照用途分类，分别统计住宅项目、办公楼项目、商业项目、工业项目、其他项目各项统计指标。

例5-1：2014～2017年某物业公司住宅物业管理情况见表5-1。

某物业公司住宅物业管理情况　　　　　　　　　　　　表5-1

年份	上年跨入项目个数	本年新接项目个数	本年解除项目个数	本年到期项目个数
2014	11	1	0	1
2015	11	3	0	2
2016	12	4	1	1
2017	14	0	0	1
合计	—	8	1	5

计算该物业公司各年本期物业管理项目个数和期末物业管理项目个数。

解：2014年本期物业管理项目个数＝11＋1＝12个

2014年期末物业管理项目个数＝12－1＝11个

2015年本期物业管理项目个数＝11＋3＝14个

2015年期末物业管理项目个数＝14－2＝12个

2016年本期物业管理项目个数＝12＋4＝16个

2016年期末物业管理项目个数＝16－1－1＝14个

2017年本期物业管理项目个数＝14＋0＝14个

2017年期末物业管理项目个数＝14－1＝13个

（2）物业管理项目面积统计指标

1）在管物业占地面积

在管物业占地面积是指报告期末物业服务企业正在进行管理的物业所占用的全部土地面积。

2）在管物业房屋建筑面积

在管物业房屋建筑面积是指物业服务企业正在进行管理的物业所占用的全部房屋建筑面积，包括已签订物业管理合同，而尚未竣工交付使用的房屋建筑面积。

在管物业房屋建筑面积统计可以按照物业用途统计，即住宅、办公楼、商业营业用房、工业仓储用房和其他用房统计各类房屋建筑面积。也可以按照新接物业管理房屋建筑面积、本期物业管理房屋建筑面积、到期和解除物业管理房屋建筑面积、期末物业管理房屋建筑面积统计。具体采用何种统计分类方法，可根据上级主管部门要求填报的统计报表的内容进行统计。

① 新接物业管理房屋建筑面积

新接物业管理房屋建筑面积是指物业服务企业在报告期内新签订的物业管理合同从事物业管理的房屋建筑面积之和。包括本期新接住宅面积、办公楼面积、商业营业用房面积、工业仓储用房面积和其他用房面积。不包括按合同约定，在本期重新签订合同继续从事物业管理的房屋建筑面积。

例5-2：某物业公司2017年5月签订了一份住宅项目管理合同，管理住宅面积6万m^2。该物业公司原管理的住宅面积30万m^2，其中10万m^2的住宅在2017年12月重新签订合同继续从事物业管理。则2017年该物业公司新接住宅物业建筑面积为多少？

解：2017年该物业公司新接住宅物业建筑面积为6万m^2

② 本期物业管理房屋建筑面积

本期物业管理房屋建筑面积是指物业服务企业在报告期内正在管理的房屋建筑面积之和。包括上期跨入本期继续履行物业管理合同的物业管理房屋建筑面积、本期新接物业管理房屋建筑面积。该项指标同样是反映物业服务企业规模、物业管理量的一个重要内容。

本期物业管理房屋建筑面积＝本期新接物业管理房屋建筑面积＋上期跨入本期的物业管理房屋建筑面积

根据例5-2的已知条件，则2011年该物业公司管理住宅物业建筑面积为多少？

解：2011年该物业公司管理住宅物业建筑面积＝6＋30＝36万m^2

③ 到期和解除物业管理房屋建筑面积

到期和解除物业管理房屋建筑面积是指物业服务企业在报告期内已完成合同约定的全部任务或解除合同的房屋建筑面积之和。

④ 期末物业管理房屋建筑面积

期末物业管理房屋建筑面积是指物业服务企业在报告期末还在管理的房屋建筑面积之和。

期末物业管理房屋建筑面积＝本期物业管理房屋建筑面积－到期和解除物业管理房屋建筑面积

例5-3：某物业集团公司2017年管理的住宅房屋建筑面积情况见表5-2。

某物业集团公司2017年管理的住宅房屋建筑面积情况（万m²）　　　　　表5-2

季度	上期跨入本期房屋建筑面积	本期新接房屋建筑面积	本期解除房屋建筑面积	本期到期房屋建筑面积
1	200	10	0	6
2	204	30	5	0
3	229	6	0	0
4	235	0	6	10

计算：（1）2017年该公司新接管的住宅房屋建筑面积。

（2）2017年该公司解除和到期的住宅房屋建筑面积。

（3）2017年各季度在管住宅房屋建筑面积。

（4）2017年末该公司在管住宅房屋建筑面积。

解：（1）2017年新接管的住宅房屋建筑面积＝10＋30＋6＝46万m²

（2）2017年解除和到期的住宅房屋建筑面积＝5＋6＋6＋10＝27万m²

（3）第一季度在管住宅房屋建筑面积＝200＋10＝210万m²

第二季度在管住宅房屋建筑面积＝204＋30＝234万m²

第三季度在管住宅房屋建筑面积＝229＋6＝235万m²

第四季度在管住宅房屋建筑面积＝235万m²

（4）2017年末该公司在管住宅房屋建筑面积＝235－6－10＝219万m²

5.1.2　物业管理配套设施统计

物业管理配套设施种类很多，不同地区配套设施也有差异。这里只介绍停车场、绿地、体育场所、会所等统计内容。

1．停车场

停车场分为室内停车场和室外停车场。

室内停车场是指停车场建在建筑物内。可以是专门建造一栋建筑物作为停车场，也可以建造在建筑物一层或地下的停车场。室外停车场又称为露天停车场，是指规划区内规划建设的专供车辆停泊的场所。无论是室内停车场，还是室外停车场，常用的统计指标有：停车场个数、停车场面积、停车场车位数。停车场车位数是指停车场计划最多可停放的车辆数量。

有些住宅小区室内外停车场有限，为了解决业主的停车困难，也会开辟一些临时停车位，这时就需统计临时停车位数量。

2．绿地

绿地是改善生活、工作、居住环境的重要方式，绿地通常是用面积表示。绿地面积是指居住区内除区级公园以外的其他绿地的绿化种植面积，包括屋顶的绿化面积。

3．体育场所

体育场所分为室内体育场所和室外体育场所。常见的体育场所有：游泳池、篮球场、网球场、羽毛球场、乒乓房等。统计指标一般设置为各种体育场所的个数和面积，用来反映住宅小区体育场所的配置状况。

4．会所

目前，中高档住宅小区都配备小区会所。会所可以有多种用途，一般可用作健身房、棋牌室、老年活动室、咖啡馆等。统计指标一般用会所面积表示。

5.1.3　物业管理价值量统计

1．物业管理价值量的概念

物业管理实物量指标可以较形象地说明物业服务企业管理的项目数量和面积，但不能综合说明物业服务企业管理的物业项目总体价值，也不能与财务成本核算联系起来，而价值量指标统计是可以通过货币形式表示的，可以把各物业管理项目的价值量相加，来说明物业服务企业管理的项目总价值，并进行横向比较。

物业管理价值量是指物业服务企业在一定时点上接受业主委托在管的各物业项目的全部价值，包括土地、房屋、建筑物和地上附着物的价值，可以用物业原值、净值和现值来表现。物业管理价值量可以综合反映物业服务企业管理对象的全部价值。

2．物业管理价值量的统计指标

（1）物业原值

物业原值是指物业服务企业在一定时点上在管物业的初始价值。它是指各种物业建成时的市场价值，是衡量物业使用价值量的统计指标。

（2）物业净值

物业净值是指物业服务企业在一定时点上在管物业原始价值扣除折旧后的净剩价值量。用公式表示为：

$$物业净值＝物业原值－累计折旧额$$

物业在使用过程中会逐渐磨损，它的价值损耗会逐渐转移到成本中去。物业的这种磨损，在价值中表现为物业的折旧额。采用直线折旧法的计算公式为：

$$年折旧额＝\frac{物业原值－净残值}{使用年限}$$

例5-4：某物业服务企业2014年5月15日接管某办公楼项目，同时该办公楼竣工交付使用，其市场价值为3000万元，可使用40年，残值率为5％。2017年5月15日该物业管理公司统计该办公楼的原值和净值分别为多少？

解：该办公楼的原值＝3000万元

$$年折旧额 = \frac{物业原值 - 净残值}{使用年限} = \frac{3000(1-5\%)}{40} = 71.25 \, 万元$$

该办公楼的净值＝3000－71.25×3＝2786.25万元

（3）物业现值

物业现值是指物业服务企业在一定时点上在管物业的现实价值。这种现实价值的测算主要以房地产估价为基础确定的物业价值。

这三个指标的运用，需要根据研究目的确定。一般表现物业管理量时，可用物业现值表示，有土地现值和房屋现值之分。

5.2 物业设备统计

物业设备是指物业内部附属的和相关的各类市政、公用设备的总称。物业设备管理是指物业服务企业接受业主或使用人的委托，对物业设备进行管理，包括对物业设备的维护、维修、保养、报废、更新等。

物业设备种类繁多，包括给水排水、供电、照明、暖通空调、消防报警、电梯、计算机网络、通信设施以及生产设备等。不同地区、不同业态、不同规模的物业有不同的物业设备，同时物业设备管理涉及技术、管理、经济等知识，因此，物业设备管理属于难度较大的一项工作。

物业设备统计是物业设备管理的基础工作。在物业设备管理中，做好物业设备统计，准确反映设备的数量、运行能力、利用程度和设备的效率等，是物业设备统计工作的首要任务。

5.2.1 物业设备的数量和价值统计

1．物业设备的统计范围

物业设备的统计范围，包括业主或使用人委托管理的物业设备。不包括属于业主或使用人，但未委托管理的设备；也不包括物业服务企业自身拥有的设备或为经营而租入、借入企业的设备。

2．物业设备数量统计指标

用实物量指标反映物业设备的量称为物业设备数量统计。统计指标可用在管设备年末总台数和在管设备平均台数表示。

（1）在管设备年末总台数

在管设备年末总台数是指物业服务企业接受委托在报告期末管理物业设备年末总台数，包括在用、在修、在库、待修、不配套设备及上级还未批准的报废在管设备。在统计在管设备年末总台数时，一般应分别统计各类物业设备数量。

（2）在管设备平均台数

在管设备平均台数是指物业服务企业接受委托在报告期内平均每天管理设备的数量。在统计在管设备平均台数时，一般也应分别统计各类物业设备平均数量。

$$报告期在管设备平均台数 = \frac{报告期每天在管设备台数之和}{报告期日历天数}$$

如果报告期每天在管设备变动幅度不大时，也可采用：

$$报告期在管设备平均台数 = \frac{期初在管设备台数 + 期末在管设备台数}{2}$$

3．物业设备价值统计

用价值量指标反映物业设备的量称为物业设备价值统计。统计指标可用年末在管设备原值和年末在管设备净值表示。

（1）年末在管设备原值

年末在管设备原值是指物业服务企业接受委托在报告期末管理的物业设备的价值。设备原值中应包含购买设备价格、运输费、包装费、相关税金和安装费等，它能准确地反映在管设备的使用价值。

年末在管设备原值＝年初在管设备原值＋本年新接管的设备原值－本年解除管理的设备原值

（2）年末在管设备净值

年末在管设备净值是指物业服务企业接受委托在报告期末管理的物业设备的净值。设备净值是设备原值扣除设备累计折旧后的余值，它能准确地反映在管设备现有的账面使用价值。

年末在管设备净值＝年末在管设备原值－累计折旧额

例5-5：某物业服务企业2014年末开始管辖某住宅小区，据统计，2017年末管理小区水泵设备共5个，每个水泵设备原值为6.5万元；消防设备共10套，每套消防设备原值为2万元；变电设备共4个，每个变电设备原值为15万元；安全防范设备原值为50万元。所有设备预计使用年限10年，预计残值率均为2%。计算该物业服务企业2017年末管理该住宅小区的设备原值和净值各为多少？

解：2017年末管理该住宅小区的设备原值

＝6.5×5＋2×10＋15×4＋50＝162.5万元

水泵设备年折旧费＝6.5×5×98%÷10＝3.185万元

水泵设备净值＝6.5×5－3.185×3＝22.945万元

消防设备年折旧费＝2×10×98%÷10＝1.96万元

消防设备净值＝2×10－1.96×3＝14.12万元

变电设备年折旧费＝15×4×98%÷10＝5.88万元

变电设备净值＝15×4－5.88×3＝42.36万元

安全防范设备年折旧费＝50×98%÷10＝4.9万元

安全防范设备净值＝50－4.9×3＝35.3万元

2017年末管理该住宅小区的设备净值

＝22.945＋14.12＋42.36＋35.3＝114.725万元

从物业设备数量和价值统计中可以看出，反映物业服务企业在管设备的规模，用物业设备数量统计指标具有直观、具体的特点，但不能综合反映所有在管设备的数量，一般应分类统计物业设备；相反，物业设备价值统计能综合反映所有在管设备总的价值，但不如设备数量统计指标直观、具体。一般应根据具体研究目的，选择相应的物业设备统计指标。

5.2.2 物业设备完好率统计

物业设备是否能够保持完好的技术状况，是服务企业进行设备管理的重要条件。当物业设备不完好时，应尽快组织人员进行维修，以保证物业设备的使用不受影响。根据研究任务的不同，物业设备完好率可以分别用物业设备数量完好率、物业设备台日完好率和物业设备台时完好率来反映。

1．物业设备数量完好率

物业设备数量完好率是用报告期末物业设备完好台数与报告期末实有物业设备台数来表示。

$$物业设备数量完好率＝\frac{报告期末物业设备完好台数}{报告期末实有物业设备台数}×100\%$$

例5-6：某物业服务企业2017年末在管物业设备共176台，其中处于完好状态的物业设备有158台。统计2017年末该物业管理公司所管理的物业设备数量完好率。

解：2017年末物业设备数量完好率＝$\frac{158}{176}×100\%＝89.77\%$

2．物业设备台日完好率

物业设备台日完好率是用报告期物业设备完好台日数与报告期物业设备日历台日数的比值来表示。

$$物业设备台日完好率＝\frac{报告期物业设备完好台日数}{报告期物业设备日历台日数}×100\%$$

公式中，报告期物业设备日历台日数是指在报告期日历天数内每天在管的物业设备数量之和。报告期物业设备完好台日数是指在报告期日历天数内每天处于完好状态的物业设备数量之和，但不包括在修、待修、在库、待报废的物业设备。

3．物业设备台时完好率

物业设备台时完好率是用报告期物业设备完好台时数与报告期物业设备日历台时数的比值来表示。

$$物业设备台时完好率＝\frac{报告期物业设备完好台时数}{报告期物业设备日历台时数}×100\%$$

报告期物业设备日历台时数＝报告期物业设备日历台日数×每天工作小时

报告期物业设备完好台时数是指用小时表示的报告期内处于完好状态的物业设备数量之和。

统计物业设备台日完好率和物业设备台时完好率时，可以针对所有物业设备计算完好率，也可以分别计算各类设备的完好率。统计物业设备完好率指标能够反映物业服务企业在管设备的完好状况，便于物业服务企业进行设备管理，提高物业设备的使用效率。

例5-7：某物业服务企业2017年4月在所管辖的物业设备中待修台时和检修台时见表5-3。

某物业服务企业2017年4月在所管辖的物业设备情况　　　　　　表5-3

设备名称	数量	待修台日	检修台日	待修台时	检修台时
电梯	56	2	15	100	280
安保设备	112	18	24	130	302

各种物业设备每天工作24小时。分别计算该物业服务企业每种物业设备台日完好率和台时完好率。

解：电梯设备台日完好率 $=\dfrac{56\times30-2-15}{56\times30}\times100\%=98.99\%$

电梯设备台时完好率 $=\dfrac{56\times30\times24-2\times24-15\times24-100-280}{56\times30\times24}\times100\%=98.05\%$

安保设备台日完好率 $=\dfrac{112\times30-18-24}{112\times30}\times100\%=98.75\%$

安保设备台时完好率 $=\dfrac{112\times30\times24-18\times24-24\times24-130-302}{112\times30\times24}\times100\%=98.21\%$

5.2.3 物业设备利用情况统计

物业设备利用情况统计，需要考虑物业设备的种类，物业服务企业对各类物业设备利用状况的要求各不相同，正确地反映不同物业设备的利用情况，对物业服务企业合理利用物业设备起着重要的作用。

1．物业设备种类

物业设备按用途可分为生产设备和非生产设备。对于生产设备，如割草机等，设备的利用程度越充分越好。对于非生产设备，如电梯、空调、照明设备等，由于该类设备一般是为了改善生活条件所用，一旦使用就会有消耗，在没有必要使用的情况下而使用，必然造成浪费，并不一定是设备的利用程度越充分越好。大多数物业设备属于非生产设备。

物业设备按使用状况可分为经常性使用设备、季节性使用设备和偶然性使用设备。对于经常性使用的设备，如电梯、照明、通信设施、智能化设备等，设备的利用程度是根据物业管辖区域的实际情况而控制在一定的范围之内，若超出或低于一定的指标范围，则需要查找原因。对于季节性使用的设备，如空调等，同样需要将设备的利用程度控制在一定的范围之内。而对于偶然性使用的设备，如消防报警设备，在保持完好设备状况的情况下，设备利用程度越低越好。

2．影响物业设备利用程度的因素

影响物业设备利用程度的因素一般有三种：一是物业服务企业的原因，主要表现为物业设备的完好状况、物业设备是否及时维修、物业服务企业对物业设备的管理状况；二是业主或使用人的原因，主要表现为履约状况、维修资金是否到位、是否节约等；三是物业设备的种类和设备本身的特点，反映出不同物业设备具有相对稳定的设备利用程度。

3．物业设备利用程度统计指标

物业设备利用程度统计的主要任务是从数量上和时间上来反映各种物业设备利用情况。

（1）物业设备数量利用程度统计

物业设备数量利用程度统计可用实有物业设备数量利用率和完好物业设备数量利用率来表示。

1）实有物业设备数量利用率

实有物业设备数量利用率是指报告期末实际使用的物业设备台数与报告期末实有物业设备台数之比。用公式表示为：

$$实有物业设备数量利用率 = \frac{报告期末实际使用的物业设备台数}{报告期末实有物业设备台数} \times 100\%$$

2）完好物业设备数量利用率

完好物业设备数量利用率是指报告期末实际使用的物业设备台数与报告期末完好物业设备台数之比。用公式表示为：

$$完好物业设备数量利用率 = \frac{报告期末实际使用的物业设备台数}{报告期末完好物业设备台数} \times 100\%$$

例5-8：某物业服务企业2017年末共管理80台电梯，年末检查电梯使用状况，其中有6台电梯待修理，4台电梯正在修理，实际使用的电梯数为66台。计算2017年末实有电梯数量利用率和完好电梯数量利用率。

解：实有电梯数量利用率 $= \dfrac{66}{80} \times 100\% = 82.5\%$

完好电梯数量利用率 $= \dfrac{66}{80-6-4} \times 100\% = 94.29\%$

物业设备数量利用率可以比较直观地反映出某一时点上物业服务企业所管辖的物业设备利用情况，但不能反映一段时期内物业服务企业所管辖的物业设备利用情况。因此反映报告期物业设备利用情况可用物业设备时间利用程度统计指标。

（2）物业设备时间利用程度统计

物业设备时间利用程度统计可用完好物业设备台日利用率和完好物业设备台时利用率来表示。

1）完好物业设备台日利用率

完好物业设备台日利用率是指报告期实际使用的物业设备台日数与报告期完好物业设备

台日数之比。用公式表示为：

$$完好物业设备台日利用率 = \frac{报告期实际使用的物业设备台日数}{报告期完好物业设备台日数} \times 100\%$$

2）完好物业设备台时利用率

完好物业设备台时利用率是指报告期实际使用的物业设备台时数与报告期完好物业设备台时数之比。用公式表示为：

$$完好物业设备台时利用率 = \frac{报告期实际使用的物业设备台时数}{报告期完好物业设备台时数} \times 100\%$$

式中，报告期完好物业设备台日（时）数是指在报告期内每天（小时）完好的物业设备台数之和，不论完好物业设备在报告期是否使用，均应计算在内。

例5-9：某物业服务企业2017年管理住宅小区的电梯，平均每天管理80台。住宅小区一年内每天需要使用电梯，平均每天每台电梯使用12个小时。在应使用的电梯中，待修20台日，检修30台日，另有80台时待修和50台时检修。电梯实际使用27500台日。计算2017年完好电梯台日利用率和台时利用率。

解：$完好电梯台日利用率 = \dfrac{27500}{80 \times 360 - 20 - 30} \times 100\% = 95.65\%$

$完好电梯台时利用率 = \dfrac{27500 \times 12}{(80 \times 360 - 20 - 30) \times 12 - 80 - 50} \times 100\% = 95.69\%$

5.3　物业服务企业劳动工资统计

在物业服务企业中，人是最积极的因素，是物业管理服务的重要资源，是可以无限开发的资源。所以，搞好劳动力资源统计与管理，对物业服务企业起着决定性的作用。物业服务企业劳动工资统计主要介绍劳动力数量、构成和变动统计，计算和分析劳动生产率、工资总额和工资水平等方面的情况，为物业服务企业提供准确的数据资料。

5.3.1　物业服务企业从业人员构成及其变动统计

1．物业服务企业从业人员统计范围

物业服务企业从业人员是指报告期末在物业服务企业中工作，取得工资或者其他形式劳动报酬的全部人员。包括：在岗职工、再就业的离退休人员、在企业中工作的外方人员和港澳台方人员、兼职人员、借用的外单位人员和第二职业者，不包括离开本单位仍保留劳动关系的职工。

物业服务企业在岗职工是指在物业服务企业工作并由该企业支付劳动报酬的职工，以及有工作岗位，但由于学习、病伤产假等原因暂未工作，仍由该企业支付工资的人员。

物业服务企业其他从业人员是指劳动统计制度规定不作职工统计，但实际参加物业服务企业工作并取得劳动报酬的人员。包括再就业的离退休人员、在企业中工作的外方人员和港

澳台方人员、兼职人员、借用的外单位人员和第二职业者，但不包括在物业服务企业中工作并领取劳动报酬的在校学生。

物业服务企业全部从业人员是物业服务企业在岗职工和物业服务企业其他从业人员之和。

2．在岗职工人数统计的原则

（1）按"谁发工资谁统计"的办法进行统计。

不论是编制内的还是编制外的人员；不论是出勤的还是因故未出勤的人员；不论是在国内工作的还是在国外工作的人员；不论是正式的人员还是试用期间的人员；不论是在本单位工作的还是临时借调到外单位工作的人员，只要由该物业服务企业支付工资均应统计为职工。在经济搞活的情况下，有的职工同时在两个以上的单位有工作并领取工资，但一般情况下，只能在一个单位领取基本工资，则由负责发放基本工资的单位统计为职工，其他聘用单位统计为本单位的其他从业人员。如果按上述办法不能解决上述职工由哪个单位统计时，可先确定该职工的档案在哪个单位，该职工的档案所在单位统计为职工，其他聘用单位统计为本单位的其他从业人员。

（2）对于新招收的人员，从其报到参加工作之日起，不论是否发放当月工资，即应统计为该物业服务企业职工。

（3）对于自然减员、参军（包括参军后原单位仍发给部分生活费或补贴）、不带工资上学的人员，从其离开之日起即不再算作该物业服务企业的职工。

（4）对于调往其他单位的人员，如当月已由原物业服务企业发放工资，则期末人数和平均人数均由原物业服务企业进行统计，调入单位从发放工资之月起统计。

3．物业服务企业从业人员分类

为分析物业服务企业从业人员的构成状况，需对从业人员进行分类。常见分类有以下几种：

（1）按从业人员劳动岗位可分为：

1）经营管理人员

经营管理人员是指物业服务企业中从事市场分析、项目开发、招投标策划、服务内容拓展、企业形象设计和人力资源管理、质量管理、技术管理、财务管理等活动的人员，包括管理处主任和副主任。

2）房屋及设备维护管理人员

房屋及设备维护管理人员是指从事房屋及其配套设施设备维修养护、操作、监控运行等工作的人员。

3）保洁人员

保洁人员是指物业服务企业中从事环境卫生清洁的人员，包括清洁工、清运工等。

4）保安人员

保安人员是指物业服务企业中从事协助维护治安秩序的服务人员。

5）绿化人员

绿化人员是指物业服务企业中从事环境绿化修剪、养护等工作的人员。

6）其他人员

其他人员是指物业服务企业中从事上述工作以外的服务人员。

（2）按从业人员任用期限可分为：

1）长期从业人员

长期从业人员是指合同期限在一年或一年以上的从业人员。

2）临时从业人员

临时从业人员是指合同期限不到一年的从业人员。

（3）按从业人员学历可分为：

大学及以上学历、大专学历、中专学历、高中及以下学历。

4．物业服务企业从业人员（或职工）人数统计指标

物业服务企业从业人员（或职工）人数通常计算期末人数和平均人数。

（1）期末人数

期末人数是指报告期末最后一天实有人数。如月末人数、年末人数等，期末人数属于时点指标。期末人数的统计应遵循职工人数统计的原则。

一般情况下，本期期末人数等于下期期初人数，因此它是物业服务企业编制下期从业（或职工）人数计划，考核物业服务企业定员执行情况和劳动力配备情况的依据，也是统计全国从业（或职工）人数总量的重要基础数据资料。

（2）平均人数

平均人数是指报告期内平均每天实有人数。如月平均人数、季平均人员、年平均人数等，平均人数属于时期指标。它反映了物业服务企业劳动力占用水平，是计算劳动生产率和平均工资的依据。

$$月平均人数 = \frac{月每天实有人数之和}{本月日历天数}$$

如果人数变动幅度不大，也可采用

$$月平均人数 = \frac{期初人数 + 期末人数}{2}$$

$$季平均人数 = \frac{季每天实有人数之和}{本季日历天数} = \frac{季内各月平均人数之和}{3}$$

$$年平均人数 = \frac{年每天实有人数之和}{本年日历天数}$$

$$= \frac{年内各月平均人数之和}{12}$$

$$= \frac{年内各季平均人数之和}{4}$$

计算平均人数时应注意以下几点：①每天实有人数，不论是否出勤均应计算在内；②节、假日实有人数，按节、假日前一天的人数计算；③无论企业在报告期成立天数是多少，一律用日历天数作为分母。

例5-10：甲物业服务企业9月初有从业人员300人，9月11日从该企业抽出90人，另外组成乙物业服务企业。计算甲物业服务企业9月份平均从业人数和乙物业服务企业9月份的平均从业人数。

解：9月份甲物业服务企业平均从业人数 $=\dfrac{300\times10-(300-90)\times20}{30}$

$$=240\ 人$$

9月份乙物业服务企业平均从业人数 $=\dfrac{90\times20}{30}=60\ 人$

上例计算均用日历天数作为分母，而不用企业成立天数作为分母，这是因为计算平均人数时，是反映整个时期内平均每天拥有的人数，而不是新企业成立期间平均每天拥有的人数，这样可避免发生劳动力数量上的重复计算。

5．物业服务企业从业（或职工）人数变动统计

物业服务企业由于种种原因，从业（或职工）人数会经常发生变动。从企业来看，一方面由于企业扩大规模的需要，不断地增加人员；另一方面，由于从业人员（或职工）辞职、退休等原因，从业人数减少，所以需要对劳动力变动情况加以分析。

报告期内，物业服务企业增加和减少的从业（或职工）人数，与其总人数的变动有如下关系：

期初人数＋期内增加人数－期内减少人数＝期末人数

为了说明从业（或职工）人数的变动程度，可以计算：

从业（或职工）人数增减程度 $=\dfrac{期末人数-期初人数}{期初人数}\times100\%$

$$=\dfrac{期内增加的人数-期内减少的人数}{期初人数}\times100\%$$

例5-11：某物业服务企业年初实有人数250人，本年增加职工12人，减少职工8人，问该企业本年职工人数如何变动？

解：该企业本年职工人数增减程度 $=\dfrac{12-8}{250}\times100\%=1.6\%$

该企业本年职工人数增加$=12-8=4$人

如果要简单反映物业服务企业从业（或职工）人数的变化以及变化程度，可用上述两个指标的计算结果来反映。如果要详细地反映从业人员变动状况和变动原因，可用"从业人员及工资总额"表表示（表5-4）。

5.3.2 物业服务企业劳动生产率统计

劳动生产率是劳动者在单位时间内所提供的劳动成果，物业服务企业劳动生产率反映了企业的劳动效率，是衡量物业服务企业劳动力资源利用程度的技术经济指标。

1．劳动生产率的概念及其表示方法

劳动生产率指劳动者在一定时期内创造的劳动成果与其相适应的劳动消耗量的比值。劳动生产率水平的高低可以从不同角度得到反映：

（1）用单位时间内平均生产的产品产量表示，即：

$$劳动生产率 = \frac{合格产品产量}{劳动消耗量}$$

这是一个正指标，说明该指标值越大，劳动生产率越高，正指标一般用以说明物业服务企业劳动生产率水平。

（2）用生产单位产品平均耗用的劳动时间表示，即：

$$劳动生产率 = \frac{劳动消耗量}{合格产品产量}$$

从业人员及工资总额

表5-4

织织机构代码□□□□□□□□-□
统一社会信用代码□□□□□□□□□□□□□□□□□□
单位详细名称：　　　　　　　　　　2017年

表　　号：102-1表
制定机关：上海市统计局
批准文号：国统制（2017）157号
有效期至：2018年6月

指标名称	计量单位	指标代码	本年	指标名称	计量单位	指标代码	本年
甲	乙	丙	（1）	甲	乙	丙	（1）
一、从业人员期末人数	人	01		大学专科	人	88	
其中：女性	人	02		高中、中专及技校	人	89	
其中：非全日制	人	03		初中及以下	人	90	
其中：外省市户籍	人	69		二、从业人员平均人数	人	08	
按人员类型分：	—	—		按人员类型分：	—	—	
在岗职工	人	05		在岗职工	人	09	
劳务派遣人员	人	06		劳务派遣人员	人	10	
其他从业人员	人	07		其他从业人员	人	11	
按职业类型分：	—	—		按职业类型分：	—	—	
中层及以上管理人员	人	71		中层及以上管理人员	人	76	
专业技术人员	人	72		专业技术人员	人	77	
办事人员和有关人员	人	73		办事人员和有关人员	人	78	
社会生产服务和生活服务人员	人	74		社会生产服务和生活服务人员	人	79	
生产制造及有关人员	人	75		生产制造及有关人员	人	80	
按学历分：	—	—	—	三、从业人员工资总额	千元	12	
研究生及以上	人	86		按人员类型分：	—	—	—
大学本科	人	87		在岗职工	千元	13	

续表

指标名称	计量单位	指标代码	本年	指标名称	计量单位	指标代码	本年
基本工资	千元	14		社会生产服务和生活服务人员	千元	84	
绩效工资	千元	15		生产制造及有关人员	千元	85	
工资性津贴和补贴	千元	16		四、离岗职工期末人数	人	66	
其他工资	千元	17		离岗职工平均人数	人	67	
劳务派遣人员	千元	18		离岗职工生活费	千元	68	
其他从业人员	千元	19					
按职业类型分：	—	—					
中层及以上管理人员	千元	81					
专业技术人员	千元	82					
办事人员和有关人员	千元	83					

补充资料：

　　（1）不能填报"从业人员"和"工资总额"数据的法人单位填报

　　发放工资的法人单位：组织机构代码（49）□□□□□□□□—□

　　　　　　　　　　　　统一社会信用代码□□□□□□□□□□□□□□□□□□

　　　　　　　　　　　　单位详细名称（50）＿＿＿＿＿＿＿＿＿＿＿＿＿＿＿

　　（2）单位直接管理的劳务外包人员（48）：＿＿＿＿＿＿（人）

单位负责人：　　统计负责人：　　填表人：　　联系电话：　　分机：　　报出日期：20　年　月　日

说明：1. 统计范围：辖区内规模以上工业、有资质的建筑业、限额以上批发和零售业、限额以上住宿和餐饮业、全部房地产开发经营业、规模以上服务业法人单位。

　　　2. 报送日期及方式：调查单位次年3月10日24时前独立自行网上填报。

　　　3. "补充资料（1）"由主表数据为空的调查单位填报。

　　　4. 审核关系：

　　　　（1）01≥02　　　　　　（2）01≥03　　　　　　（3）01＝05＋06＋07　　　　（4）08＝09＋10＋11

　　　　（5）12＝13＋18＋19　　（6）13＝14＋15＋16＋17　（7）01＝71＋72＋73＋74＋75

　　　　（8）08＝76＋77＋78＋79＋80　　　　　　　　　（9）12＝81＋82＋83＋84＋85

　　这是一个逆指标，说明指标值越大，劳动生产率越小，逆指标一般用于物业服务企业内部制定劳动定额，安排生产作业计划，加强劳动力管理。

2．物业服务企业劳动生产率指标计算

（1）劳动生产率实物指标

　　劳动生产率实物指标是指根据某种产品实物量计算的平均每一从业人员（或职工）在单位时间内生产的产品数量。它反映了劳动者在物业管理中的工作效率。在物业服务企业中，可用每一工人劳动生产率表示。

　　每一工人劳动生产率是按各主要工种计算的劳动生产率，分别说明各工种的工人在一定时期内所达到的劳动生产率水平。

$$每一工人劳动生产率＝\frac{报告期实际完成的工程量}{报告期实用工日数}$$

上述劳动生产率指标，常用于反映维修工人、清洁工等的工作效率。

$$每一工人劳动生产率=\frac{服务对象数量}{工人平均人数}$$

该项劳动生产率指标，主要反映提供服务的安全保卫等工作岗位人员的工作效率。

例5-12：某物业服务企业2017年9月完成屋面维修工程量为1680m²，该月完成屋面维修实际耗用16工日。则该企业屋面维修人员的劳动生产率为多少？

$$每一维修人员劳动生产率=\frac{报告期实际完成工程量}{报告期实用工日数}$$

$$=\frac{1680}{16}=105m²／工日$$

（2）劳动生产率价值指标

劳动生产率价值指标是指物业服务企业平均每一从业人员（或职工）在一定时期内创造的价值量，是综合反映物业服务企业全部从业人员（或职工）工作效率的重要指标，是企业生产技术水平、经营管理水平、职工技术熟练程度和劳动积极性的综合表现。

劳动生产率价值指标可以按物业服务企业总产值和增加值分别计算。

$$全员劳动生产率=\frac{报告期总产值(或增加值)}{报告期全部从业人员平均人数}$$

$$生产人员劳动生产率=\frac{报告期总产值(或增加值)}{报告期生产人员平均人数}$$

全员劳动生产率与生产人员劳动生产率之间的关系：

$$全员劳动生产率=生产工人劳动生产率×生产工人占全员人数的比重$$

例5-13：某物业服务企业2017年共完成维修工程总产值为1000万元，该企业全部从业人员平均人数为500人，其中维修工人占全部从业人员的比重为32%。计算该物业服务企业2017年全员劳动生产率和维修工人劳动生产率。

解：$全员劳动生产率=\dfrac{维修工程总产值}{全部从业人员平均人数}=\dfrac{1000}{500}=2$ 万元/人

$$维修工人劳动生产率=\frac{全员劳动生产率}{维修工人占全部从业人员的比重}$$

$$=\frac{2}{32\%}=6.25\ 万元／人$$

5.3.3　物业服务企业劳动报酬和工资总额统计

1. 劳动报酬和工资总额的概念

物业服务企业从业人员劳动报酬是指各物业服务企业在一定时期内支付给本单位全部从业人员的劳动报酬总额，包括在岗职工工资总额和本单位其他从业人员劳动报酬两部分。

物业服务企业在岗职工工资总额是指各物业服务企业在一定时期内直接支付给本单位全部在岗职工的劳动报酬总额。

物业服务企业其他从业人员劳动报酬是指各物业服务企业在一定时期内支付给本单位其他从业人员的全部劳动报酬，包括支付给再就业离退休人员的劳动报酬和外籍、港、澳、台人员的劳动报酬等其他从业人员的劳动报酬总额。

2．工资总额的构成

工资总额由下列八个部分构成：

（1）计时工资

按照计时工资标准以货币形式支付给职工的劳动报酬。

（2）计件工资

按照计件单价以货币形式支付给职工的劳动报酬。

（3）基本工资

按照大体维持本企业在岗职工基本生活费为标准的劳动报酬。

（4）职务工资

按照本企业职工职务高低、责任大小、工作繁简和业务技术水平确定的劳动报酬。

（5）奖金

为了对职工额外劳动的奖励和对在生产、工作中有优良成绩的职工奖励，在基本工资以外支付给职工的劳动报酬。

（6）津贴

为了补偿职工额外或特殊的劳动消耗，以及补偿职工工作年限长短，而以津贴形式支付给本企业在岗职工的劳动报酬。

（7）加班工资

在国家规定的工作时间以外工作的在岗职工，以货币形式支付其劳动报酬。

（8）其他

包括保留工资、补发工资、附加工资、住房补贴、副食品价格补贴、伙食补贴、防暑降温补贴等。

计算工资总额时应遵循的几个原则：①只要是本企业职工都应统计；②凡是劳动报酬都应统计，包括工资科目支出和其他科目支出；③按一定时期内的工资应发数统计。

3．平均工资统计

平均工资是报告期内平均每一职工的工资收入水平。

$$平均工资 = \frac{报告期工资总额}{报告期职工平均人数}$$

工资总额受平均工资和平均职工人数的影响，平均工资越高，职工人数越多，则工资总额就越大。

5.4 物业修缮统计

5.4.1 物业修缮的概念和意义

从物业服务企业的角度来看，物业包含各类房屋及附属的设备、设施、场地、庭院和相关的建设地块。物业修缮是指对已建成的物业进行的维修、养护，以保障物业发挥正常的使用功能或延长使用寿命。物业修缮是物业保值和增值的重要手段，也是改善生活、工作环境的重要方式。

在物业管理过程中，搞好物业的修缮管理，不仅有利于延长物业的使用寿命，增强其使用的安全性能，也有利于美化环境，使物业服务企业在用户心中建立良好的形象和信誉，从而促进物业管理行业的发展。

5.4.2 物业修缮的分类

按物业修缮的对象可分为：

1．建筑物修缮

建筑物修缮包括房屋的修缮、构筑物的修缮、道路的修缮、配套设施（如运动场地、停车场等）的修缮。其中，房屋修缮是主要内容。

房屋修缮是指对已建成的房屋进行拆改、翻修和维护，以保障房屋的住用安全，保持和提高房屋的完好程度与使用功能。这类修缮是通过施工作业来完成的。

2．设备设施修缮

设备设施修缮包括给水排水、供暖、通风空调、照明、通信设施、消防报警、计算机网络、电梯等的维修和保养。这类修缮是通过工业性作业来完成的。

5.4.3 物业修缮统计指标

物业修缮统计可以从物业修缮完好状况统计、物业修缮实物量统计、物业修缮价值量统计和物业修缮质量统计等方面来反映。物业修缮主要涉及房屋修缮，所以，本节主要介绍房屋修缮统计指标。

1．房屋修缮分类

（1）按房屋完损等级分类

根据各类房屋的结构、装修、设备等三个组成部分各个分项的完好和损坏程度，房屋的完损等级分为完好房、基本完好房、一般损坏房、严重损坏房和危险房5个等级。

1）完好房

完好房地基有足够承载能力，无超过允许范围的不均匀沉降；梁、柱、墙、板、屋架平直牢固，无倾斜变形、裂缝、松动、腐朽、蛀蚀；楼地面平整完好；装修部分完好无损；水电设备完好，管道畅通，线路完好，特种设备良好，使用正常。

2）基本完好房

基本完好房地基有承载能力，稍有超过允许范围的不均匀沉降，但已稳定；承重结构完好，装修基本完好；设备、管道现状基本良好，能正常使用；少量结构有轻微损坏，油漆缺乏保养，但经过一般性的维修即可修复。

3）一般损坏房

一般损坏房的房屋结构为一般性损坏，部分结构部件有损坏或变形，屋面局部漏雨，装修局部有破损，油漆老化，设备管道不够通畅，水卫、电照管线、器具和零件有部件老化、损坏或残缺，需要进行大修或局部大修更换部件。

4）严重损坏房

严重损坏房年久失修，结构有明显变形或损坏，个别构件已处于危险状态，屋面严重渗漏，装修严重变形、破损、油漆老化见底，设备陈旧不齐全，管道严重堵塞，水卫、电照的管线、器具有零件残缺及严重损坏，需要进行大修或翻修改建。

5）危险房

危险房的房屋承重构件已属危险构件，结构丧失稳定和承载能力，随时可能倒塌，不能确保住户安全。

（2）按房屋维修工程量分类

按照房屋维修工程量分为小修工程、中修工程、大修工程、翻修工程和综合维修工程。

1）小修工程

小修工程是指需及时修复小损小坏，保持房屋原来完损等级为目的的日常养护工程。

2）中修工程

中修工程是指需牵动或拆换少量主体构件，但保持原房屋的规模和结构的工程。中修后的房屋70%以上必须符合基本完好或完好的要求。

3）大修工程

大修工程是指需牵动或拆换部分主体构件，但不需要全部拆除的工程。大修后的房屋必须符合基本完好或完好标准的要求。

4）翻修工程

翻修工程是指需全部拆除、另行设计、重新建造的工程。翻修后的房屋必须符合完好房屋标准的要求。

5）综合维修工程

综合维修工程是指成片多幢（大楼为单幢）大、中、小修一次性应修尽修的工程。综合维修后的房屋必须符合基本完好或完好标准的要求。

2．房屋修缮统计指标

（1）反映维修工程的实物量指标

实物量指标是以物理或自然计量单位表示的物业服务企业在一定时间内完成的各种维修工程量的数量。实物量统计可以从使用价值角度反映物业服务企业维修工程的数量和维修工程的规模，可以反映物业服务企业的发展现状和管理成果。

1）房屋建筑面积

可按照房屋完损等级分别统计完好房、基本完好房、一般损坏房、严重损坏房和危险房的建筑面积；也可按照维修工程量分别统计小修、中修、大修、翻修和综合维修工程的建筑面积。

2）维修工程量

可以按照分项工程分类汇总实际完成的各种维修工程量，如屋面维修工程100m²，管道维修工程200m，维修卫生洁具50套等。

（2）反映维修工程的价值量指标

实物量指标可以较形象地说明物业服务企业各种维修工程的数量，但不能综合说明物业服务企业维修工程总量，也不能与财务成本核算联系起来，而价值量指标可以用货币形式表示，通过各维修工程的价值量加总来说明物业服务企业维修工程的总量。常用的价值量指标有维修工程产值。

维修工程产值是指物业服务企业在一定时期范围内从事房屋维修完成的工程量的货币表现。包括维修使用的人工费、材料费、机械使用费，以及一定比例的管理费、利润和税金。

例5-14：某物业服务企业预估2017年第三季度维修屋面工程44000元，其中人工费18000元；预估维修墙面工程36000元，其中人工费16000元。2017年7月实际维修屋面支付人工费8000元，维修墙面实际支付人工费10000元。计算2017年7月维修工程产值。

解：维修工程产值＝（44000÷18000）×8000＋（36000÷16000）×10000
　　　　　　　　＝42055.56元

（3）反映房屋状况的统计指标

1）房屋完好率

房屋完好率是指完好房屋和基本完好房屋建筑面积与全部房屋建筑面积之比。它是反映房屋完好程度的相对指标。用公式表示为：

$$房屋完好率＝\frac{完好房屋建筑面积＋基本完好房屋建筑面积}{全部房屋建筑面积}×100\%$$

2）房屋完好增长率

房屋完好增长率是指新增完好和基本完好房屋建筑面积与期初完好和基本完好房屋建筑面积之比。它反映报告期房屋完好程度的变动情况。用公式表示为：

$$完好房屋增长率＝\frac{期末完好和基本完好房屋建筑面积－期初完好和基本完好房屋建筑面积}{期初完好和基本完好房屋建筑面积}$$
$$×100\%$$

房屋完好增长率为正，表示房屋完好状况在变好；反之，房屋完好增长率为负，表示房屋完好状况在变差。

3）危房率

危房率是指危险房屋的建筑面积与房屋建筑总面积之比。它是从另一个侧面反映房屋状况。用公式表示为：

$$危房率=\frac{危险房屋的建筑面积}{房屋建筑总面积}\times100\%$$

例5-15：2017年某物业服务企业在管物业完好状况见表5-5。

		表5-5
	某物业服务企业2017年在管物业状况	
房屋状况	年初建筑面积（万m²）	年末建筑面积（万m²）
完好房	80	90
基本完好房	40	48
一般损坏房	20	12
严重损坏房	16	8
危险房	8	6
合计	164	164

根据上述统计资料，计算2017年末该物业服务企业在管房屋完好率、危房率以及房屋完好增长率。

解：年末在管房屋完好率 $=\frac{90+48}{164}\times100\%=84.15\%$

年末危房率 $=\frac{6}{164}\times100\%=3.66\%$

房屋完好增长率 $=\frac{90+48-80-40}{80+40}\times100\%=15\%$

（4）反映维修工程质量的统计指标

在物业管理评优或达标活动中，衡量维修工程质量常用的指标是大中修工程质量合格品率、大中修工程质量优良品率和小修养护及时率。

1）大、中修工程质量合格品率

大、中修工程质量合格品率是指报告期大、中修工程质量经验收达到合格品标准的单位工程数量（或建筑面积）与报告期验收的单位工程数量（或建筑面积）之比。用公式表示为：

$$大、中修工程质量合格品率=\frac{报告期评为合格品的单位工程数量（或建筑面积）}{报告期验收鉴定的单位工程数量（或建筑面积）}\times100\%$$

大、中修工程质量合格品率要求达到100%。

2）大、中修工程质量优良品率

大、中修工程质量优良品率是指报告期大、中修工程质量经验收达到优良品标准的单位工程数量（或建筑面积）与报告期验收的单位工程数量（或建筑面积）之比。用公式表示为：

$$大、中修工程质量优良品率 = \frac{报告期评为优良品的单位工程数量（或建筑面积）}{报告期验收鉴定的单位工程数量（或建筑面积）} \times 100\%$$

大、中修工程质量优良品率要求达到30% ~ 50%。

3）小修养护及时率

小修养护及时率是指物业服务企业报告期在全部管理区域内实际小修养护户次数与实际检修、报修户次数之比。该项指标一般按月或季度进行统计。用公式表示为：

$$小修养护及时率 = \frac{报告期实际小修养护户次数}{报告期实际检修、报修户次数} \times 100\%$$

小修养护及时率一般要求达到99%以上。该指标反映物业服务企业为业主提供服务的及时程度。

例5-16：某物业服务企业2017年第三季度屋面维修统计资料见表5-6。

某物业服务企业2017年第三季度屋面维修资料 表5-6

屋面维修	验收面积（m²）	合格面积（m²）	优良面积（m²）	报修户次数	养护户次数
大修	1000	1000	400	—	—
中修	3600	3600	1800	—	—
小修	—	—	—	58	57

试评价该物业服务企业2017年第三季度屋面维修工程的质量和服务质量。

解：大、中修工程质量合格率 $= \dfrac{1000 + 3600}{1000 + 3600} \times 100\% = 100\%$

大、中修工程质量优良率 $= \dfrac{400 + 1800}{1000 + 3600} \times 100\% = 47.83\%$

小修养护及时率 $= \dfrac{57}{58} \times 100\% = 98.28\%$

该物业服务企业2017年第三季度在屋面维修工程中，大、中修工程质量合格率达到100%，大、中修工程质量优良率达到47.83%，小修养护及时率达到98.28%，说明屋面维修工程的质量很好，物业服务企业为业主提供服务的及时程度较好。

5.5 物业服务企业经营状况统计

物业服务企业经营状况统计是反映物业服务企业的资产、负债及所有者权益，以及营业收入、成本和利润等经营状况。本节主要介绍资产、负债及所有者权益，以及营业收入、成本和利润等指标的统计，重点介绍流动资产、固定资产、负债及利润指标的统计和分析。

5.5.1 资产统计

资产是指由于过去的交易或事项形成的，由企业拥有或控制的，预期会给企业带来经济利益的资源。包括流动资产、长期投资、固定资产、无形资产和其他资产。

1．流动资产统计

流动资产是指可以在1年或者超过1年的一个营业周期内变现或耗用的资产。包括货币资金、短期投资、应收及预付款项、待摊费用和存货等。流动资产的价值形态为流动资金。

流动资金是指企业用于购买材料、支付工资和其他各项费用等日常周转所占用的资金。流动资金是物业服务企业进行物业维修和物业管理活动必不可少的物质条件。合理使用流动资金是物业服务企业正常运行的前提，反映流动资金利用程度的指标主要有流动资金周转速度。

为了反映流动资金的周转速度，通常用流动资金周转次数和流动资金周转天数来表示。

（1）流动资金周转次数

流动资金周转次数是指流动资金在一定时期内的周转次数。在一定时期内流动资金周转次数越多，说明流动资金利用得越充分。

$$流动资金周转次数 = \frac{报告期企业总产值}{报告期平均流动资金}$$

（2）流动资金周转天数

流动资金周转天数是指流动资金每周转一次需要的天数。在一定时期内流动资金周转天数越少，说明流动资金利用得越充分。

$$流动资金周转天数 = \frac{报告期天数}{流动资金周转次数}$$

统计中，为了简化起见，一般年度按360天，季度按90天，月度按30天计。

例5-17：某物业服务企业2017年第一季度已完维修工程产值为575万元，2016年末维修工程所用流动资金额为100万元，2017年各月维修工程所用流动资金额为：1月末110万元，2月末115万元，3月末140万元。计算该物业服务企业2017年第一季度维修工程流动资金周转次数和周转天数。

解：1月份平均流动资金＝（100＋110）÷2＝105万元

2月份平均流动资金＝（110＋115）÷2＝112.5万元

3月份平均流动资金＝（115＋140）÷2＝127.5万元

第一季度月平均流动资金＝（105＋112.5＋127.5）÷3＝115万元

$$流动资金周转次数 = \frac{报告期维修工程产值}{报告期平均流动资金}$$

$$= \frac{575}{115} = 5 \text{ 次}$$

$$流动资金周转天数 = \frac{报告期天数}{流动资金周转次数}$$

$$= \frac{90}{5} = 18 \text{ 天}$$

2．长期投资统计

长期投资是企业向其他单位投出的、持有时间在1年以上的有价证券以及超过1年的其他投资。包括债券投资和股权投资等。

3．固定资产统计

固定资产是指使用期限在1年以上，单项价值在规定的限额以上，并在使用过程中保持原有物质形态的资产。按用途可分为经营用固定资产和非经营用固定资产。

（1）固定资产统计指标

固定资产按照不同的研究目的，可选用固定资产原值和固定资产净值。

1）固定资产原值

固定资产原值是指固定资产在购置和建造当时处于全新状态的价值。包括购置某项固定资产实际支付的金额以及以后在改建、扩建时所追加的金额。

2）固定资产净值

固定资产净值是指固定资产原值减去固定资产累计折旧后的净剩价值量。也就是固定资产原值扣除因使用磨损而转移到产品中去的那部分价值以后的价值。

固定资产净值＝固定资产原值－累计折旧额

（2）固定资产的变动和折旧统计

物业服务企业固定资产总量也会经常变动，如：原有固定资产在使用过程中会逐步产生磨损、增置新的固定资产、减少或报废旧的固定资产等，因此，需进行固定资产变动及折旧统计。

1）固定资产动态指标

固定资产动态指标主要反映固定资产总量变动的程度。用公式表示为：

$$动态指标 = \frac{报告期末固定资产原值或净值}{基期末固定资产原值或净值} \times 100\%$$

例5-18：某大型物业服务企业2017年末固定资产原值为1300万元，2016年末固定资产原值为1250万元，则该企业2017年固定资产比2016年增长多少？

解：$动态指标 = \dfrac{报告期末固定资产原值或净值}{基期末固定资产原值或净值} \times 100\%$

$$= \frac{1300}{1250} \times 100\% = 104\%$$

说明该大型物业服务企业2017年固定资产比2016年增长了4%，增长量为50万元。

2）固定资产折旧指标

固定资产在使用过程中会逐渐磨损，它的价值的损耗会逐步转移到成本中去。固定资产的这种磨损，在价值中表现为固定资产折旧额。采用直线折旧法的计算公式为：

$$年折旧额＝\frac{固定资产原值－净残值}{使用年限}$$

固定资产年折旧额越大，说明固定资产磨损而转移到产品中去的价值量越大，磨损程度越大。

例5-19：某物业管理集团公司2012年末建成并拥有办公大楼，该办公大楼的价值为8000万元，预计该大楼折旧年限30年，30年后的残值为固定资产原值的5%。计算该办公大楼年折旧额和2017年末的净值。

解： $$年折旧额＝\frac{固定资产原值－净残值}{使用年限}$$

$$＝\frac{8000\times(1-5\%)}{30}＝253.33\ 万元$$

$$2017年末该办公大楼净值＝8000－253.33\times5＝6733.35万元$$

4．无形资产统计

无形资产是指不具有实物形态，但可供企业长期使用并能够给企业带来经济利益的经济资源。如专利权、商标权、著作权、土地使用权、特许权、非专利技术和商誉等。

5．其他资产统计

其他资产是指不能计入以上各类资产的其他资产。如临时设施和长期待摊费用等。

5.5.2 负债统计

负债是企业所承担的能以货币计量、需以资产或劳务偿还的债务。按偿还期限的长短可分为流动负债和长期负债。

1．流动负债统计

流动负债是指偿还期限在1年以内的债务。如短期借款、应付票据、应付账款、应交税金、应付利润等。反映企业偿付流动负债能力的指标有流动比率和速动比率。

（1）流动比率

流动比率是指流动资产与流动负债之比。反映企业短期偿债的能力。用公式表示为：

$$流动比率＝\frac{流动资产}{流动负债}\times100\%$$

流动比率高，一般说明企业短期偿债能力强。通常认为流动比率大于200%，表明企业有足够的能力偿还流动负债。但也不能认为流动比率越大越好，因为过高的流动比率意味着企业持有过多的货币资金、存货和应收账款等，说明企业不善于理财或购销业务的经营管理不善。

（2）速动比率

速动比率是指扣除存货后的流动资产与流动负债之比。同样，反映企业短期偿债的能力。用公式表示为：

$$速动比率＝\frac{流动资产－存货}{流动负债}\times100\%$$

速动比率是用来反映企业流动资产中可以迅速变现用于偿付流动负债的能力。通常认为速动比率需要达到100%以上。同样，速动比率也不能认为越大越好。

2．长期负债统计

长期负债是指企业从金融机构或其他单位借入的，偿还期在1年以上的债务。如长期借款、应付债券、长期应付款等。根据《物业服务企业财务管理规定》，代管基金作为企业长期债务管理。

代管基金是指企业接受业主管理委员会或者物业产权人、使用人委托代管的房屋共用部位维修基金和共用设施设备维修基金。

反映企业长期偿债能力的指标有资产负债率。

资产负债率是指企业负债总额与资产总额之比。用公式表示为：

$$资产负债率 = \frac{负债总额}{资产总额} \times 100\%$$

资产负债率越低，表明企业偿债能力越强。但是资产负债率的高低同时还反映了企业利用负债资金的程度，因此该指标水平应适当，通常认为资产负债率在50%左右较适合。

例5-20：某物业服务企业2017年末资产总额为4523.25万元，其中流动资产总额为512.12万元，存货为250万元；2017年末负债总额为1986.16万元，其中，流动负债总额为230.86万元。计算资产负债率、流动比率和速动比率。

$$解：资产负债率 = \frac{负债总额}{资产总额} \times 100\%$$

$$= \frac{1986.16}{4523.25} \times 100\% = 43.91\%$$

$$流动比率 = \frac{流动资产}{流动负债} \times 100\%$$

$$= \frac{512.12}{230.86} \times 100\% = 221.83\%$$

$$速动比率 = \frac{流动资产 - 存货}{流动负债} \times 100\%$$

$$= \frac{512.12 - 250}{230.86} \times 100\% = 113.54\%$$

5.5.3 所有者权益统计

所有者权益是指企业投资人对企业净资产的所有权。包括实收资本（注册资本）、资本公积金、盈余公积金和未分配利润。

1．实收资本

实收资本是指投资者实际投入企业经营活动中的各种财产物资。

2．资本公积金

资本公积金是指投入资本等活动中产生的资本增值。

3．盈余公积金

盈余公积金是指企业按照规定从净利润中提取的积累资金。包括法定盈余公积金、法定公益金、任意盈余公积金。

4．未分配利润

未分配利润是指留于以后年度分配的利润或待分配利润。

资产、负债和所有者权益三者之间的关系为：

$$资产＝负债＋所有者权益$$

5.5.4 营业收入统计

营业收入是指企业从事物业管理和其他经营活动所取得的各项收入，包括主营业务收入和其他业务收入。

主营业务收入是指企业在从事物业管理活动中，为物业产权人、使用人提供维修、管理和服务所取得的收入。包括物业管理收入、物业经营收入和物业大修收入。

其他业务收入是指企业从事主营业务以外的其他业务活动所取得的收入。包括房屋中介代销手续费收入、材料物资销售收入、废品回收收入、商业用房经营收入及无形资产转让收入等。

1．报告期主营业务收入

报告期主营业务收入＝报告期物业管理收入＋报告期物业经营收入＋报告期物业大修收入

报告期物业管理收入＝报告期公共性服务费收入＋报告期公众代办性服务费收入
　　　　　　　　　　＋报告期特约服务收入

报告期物业经营收入＝报告期房屋出租收入＋报告期经营共用设施收入

物业大修收入是指企业接受业主管理委员会或者物业产权人、使用人的委托，对房屋共用部位、共用设施设备进行大修取得的收入。

2．营业收入同比百分数

营业收入同比百分数是指报告期营业收入与去年同期营业收入的比率。

$$营业收入同比百分数＝\frac{报告期营业收入}{去年同期营业收入}×100\%$$

5.5.5 营业成本统计

营业成本是指企业在从事物业管理活动中发生的各项直接支出和支付的其他有偿使用费。

$$营业成本＝直接人工费＋直接材料费＋间接费用＋其他有偿使用费$$

其中：直接人工费包括企业直接从事物业管理活动等人员的工资、奖金及职工福利费等。

直接材料费包括企业在物业管理活动中直接消耗的各种材料、辅助材料、燃料和动力、构配件、零件、低值易耗品、包装物等。

间接费用包括企业所属物业管理单位管理人员的工资、奖金及职工福利费、固定资产折旧费及修理费、水电费、取暖费、办公费、差旅费、邮电通信费、交通运输费、租赁费、财产保险费、劳动保护费、保安费、绿化维护费、低值易耗品摊销及其他费用等。

其他有偿使用费包括企业经营共用设施设备、管理用房、对管理用房进行装饰装修等支付的费用。

5.5.6　营业利润统计

物业服务企业的盈利能力是指企业赚取利润的能力。通过各项利润分析指标来考核企业的盈利能力。物业服务企业利润统计和分析指标主要有：

1．营业利润

营业利润是指企业从事生产经营活动所产生的利润。

营业利润＝主营业务利润＋其他业务利润

主营业务利润＝主营业务收入－营业税金及附加－营业成本－管理费用－财务费用

其他业务利润＝其他业务收入－其他业务支出－其他业务缴纳的税金及附加

2．营业利润率

营业利润率是指报告期已实现的营业利润与同期营业收入之比。用公式表示为：

$$营业利润率＝\frac{报告期营业利润}{报告期营业收入}×100\%$$

营业利润率反映企业营业收入的获利水平。该指标越大，表明企业经营活动的经济效益越好。

3．资金利润率

资金利润率是指报告期已实现的利润总额与同期全部资金平均余额之比。它是反映物业服务企业资金运用的经济效益，分析资金投入效果的综合性指标。用公式表示为：

$$资金利润率＝\frac{报告期利润总额}{报告期流动资金平均余额＋报告期固定资产净值平均余额}×100\%$$

其中：利润总额＝营业利润＋补贴收入＋投资净收益＋营业外收支净额

例5-21：某物业服务企业2017年共管理A、B、C三个住宅小区和一幢办公用房出租。A住宅小区总建筑面积6万m²，物业管理平均收费1元/m²·月，物业服务人员工资、设备保养等费用支付约0.7元/m²·月。B住宅小区总建筑面积10万m²，物业管理平均收费1.8元/m²·月，物业服务人员工资、设备保养等费用支付约1.2元/m²·月。C住宅小区总建筑面积4万m²，物业管理平均收费2.4元/m²·月，物业服务人员工资、设备保养等费用支付约1.5元/m²·月。办公用房共计5000m²，其出租收入3.5元/m²·天，每天支出的费用约2.5元/m²。该物业服务企业2017年缴纳的营业税金及附加为56.83万元，管理费用20.66万元。计算2017年该物业服务企业营业收入、营业成本、营业利润和营业利润率。

解：营业收入＝(1×60000+1.8×100000+2.4×40000)×12+3.5×5000×360

　　　　　　＝10332000 元

营业成本＝（0.7×60000＋1.2×100000＋1.5×40000）×12＋2.5×5000×360

＝7164000 元

营业利润＝营业收入－营业税金及附加－营业成本－管理费用

＝10332000－568300－7164000－206600

＝2393100 元

$$营业利润率＝\frac{报告期营业利润}{报告期营业收入}×100\%$$

$$＝\frac{2393100}{10332000}×100\%＝23.16\%$$

本章小结

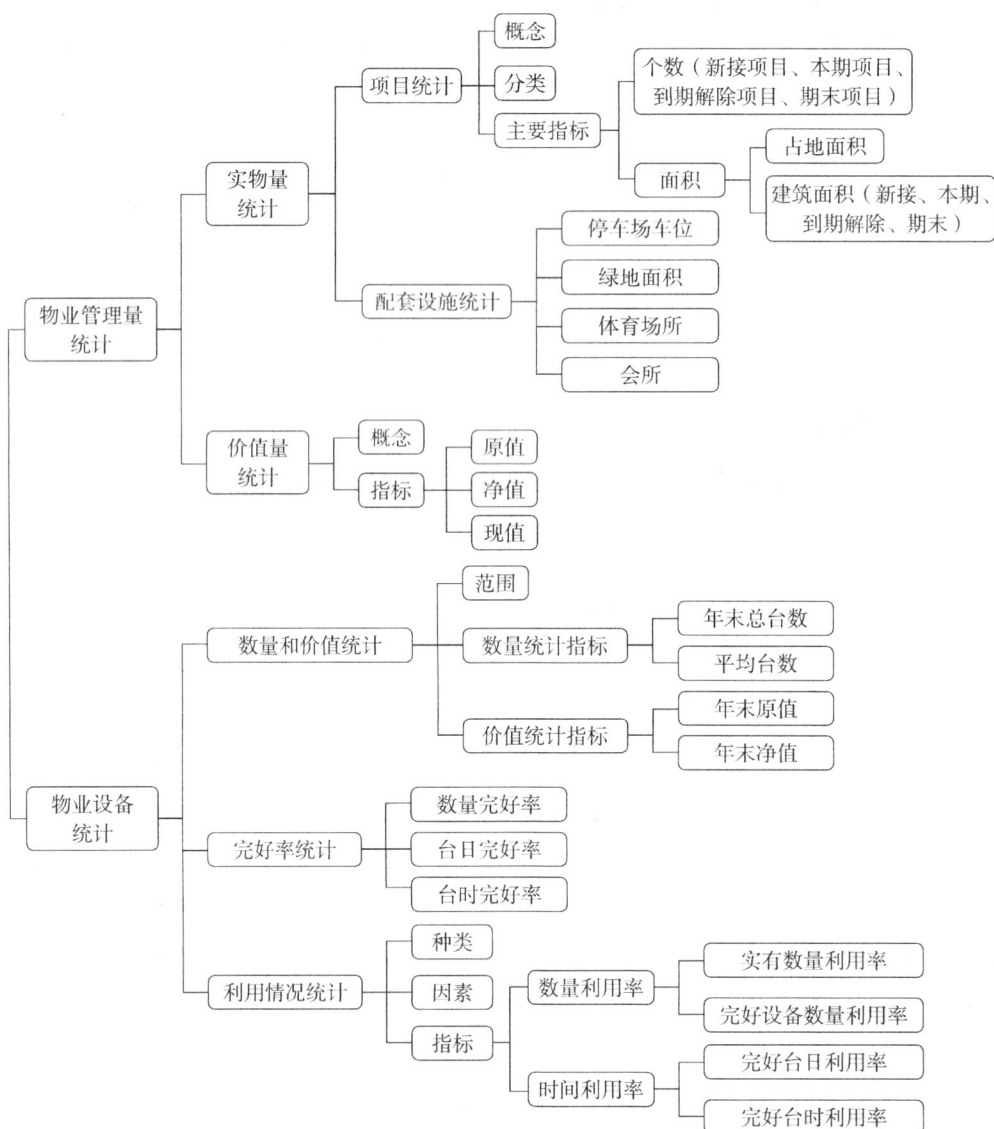

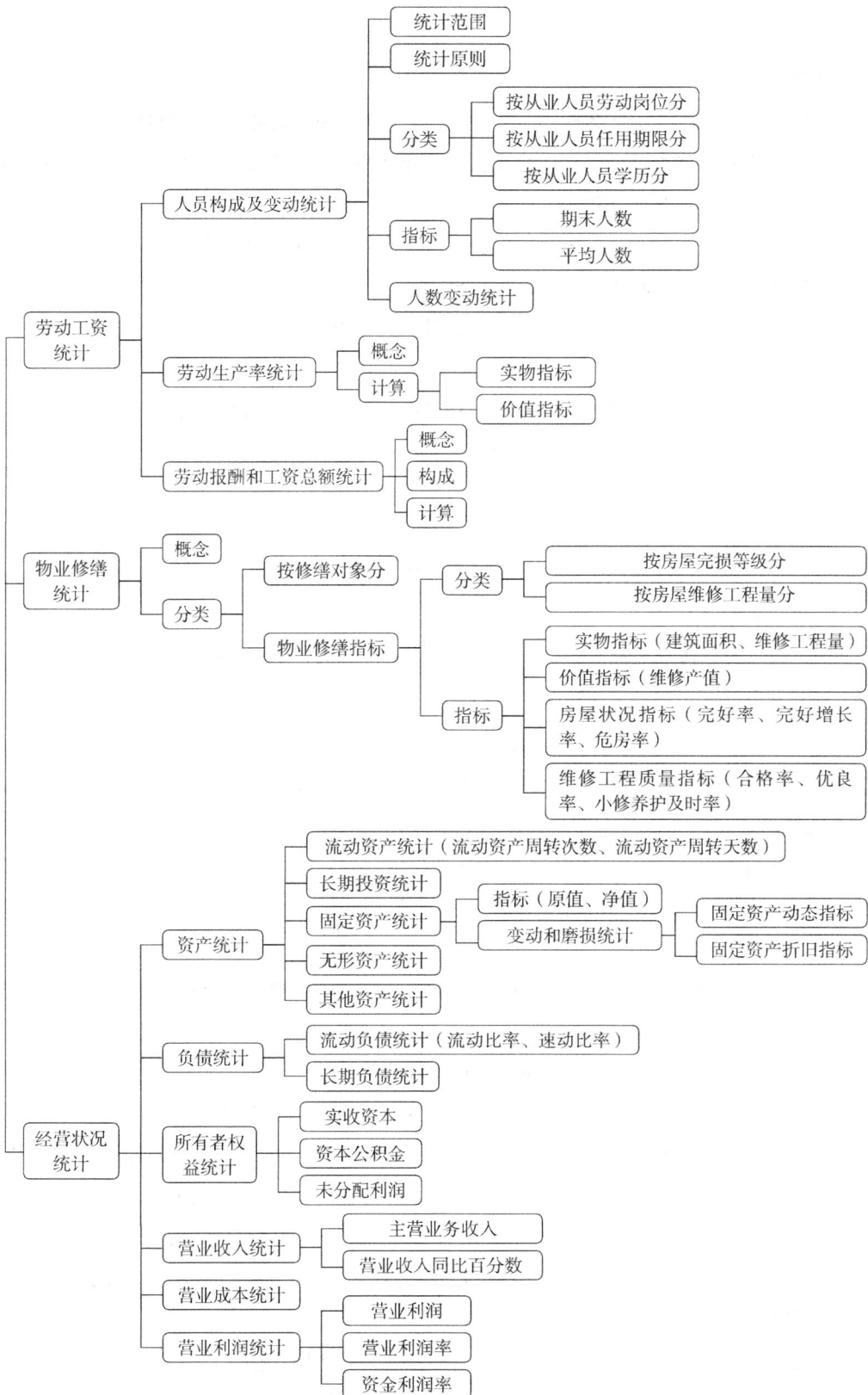

```
                                                              ┌─ 统计范围
                                                              ├─ 统计原则
                                                              │              ┌─ 按从业人员劳动岗位分
                                                              ├─ 分类 ───────┼─ 按从业人员任用期限分
                                      ┌─ 人员构成及变动统计 ──┤              └─ 按从业人员学历分
                                      │                       ├─ 指标 ───────┬─ 期末人数
                                      │                       │              └─ 平均人数
                                      │                       └─ 人数变动统计
                    ┌─ 劳动工资       │                       ┌─ 概念
                    │   统计 ─────────┼─ 劳动生产率统计 ──────┤          ┌─ 实物指标
                    │                 │                       └─ 计算 ───┴─ 价值指标
                    │                 │                       ┌─ 概念
                    │                 └─ 劳动报酬和工资总额统计┼─ 构成
                    │                                         └─ 计算
                    │                 ┌─ 概念
                    │  物业修缮       │          ┌─ 按修缮对象分        ┌─ 分类 ─┬─ 按房屋完损等级分
                    ├─ 统计 ──────────┴─ 分类 ──┤                      │        └─ 按房屋维修工程量分
                    │                            └─ 物业修缮指标 ──────┤        ┌─ 实物指标（建筑面积、维修工程量）
                    │                                                  │        ├─ 价值指标（维修产值）
                    │                                                  └─ 指标 ─┼─ 房屋状况指标（完好率、完好增长率、危房率）
                    │                                                           └─ 维修工程质量指标（合格率、优良率、小修养护及时率）
                    │                 ┌─ 流动资产统计（流动资产周转次数、流动资产周转天数）
                    │                 ├─ 长期投资统计
                    │                 │                 ┌─ 指标（原值、净值）            ┌─ 固定资产动态指标
                    │  ┌─ 资产统计 ───┼─ 固定资产统计 ──┴─ 变动和磨损统计 ─────────────┴─ 固定资产折旧指标
                    │  │              ├─ 无形资产统计
                    │  │              └─ 其他资产统计
                    │  ├─ 负债统计 ───┬─ 流动负债统计（流动比率、速动比率）
                    └─ 经营状况       │              └─ 长期负债统计
                       统计 ──────────┤              ┌─ 实收资本
                                      ├─ 所有者权益统计┼─ 资本公积金
                                      │              └─ 未分配利润
                                      ├─ 营业收入统计 ─┬─ 主营业务收入
                                      │               └─ 营业收入同比百分数
                                      ├─ 营业成本统计
                                      └─ 营业利润统计 ─┬─ 营业利润
                                                       ├─ 营业利润率
                                                       └─ 资金利润率
```

171

习题

一、判断题

1. 物业管理量是指物业服务企业在一定时点上所管理或服务对象的数量。（　　）

2. 新接物业管理项目个数是指物业服务企业在报告期内新签订的物业管理合同从事物业管理的项目个数之和。（　　）

3. 物业现值是指物业服务企业在一定时点上在管物业的现实价值。这种现实价值的测算主要以房地产原值为基础确定的物业价值。（　　）

4. 不论是正式的人员还是试用期间的人员，只要由该物业服务企业支付工资均应统计为职工。（　　）

5. 对于调往其他单位的人员，虽然当月已由原物业服务企业发放工资，但原物业服务企业当月不再统计人数。（　　）

6. 劳动生产率是指劳动者在单位时间内所提供的劳动成果，是劳动消耗量与所创造产品的比值。（　　）

7. 物业服务企业在岗职工工资总额是指各物业服务企业在一定时期内支出的所有人员劳动报酬总额。（　　）

8. 维修工程产值是指物业服务企业在一定时期范围内从事房屋维修的人工费、材料费、机械使用费，以及一定比例的管理、利润和税金。（　　）

9. 流动资产包括货币资金、短期投资、应付及预收款项、待摊费用和存货等。（　　）

10. 营业利润率是指报告期已实现的利润总额与同期全部资金平均余额之比。（　　）

二、单选题

1. 为了综合反映一定时期内物业服务企业所管理的项目总量及其变动情况，物业管理项目的主要统计指标有两大类，一类是物业管理项目个数统计指标，另一类是（　　）。

   a. 物业管理项目产值统计指标　　　　b. 物业管理项目面积统计指标

   c. 物业管理项目数量统计指标　　　　d. 物业管理项目质量统计指标

2. 下列选项属于本期物业管理房屋建筑面积的是（　　）。

   a. 期末物业管理房屋建筑面积＋到期的物业管理房屋建筑面积

   b. 期末物业管理房屋建筑面积＋上期跨入本期的物业管理房屋建筑面积

   c. 本期新接物业管理房屋建筑面积＋上期跨入本期的物业管理房屋建筑面积

   d. 本期新接物业管理房屋建筑面积＋到期的物业管理房屋建筑面积

3. 某物业服务企业管理多层住宅250万 m^2、高层住宅45万 m^2、办公楼10万 m^2，该物业服务企业资质等级达到（　　）。

   a. 一级资质标准　　　　　　　　　　b. 二级资质标准

   c. 三级资质标准　　　　　　　　　　d. 四级资质标准

4. 下列选项属于物业设备统计范围的是（　　　　）。

　　a. 业主拥有的设备　　　　　　　　b. 业主委托的设备

　　c. 物业拥有的设备　　　　　　　　d. 使用人在用的设备

5. 需牵动或拆换少量主体构件，但保持原房屋的规模和结构的工程属于（　　　　）。

　　a. 小修工程　　　　　　　　　　　b. 中修工程

　　c. 大修工程　　　　　　　　　　　d. 翻修工程

6. 下列选项属于固定资产磨损程度的统计指标是（　　　　）。

　　a. 资产负债率　　　　　　　　　　b. 流动比率

　　c. 周转次数　　　　　　　　　　　d. 折旧率

7. 报告期已实现的营业利润与同期营业收入之比是（　　　　）。

　　a. 营业收入同比百分数　　　　　　b. 营业利润率

　　c. 资金利润率　　　　　　　　　　d. 资金利润同比百分数

8. 按照本企业职工职务高低、责任大小、工作繁简和业务技术水平确定的劳动报酬属于（　　　　）。

　　a. 计件工资　　　　　　　　　　　b. 基本工资

　　c. 职务工作　　　　　　　　　　　d. 津贴

三、多选题

1. 下列选项属于反映物业管理项目情况的指标有（　　　　）。

　　a. 物业名称　　　　　　　　　　　b. 物业开发商

　　c. 竣工时间　　　　　　　　　　　d. 接管时间

　　e. 验证时间

2. 物业服务企业承接物业管理项目需要考虑的因素是（　　　　）。

　　a. 物业资质等级　　　　　　　　　b. 物业服务质量

　　c. 物业拥有产值　　　　　　　　　d. 物业管理数量

　　e. 物业经营业绩

3. 下列选项属于物业服务企业从业人员统计范围的是（　　　　）。

　　a. 再就业的离退休人员　　　　　　b. 离开本单位仍保留劳动关系的职工

　　c. 借用的外单位人员　　　　　　　d. 离开本单位的离退休人员

　　e. 在本单位的第二职业者

4. 反映房屋状况的统计指标有（　　　　）。

　　a. 房屋基本完好率　　　　　　　　b. 房屋完好率

　　c. 房屋基本完好增长率　　　　　　d. 房屋完好增长率

　　e. 危房率

5. 下列选项属于反映企业偿付流动负债能力的指标有（　　　　）。

　　a. 资产负债率　　　　　　　　　　b. 流动比率

c．速动比率　　　　　　　　　　d．折旧率

e．周转次数

四、简答题

1．物业管理项目的主要统计指标有哪些？

2．本期物业管理房屋建筑面积包括哪些内容？

3．一级资质的物业服务企业和二级资质的物业服务企业有何不同的要求？

4．物业设备的统计范围有哪些？

5．简述影响物业设备利用程度的因素。

6．物业设备数量利用程度和时间利用程度的统计指标分别有哪些？

7．物业服务企业从业人员统计范围有哪些？

8．简述物业服务企业劳动生产率的含义和具体表示方法。

9．简述反映房屋状况的统计指标和具体表示方法。

10．简述反映维修工程质量的统计指标和具体表示方法。

11．简述反映企业偿付能力的指标和具体表示方法。

12．物业服务企业利润统计和分析指标通常有哪些？其各自的表达方式？

五、计算题

1．2009～2011年某物业集团公司住宅物业管理情况如下：

年份	上年跨入项目个数	本年解除项目个数	本年新接项目个数	本年到期项目个数
2009	35	2	6	3
2010	36	1	2	4
2011	33	0	7	1
合计	—	3	15	8

计算该物业集团公司各年本期物业管理项目个数和期末物业管理项目个数。

2．某物业服务企业2011年在管住宅房屋建筑面积情况如下：（万m^2）

季度	上期跨入本期房屋建筑面积	本期新接房屋建筑面积	本期解除房屋建筑面积	本期到期房屋建筑面积
1	52	7	0	6
2	53	0	3	0
3	50	5	0	4
4	51	12	2	6

计算：（1）2011年各季度在管住宅房屋建筑面积。

（2）2011年末该公司在管住宅房屋建筑面积。

（3）2011年累计在管住宅房屋建筑面积。

3. 某物业服务企业2011年管理物业情况如下：

物业名称	项目类型	房屋建筑面积（万m²）	接管时间	到期时间	备注
A	多层住宅	30	05.05.10	10.05.10	续签5年
B	高层住宅	16	05.09.15	09.09.15	续签4年
C	办公楼	8	06.03.6	11.03.6	未续签
D	别墅	10	10.05.20	14.05.20	—
E	商场	5	11.11.18	16.09.18	—

计算：（1）2011年该物业服务企业物业管理项目个数。

（2）2011年末该物业服务企业物业管理项目个数。

（3）2011年该物业服务企业物业管理房屋建筑面积。

（4）2011年末该物业服务企业物业管理房屋建筑面积。

4. 某物业管理公司2009年末开始管辖某住宅小区，2011年末管理小区水泵设备共8个，每个水泵设备的原值6.5万元；安全防范设备共86套，每套安全防范设备的原值8000元；消防设备共15套，每套消防设备的原值2万元；变电设备共6个，每个变电设备的原值15万元；小区智能化设备2套，每套12万元。所有设备预计使用年限均为8年，预计残值率均为4%。计算该物业管理公司2011年末管理该住宅小区的设备原值和净值为多少？

5. 某物业管理公司2011年12月底在管物业设备中，处于完好状态的电梯65台，处于完好状态的安保设备136台。12月份在所管辖的物业设备中待修台时和检修台时如下：

设备名称	数量	待修台日	检修台日	待修台时	检修台时
电梯	66	2	18	110	290
安保设备	142	20	22	128	286

各种物业设备每天工作24小时。

计算：（1）2011年末电梯设备数量完好率。

（2）2011年末安保设备数量完好率。

（3）2011年12月份每种物业设备台日完好率。

（4）2011年12月份每种物业设备台时完好率。

6. 某物业服务企业2011年管理住宅小区的电梯，平均每天管理96台，年末检查电梯使用状况，其中有6台电梯待修理，4台电梯正在修理，实际使用的电梯数为80台。该住宅小区一年内平均每天每台电梯使用12个小时。在应使用的电梯中，待修56台日，检修44台日，另有120台时待修和80台时检修。电梯实际使用33840台日。

计算：（1）2011年末实有电梯数量利用率。

（2）2011年末完好电梯数量利用率。

（3）2011年完好电梯台日利用率。

（4）2011年完好电梯台时利用率。

7. 某物业集团公司下属两个分公司，8月末一公司人数为358人，二公司为245人。从9月16日起，由一公司调入44人到二公司，分别计算一、二公司9月份平均职工人数。

8. 某物业管理服务企业2011年8月完成屋面维修工程量为2580m²，该月完成屋面维修实际耗用22工日。完成屋面维修工程产值30.96万元，该企业屋面维修人员6人。

  计算：（1）该企业2011年8月份屋面维修人员的实物量劳动生产率。

  （2）该企业2011年8月份屋面维修人员的价值量劳动生产率。

9. 某物业服务企业预估2011年第二季度电梯设备维修产值56000元，其中人工费30000元；预估水泵设备维修产值63000元，其中人工费28000元。2011年4月实际维修电梯设备支付人工费12000元，实际维修水泵设备支付人工费10000元。计算2011年4月设备维修工程产值。

10. 2011年某物业服务企业在管房屋状况如下：

房屋状况	年初建筑面积（万m²）	年末建筑面积（万m²）
完好房	90	102
基本完好房	60	68
一般损坏房	30	22
严重损坏房	26	16
危险房	8	6
合计	214	214

  根据上述统计资料，计算2011年末该物业服务企业在管房屋完好率、危房率以及房屋完好增长率。

11. 某物业服务企业2011年电梯设备维修统计资料如下：

电梯维修	验收数量（台）	合格数量（台）	报修户次数	养护户次数
大修	5	5	—	—
中修	20	20	—	—
小修	—	—	64	64

  通过计算大中修设备质量合格率和小修养护及时率，评价该物业服务企业2011年电梯设备维修的质量和服务质量。

12. 某物业集团公司2011年全年完成维修产值1200万元，全年各月流动资金余额如下：1月初190万元；2月初192万元；3月初196万元；4月初198万元；5月初192万元；

6月初200万元；7月初202万元；8月初200万元；9月初206万元；10月初204万元；11月初208万元；12月初210万元；12月末205万元。计算2011年流动资金周转次数和流动资金周转天数。

13. 某物业服务企业2011年末资产总额为6524万元，其中流动资产总额为762万元，存货为350万元；2011年末负债总额为3986万元。已知流动比率为210%。计算资产负债率和速动比率。

14. 某物业服务企业2011年共管理A、B二个住宅小区和一间库房的出租。A住宅小区总建筑面积10万m²，物业管理平均收费1.5元/m²·月，物业服务人员工资、设备保养等费用支付约1.1元/m²·月。B住宅小区总建筑面积16万m²，物业管理平均收费1.8元/m²·月，物业服务人员工资、设备保养等费用支付约1.2元/m²·月。库房共计1000m²，其出租收入10000元/月，每月支出的费用约4000元。该物业服务企业2007年营业税金及附加为营业收入的5.5%，管理费用为营业收入的2%。计算2011年该物业服务企业营业收入、营业成本、营业利润和营业利润率。

六、大作业

以5~6位学生为小组，深入某物业服务企业，调查某物业服务项目业主对物业服务项目的满意度（或设施设备管理情况等），整理并分析该物业服务项目的管理状况。

6 物业服务企业客户满意度测评

【教学目标】

通过本章学习，认识客户满意管理的重要性；了解客户满意、客户满意度评价等相关概念、作用；熟悉物业服务企业客户满意度测评的流程；了解物业服务企业业主满意度调查策划、资料整理及结果分析方法；可以简单编制物业服务企业业主满意度测评报告。

📖 教学要求

能力目标	知识要点	权重
掌握物业服务企业客户满意度测评流程	客户满意管理，客户满意，客户满意度及其评价方法	30%
知道物业服务企业业主满意度调查策划、资料整理、结果分析	业主满意度测评流程，数据整理，满意率及满意度的计算	30%
撰写物业服务企业业主满意度测评报告	客户需求状况分析满意度测评基本内容	40%

物业服务企业对业主和物业使用人的服务好坏直接关系到物业服务企业的生存与发展，因此，对客户的满意管理是物业服务企业客户管理中的重要内容，这就需要物业服务企业适时对客户满意度进行测评。本章主要介绍物业服务企业的客户满意管理及客户满意度测评实务。

6.1 物业服务企业客户满意管理

客户满意管理是以客户满意为核心的管理和经营方式，是现代市场竞争和信息时代的管理理念、管理战略和管理方式的综合，是现代市场经济体制下组织管理的基本模式。物业服务项目在识别客户需求、提供客户服务的同时，还要做好客户管理工作，客户管理包括物业服务企业与业主的沟通、投诉处理和满意度管理等方面的内容。

6.1.1 客户满意

客户满意是客户对产品和服务的特征或产品和服务本身满足自己需要的程度的一种判断，是客户期望与客户实际服务感受的比较。如果客户的感受满足了他的期望，即"期望确认"，客户就会感到满意。如果感受与期望不符，即"期望不确认"，不确认又分为两种情况，如果实际感受低于期望，即"负面不确认"，客户就会不满、失望；如果实际感受高于期望，即"正面不确认"，客户就会感到"物超所值"，就会很满意，进而发展到客户忠诚。

6.1.2 客户满意度

1. 客户满意度的定义

客户满意度作为客户满意的反应指标，是用来描述客户对所购买的产品或服务的认知（期望值）和感知（或体验，即实际感受值）之间的差异，也称为客户满意度指数，主要用来测量客户对产品或服务的满意程度。

进行客户满意度测评，旨在通过连续性的定量研究，获得消费者对特定服务的满意度、消费缺陷、再次购买率与推荐率等指标的评价，找出内、外部客户的核心问题，发现最快捷、有效的途径，实现最大化价值。尤其对于物业服务行业所提供的这种无形的准公共服务产品，实现一对一的服务几乎不可能，所以通过满意度测评了解业主和物业使用人的需求、物业服务企业存在的问题及与竞争对手的差距，有针对性地改进服务工作，尤为重要。

2. 评价客户满意度的作用

（1）掌握满意度现状：帮助客户把有限的资源集中到客户最看重的方面，从而达到建立和提升顾客忠诚并保留顾客的目的；

（2）分品牌和客户群调研，为分层、分流和差异化服务提供依据，了解并衡量客户需求；

（3）找出服务短板，分析顾客价值，实现有限资源优先配给最有价值的顾客；

（4）研究服务标准、服务流程及服务传递与客户期望之间的差距，找到客户关注点和服务短板，提出相应改善建议。

6.1.3 客户满意度评价的方法

客户满意度评价，其实质是将客户对物业项目的预期服务与实际服务感受进行比较而得到的结果。对客户满意度进行评价可以分为直接或间接的方法。间接评价包括对客户投诉的分析、对客户流失的分析、对销售业绩的分析及神秘客户调查等。而直接评价，就是开展客户满意度测评。

1. 客户满意度测评

对客户满意度进行直接评价即客户满意度测评，也称为顾客满意指数测评，这是依据相应的客户满意度模型来设计测评问卷，并对问卷的结果进行定性和定量分析的一种方法。

2. 客户满意度模型

目前客户满意评价的理论模型很多，常见的有SCSB（Sweden Customer Satisfaction Barometer）模型、ACSI（American Customer Satisfaction Index）模型、斯普林格模型、ANDERSON模型等。以目前体系最完整、应用效果最好的ACSI模型为例，如图6-1所示。

结合物业服务企业实际，从理论模型可知，影响业主满意程度的因素主要有三个：一是业主对服务质量的感知，即业主在日常生活、工作中感受到的服务水平；二是业主对服务的

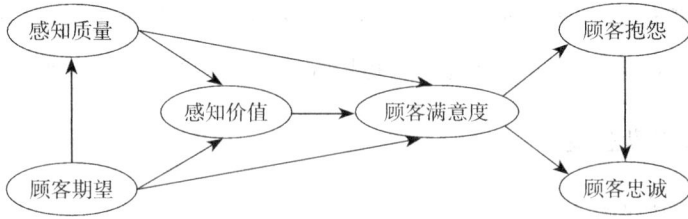

图6-1 ACSI模型

期望，这里需要注意的是，人们对服务的需求是不断变化和增长的，而且不可逆；三是业主对价值的感知，即业主付出的总成本（包括管理费价格、时间、精力、情感等）与其享受到的总收益的比较。

3．客户满意度测评的流程

目前，物业服务企业日益重视开展客户满意度测评，无论是聘请第三方专业机构还是企业自行组织，越来越多的不同业态类型的物业服务企业定期开展业主满意度测评。通常，正规的客户满意度测评的流程应当包含以下内容：

（1）确定测评的实施时间、范围

包括满意度测评的开始时间、结束时间、需要测评的物业区域、需要参加测评的物业项目等。

（2）确定满意度测评的方式方法

常用的方式有：

1）访谈法：由调查人员按约定时间上门与业主进行面谈，并按照既定的问卷内容向业主提问，与业主进行交流。其好处是：可以深入了解客户的想法与意见，获得额外的信息；其弊端是：调查人员可能带有个人成见而影响对问卷结果的客观评价，且调查时间较长、调查成本较高。

2）问卷法：问卷法包括自主答卷和网络答卷两种。

自主答卷由业主自行填写问卷。其好处是：方便调查对象，获得相对真实完整的答案；其弊端是：较难征询额外的信息，有时答卷者不能完全理解所提出的问题而出现答题偏颇。

网络答卷：与问卷法的区别是通过网络进行提交。其好处是：可以减少误差并提高数据的完整性，数据收集迅速；其弊端是：回收率较低。

3）二手资料收集。二手资料大都通过公开发行刊物、网络、调查公司获得，在资料的详细程度和资料的有用程度方面可能存在缺陷，但是它毕竟可以作为我们深度调查前的一种重要的参考。特别是进行问卷设计的时候，二手资料能为我们提供行业的大致轮廓，有助于设计人员对拟调查问题的把握。

（3）确定测评样本

1）规定抽样的比例、最小样本数。根据项目的规模及客户的数量来决定抽样比例。一般抽样比例尽量不低于20%，绝对样本量不低于20个。

2）规定抽样的要求。根据项目的物业业态、客户类型，来确定抽样的要求，尽量保证样本是平均分布的且代表不同类型的业主。

（4）设计、制作测评问卷

1）内容结构：一般问卷会包括测评说明、前言、业主基本信息（地址、姓名、电话）、定量问题、定性问题、结束语等。

2）问题设计：包括封闭式问题、开放式问题。通常以封闭式问题为主，设计开放式的问题，是为了让客户能够更加客观地表达对服务的意见。

3）分配权重：确定不同驱动因素之间的权重关系，即针对物业服务内容设定不同的权重。

4）评价等级：常见的是五级、七级评价法。如五级评价法指五级态度等级：非常满意、满意、基本满意、不满意和很不满意，可以相应地赋值为5、4、3、2、1；而七级评价法指七级态度等级：很满意、满意、较满意、一般满意、不太满意、不满意和很不满意，可以相应地赋值为7、6、5、4、3、2、1。同时，可以将各级评价法换算成百分制。

（5）组建并培训调查人员团队：调查人员应保持充分的独立性，不得与被调查的物业管理处有利害关系。

（6）发放、回收测评问卷

1）严格按照既定的样本清单发放问卷，无特殊情况不得轻易更换既定的样本地址。不得使用物业管理处推荐的样本。

2）调查问卷应由调查人员亲自上门发放及回收（或采用邮寄的方式），不得由物业管理处员工上门去发放和回收问卷。

3）调查过程中，调查人员不得将样本透露给物业管理处，上门访问过程中不应有物业管理处员工陪同。

4）调查问卷不得放置于物业管理处。调查问卷应有业主的签名及联系电话，问卷出现损坏、人为涂改或客户答题数量不足等，均应视为无效。

（7）对测评结果进行统计和汇总。

（8）对测评结果进行分析和改进：

1）对满意驱动因素、不满意驱动因素进行分析；

2）分析不满意原因，制定改进对策；

3）通过开放性问题所获取的客户对服务的意见，可以作为物业项目服务改进的依据和办法。

6.1.4 客户满意管理的注意事项

1. 客户满意是相对的

客户满意是物业服务企业的基本目标，但客户满意是相对的，无论企业如何努力，要实现百分之百的客户满意是不可能的。当然，实践证明具有较高满意度的企业可以有效阻止竞争对手提高市场份额，但提升客户满意度是需要考虑成本的，客户满意度的高低需要综合考虑竞争对手的客户满意度指标、提高客户满意度的投入成本与相应的提高市场份额后的收益增加之间的比较等。

2．不同企业间的客户满意度测评数据不具有可比性

由于不同物业服务企业所采用的客户满意度模型、测评方式、评价方法、评价问卷等有很大的不同，因此，最终的客户满意度结果往往无法进行比较。

另外，客户满意与否，取决于客户的期望与客户实际感受的对比。而客户的期望又受到过往消费经历、自身专业知识、企业服务承诺、企业服务口碑等诸多因素影响，主观性较大，因此，即使同一客户具有同样的服务感受前提下，也可能因为不同企业的品牌、服务口碑等不同而形成不同的期望，使得对其服务评价的满意度结果出现差异。因此，满意度测评指标的横向可比性不强。

3．客户满意度不能等同于服务质量

物业服务是一项综合性服务，它包括了对物的管理和对人的服务，由于普遍缺乏专业知识或无法感知后台工作的真实情境，客户对物业服务企业的满意度评价往往只限于其可以感受到的服务，如前台服务。因此，对物业服务企业服务质量的综合评价，还需要其他方面的数据或事实进行补充。

4．注意区分"满意率"和"满意度"的差别

实际工作中，很多物业服务企业会混淆满意率与满意度的概念。

通常，满意率是指接受调查的人群中，对服务表示"满意"的人所占的比率，其单位是百分比。计算公式为：

满意率＝$\sum$（选择"非常满意"、"满意""基本满意"的抽样户数）/抽样总户数

而满意度则是接受调查人员对服务满足其需求和期望程度的主观感受，是通过对评价分值的加权计算而得到的测评满意程度的一种指数概念，常用具体分值来表示。计算公式为：

满意度＝$\sum$（各分值×各分值对应抽样户数）/抽样总户数

对某两个小区进行满意率和满意度的对比见表6-1。

A、B二小区的满意率及满意度指标对比表　　　　表6-1

项目	非常满意	满意	基本满意	不满意	很不满意	满意率	满意度
分值	5	4	3	2	1	—	—
A小区	20户	40户	25户	9户	6户	85%	3.59
B小区	40户	30户	15户	10户	5户	85%	3.90

注：五级评价法，对满意程度从"很不满意"到"非常满意"，分别赋值1~5分。

从上表可以看出，A、B两小区的满意率都是85%，但是满意度指数却是不一样的。

6.1.5　客户满意与客户忠诚的关系

客户忠诚是指客户在满意的基础上，对企业的产品或服务作出长期购买（或接受）的承

诺。优质的产品和服务也许能够使客户满意，但不一定会赢得客户的忠诚，即客户满意是客户忠诚的必要条件，而非充分条件。很多时候，当竞争对手提供了更好、更便宜的产品或服务时，一些满意的客户也会毫不犹豫地离开而转向竞争者，但忠诚的客户则通常不会离开。当然，这种忠诚一定是基于客户满意的基础之上的。如果产品或服务的满意度太低，即使对企业最忠诚的客户也会离去，令客户不满意的服务是不可能赢得客户忠诚的。

影响客户忠诚的因素很多，如：能否根据客户需要及时提供定制化、人性化的服务；能否给予客户出乎意料的惊喜；是否具有良好的服务承诺、信誉、形象；能否有效维系和加强与客户的关系；服务的项目是否齐全，价格是否合理；媒体、舆论的报告、宣传等，都会影响客户的忠诚。

6.2　物业服务企业客户满意度测评实践

物业服务企业的客户满意度测评指物业服务企业针对业主及物业使用人就物业项目服务质量定期开展的满意度调查、分析调查结果并形成测评报告的全过程。通常，也称为业主满意度测评。

6.2.1　业主满意度调查策划

开展业主满意度测评工作，首先需要进行业主满意度调查策划，以上海市某住宅物业为例进行调查策划，通常包括以下内容：

1. 调查目的：为全面评估某物业项目的物业管理服务水平，客观了解业主及物业使用人对物业管理服务的需求，以及对物业管理服务质量的评价，由物业公司品牌管理部自行组织或委托第三方调查公司定期对业主进行满意度调查，以了解业主的需求及相关诉求，以便能及时解决存在问题、改进工作方式、提高物业管理和服务质量。

2. 调查对象：某物业住宅小区业主及使用人。

调查方式：抽样调查，抽样比例约20%，尽可能涵盖小区内的各种户型及各种类型业主。

3. 调查方法：问卷调查。

4. 调查时间：确定调查的起讫时间安排，如2017年9月18日—9月23日。

5. 调查物业业态类型：分析所调查物业的各种类型，以确保抽查样本全覆盖。如该住宅小区总户数2965户，其中电梯房1856户、无电梯房954户（包括电梯房的一楼未使用电梯的183户）、别墅86户、商铺69户。

6. 问卷设计：题目以封闭式问题为主，如从服务态度及工作效率、清洁卫生、绿化养护、治安管理、车辆交通管理、维修质量速度、消防管理等方面进行封闭式问题的设计；如从与上年纵向服务质量对比等方面进行开放式问题设计。

7. 评价等级：按五级评价法，设定五个等级：非常满意、满意、基本满意、不满意和很不满意，并相应地将分值赋值为5、4、3、2、1。

通常：5分，代表非常满意，对客户需求的满足超过客户的正常期望；

　　　4分，代表满意，对客户需求的满足达到客户的正常期望；

　　　3分，代表基本满意，对客户需求未达到正常期望，但也予以认可；

　　　2分，代表不满意，对客户需求的满足不认可；

　　　1分，代表很不满意，实际满意情况距离客户要求差距很大。

8. 调查问卷的发放、回收，对满意度调查结果进行统计、汇总及撰写业主满意度测评报告。

6.2.2　业主满意度调查资料整理

通常由物业服务企业的品质管理部门负责进行调查问卷的设计、发放、回收，并对业主满意度调查问卷进行统计整理，计算满意率及满意度指标。仍针对上例，以上海市某住宅物业为例，取出其中的130份调查问卷进行部分汇总，形成"某住宅物业项目业主满意度调查部分数据汇总表"，见表6-2。

某住宅物业项目业主满意度调查部分数据汇总表　　　　　　　表6-2

项目	非常满意	满意	基本满意	不满意	很不满意	未表态	合计	满意率	满意度	换算百分制
	5分	4分	3分	2分	1分	—				
	（份）	（份）	（份）	（份）	（份）	（份）				
服务态度、意识及工作效率	56	40	26	3	1	4	130	96.83%	4.17	83.33
清洁卫生	45	40	35	8	2	0	130	92.31%	3.91	78.15
绿化养护	38	44	39	8	1	0	130	93.08%	3.85	76.92
治安及外来人员管理	36	42	39	9	1	3	130	92.13%	3.81	76.22
车辆停放、交通管理	33	44	42	10	1	0	130	91.54%	3.75	75.08
维修质量、响应速度	42	40	33	13	2	0	130	88.46%	3.82	76.46
消防管理	44	46	34	4	0	2	130	96.88%	4.02	80.31
合计	294	296	248	54	8	10	910	93.11%	3.90	78.09

其中的满意率和满意度指标均按公式计算而得，未表态项不计入结果，如各业主对"清洁卫生"项目的满意率 $= \dfrac{45+40+35}{45+40+35+8+2} \times 100\% = 92.31\%$；单项满意度 $= \dfrac{45 \times 5 + 40 \times 4 + 35 \times 3 + 8 \times 2 + 2 \times 1}{45+40+35+8+2} = 3.9077$；换算成百分制 $= \dfrac{3.9077}{5} \times 100 = 78.15$。

其他各项目的满意率及满意度指标均按此方法计算，并进而可以计算总体满意率及满意度指数。

据表6-2中的物业服务项目，计算的总体满意率$=\dfrac{294+296+248}{294+296+248+54+8}\times100\%=93.11\%$；

总体满意度$=\dfrac{294\times5+296\times4+248\times3+54\times2+8\times1}{294+296+248+54+8}=3.9044$，并可据此换算成百分

制为78.09，即该物业项目业主综合满意度达到基本满意的级别。

6.2.3 业主满意度调查结果分析

1. 单项服务满意度情况

可以通过计算的各满意度及总体满意度指标，对物业服务企业的各项服务和总体服务进行评价，并顺序排列，得出业主对物业服务企业各项服务满意程度的高低，如图6-2所示。

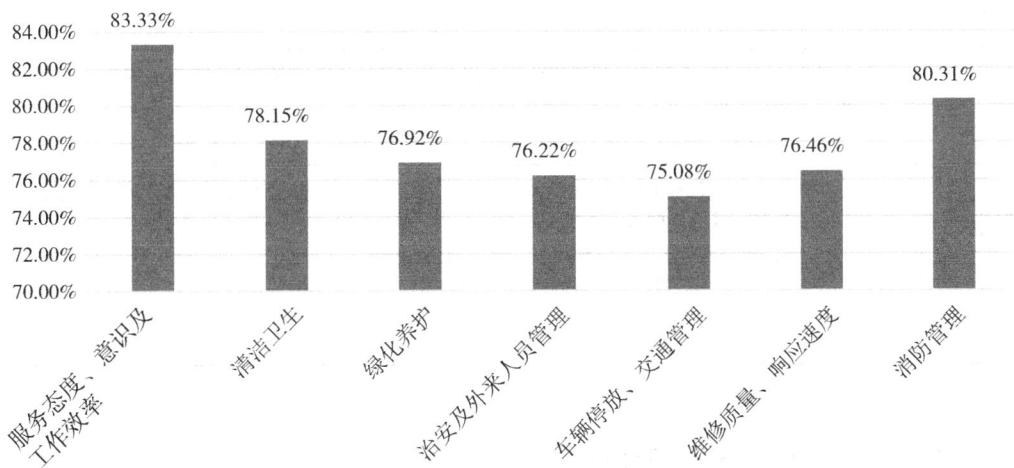

图6-2 单项满意度排列图

2. 制作不满意项排列表

（1）不满意项目排列表，见表6-3。

不满意项目排列表　　　　　　　　　　表6-3

项目	维修质量、响应速度	车辆停放、交通管理	治安及外来人员管理	清洁卫生	绿化养护	消防管理	服务态度、意识及工作效率
不满意项（份）	13	10	9	8	8	4	3
频率（%）	23.64	18.18	16.36	14.55	14.55	7.27	5.45
累计频率（%）	23.64	41.82	58.18	72.73	87.27	94.55	100.00

（2）很不满意项目排列表，见表6-4。

很不满意项目排列表   表6-4

项目	维修质量、响应速度	清洁卫生	车辆停放、交通管理	治安及外来人员管理	绿化管理	服务态度、意识与工作效率
很不满意项（份）	2	2	1	1	1	1
频率（%）	25.00	25.00	12.50	12.50	12.50	12.50
累计频率（%）	25.00	50.00	62.50	75.00	87.50	100.00

3. 填写很不满意项目调查对策表，见表6-5。

很不满意项目调查对策表   表6-5

很不满意项目	对策
维修质量、响应速度	1. 建议物业管理项目机构监督部门对业主家的维修按程序办，保证及时性；如果能预约时间，业主心中有底就不会有怨言。 2. 类似车库门/大门等保修问题由专人跟踪施工方，直至完工等
清洁卫生	1. 针对楼道问题、梯间垃圾，建议物业管理项目机构与清洁队开会，评审目前工作程序，并健全监督机制。 2. 管理人员多出入电梯检查，督促清洁电梯等
车辆停放、交通管理	1. 停车收费贵的问题，应重视解释到位。 2. 对外来车辆管理问题，定期追踪监督等

6.2.4 形成业主满意度测评报告

在对业主调查问卷资料汇总、分析基础上，对客户意见进行总结，填写客户需求状况分析表，进行意见反馈，并形成业主满意度测评报告。

1. 根据业主问卷意见填写客户需求状况分析表，对应列出所采取的措施及建议。

客户需求状况分析表   表6-6

事务工作	对装修应作一个明确、统一规范的规定告知业主；向业主发放联系卡，定期意见调查，多听业主建议；休息场所可座椅子非常少，××小区楼下能否增加几张椅子以方便老人小孩；没有晒被子的地方，希望提供一个固定地点
维修工作	重新将楼梯墙壁维修粉刷；游乐场的灯晚上10点就可以关了，停车场白天可不开灯，但晚上一定要开，有些公共地方开灯过早；楼梯口通往地下车场的转弯处铺上瓷砖
保安	中午休息时间希望不要放音乐；保安应对出入人员加强控制
车辆管理	单车存放始终未解决，停车处无雨篷；对于固定的车辆只用IC卡，如临时车辆则两卡并用；设两个车道，避免车辆出入排长龙

清洁卫生	希望垃圾桶外面不要放垃圾，晚上能否增加一次收垃圾；道路定期清洗
绿化养护	私家小区统一割草
社区文化	提供文化活动的免费场地；组织休闲活动如舞厅、阅报栏

2．形成业主满意度测评报告

根据业主满意度调查问卷分析，形成满意度测评报告，通常包括如下内容：

（1）业主满意度调查概述：业主满意度调查基本情况阐述及满意度指数测评结果介绍；

（2）业主满意度测评情况：综合利用文字、数字及图表形式针对总体情况及各分项服务内容进行具体指标分析；

（3）业主满意度调查问卷中业主反映的问题及建议汇总；

（4）针对集中问题提出解决方案；

（5）满意度测评总结及后续工作要求。

本章小结

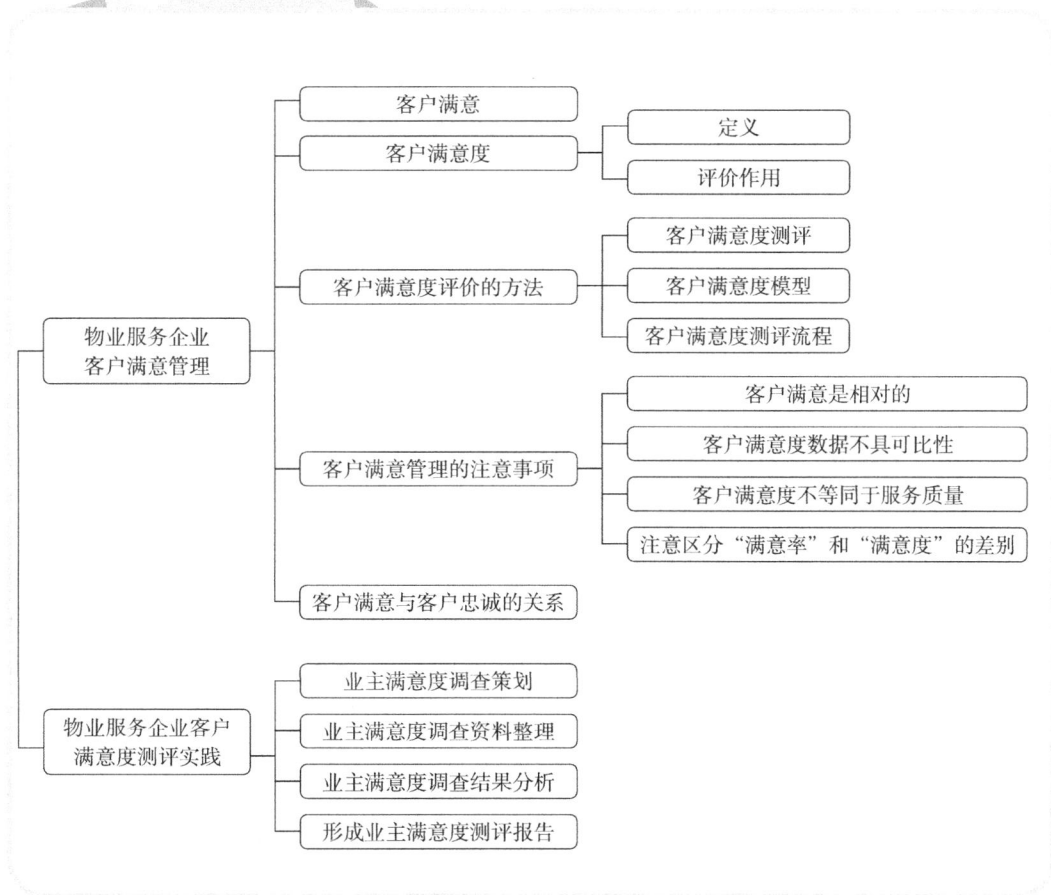

习题

一、简答题

1. 什么是客户满意管理？请评价物业服务企业的客户满意管理。

2. 请简述客户满意度及其作用。

3. 简述客户满意度测评的基本方式。

4. 简述客户满意度测评流程。

5. 请简述"满意率"与"满意度"的区别。

二、大作业

以5～6位学生为小组，深入某物业服务企业，针对某物业服务项目开展物业服务业主满意度测评。

要求：

1. 确定合适的调查方式，调查业主或物业使用人人数不得少于100人；

2. 对调查所得原始数据进行整理，并编制统计表或统计图；

3. 根据调查及反馈意见，填写客户需求状况分析表；

4. 根据统计图、表显示结果，对该次调查进行简要分析，并形成业主满意度测评报告。

第3篇 物业统计分析方法

7　动态数列分析

通过本章学习，了解动态数列的概念和作用，熟悉动态数列的种类和编制规则，掌握各类动态分析指标的计算，能运用动态分析指标进行现象的长期趋势及季节变动分析并进行预测。

教学要求

能力目标	知识要点	权重
了解动态数列的基本内容	动态数列的概念、作用、种类及编制原则	20%
掌握各类指标的概念及计算方法	发展水平，平均发展水平，增减量，平均增减量，年距增减量，增长1%的绝对值，发展速度，增减速度，年距发展速度，年距增减速度，平均发展速度，平均增减速度	30%
掌握长期趋势的概念及测定方法	时距扩大法，移动平均法，最小平方法	30%
掌握季节变动的概念及测定方法	按月（季）平均法，移动平均趋势剔除法	20%

任何现象，随着时间的推移，都会呈现出一种在时间上的发展和运动过程。为随时掌握其变化的趋势和情况，我们有必要研究和分析现象随时间的推移而变动的规律，并据此为预测未来时间的趋势值提供依据，这种分析方法称为动态数列分析法或时间序列分析法。

本章主要介绍动态数列的概念、种类，常用的动态数列分析指标，动态数列影响因素分析及其在统计预测中的应用。

7.1　动态数列概述

7.1.1　动态数列的概念和作用

人们利用统计认识社会的经济现象，不仅要从静态上研究社会经济现象数量方面的特征和相互关系，更重要的是从客观事物的运动中，研究它的变化过程和规律性，以便总结经验，并预见其变化的趋势。

1. 动态数列的概念

动态数列分析法是应用统计方法研究社会经济现象数量方面的变化发展过程，它是统计分析的一种重要方法。所谓动态就是客观事物在时间上的发展变化。要进行动态分析，我们就必须积累和掌握现象在各个时期的统计资料。动态数列就是把社会经济现象在不同时间上发展变化的统计指标数值，按时间先后顺序排列而形成的数列，也称为时间序列。

见表7-1，该表说明随着时间的发展，该物业公司所管理的物业小区规模水平呈不断上升趋势，可见，一个严格意义上的动态数列由两部分构成，即时间和不同时间上的指标数值。

2011～2017年某物业公司在管房屋建筑面积情况表（单位：万m²）　　　表7-1

年份	2011	2012	2013	2014	2015	2016	2017
房屋建筑面积	55	69	76	88	110	128	150

2．动态数列的作用

动态数列分析法是统计学中的重要分析方法，研究动态数列有其重要作用。通过动态数列的编制和分析：第一，可以描述社会经济现象的发展状况和结果；第二，可以研究社会经济现象的发展速度、发展趋势，探索现象发展变化的规律，并据此进行统计预测；第三，可以利用不同的但有相互联系的数列进行对比分析或相关分析。

7.1.2　动态数列的种类

从表现形式来看，动态数列可以分为绝对数动态数列、相对数动态数列和平均数动态数列三种。其中，绝对数动态数列是基本数列，相对数动态数列和平均数动态数列则是由绝对数动态数列派生而形成的数列。

三种数列列表见表7-2。

某物业公司接管开发商移交有关物业资料情况表　　　表7-2

序号	项目	单位	2013年	2014年	2015年	2016年	2017年
1	竣工面积	万m²	29	32	35	41	45
2	竣工率	%	90	87	88	95	100
3	年末居住户	户	2200	2439	2590	2640	2890
4	平均居住面积	m²/户	130	137	139	156	163

1．绝对数动态数列

绝对数动态数列是由一系列同类的总量指标（绝对数）按时间先后顺序排列所形成的数列。它反映社会经济现象在各期达到的绝对水平及其变化发展的状况。按照指标数值所反映的社会经济现象所属的时间状况不同，绝对数动态数列又可分为时期数列和时点数列。

（1）时期数列

时期数列是由一系列时期指标数值所形成的绝对数动态数列，数列中的各项指标数值是反映现象在某一段时期内发展变动的总量或绝对水平，表7-2中所列的竣工面积就是绝对数时期数列。

时期数列的特征主要有：

1）时期数列中各项指标数值是可以直接相加的，相加后的数值表示现象在更长一段时期内发展过程的总量。

2）时期数列中各项指标数值的大小与其所对应的时间长短有直接关系，一般来说，时期越长，指标数值就越大；反之就越小。

3）时期数列中的各个指标数值通常是通过连续不断地登记而取得的。

（2）时点数列

时点数列是由一系列时点指标所形成的绝对数动态数列，数列中的各项指标数值是反映现象在某一时点上所达到的状态或水平，如表7-2中的年末居住户数即是绝对数时点数列。

时点数列的特征主要有：

1）时点数列中的各个指标数值不具有可加性，相加后无实际经济意义。

2）时点数列中的指标数值大小与时点间隔长短没有直接关系。

3）时点数列的指标数值是在某一时点上作一次性登记取得的。

2．相对数动态数列

将一系列同类的相对指标按时间先后顺序排列而形成的数列称为相对数动态数列。它反映现象对比关系的发展变化情况，说明社会经济现象的比例关系、结构、速度的发展变化过程。表7-2中所列的竣工率就是一个相对数动态数列，在相对数动态数列中，各个指标数值是不能相加的。

3．平均数动态数列

把一系列同类的平均指标按时间先后顺序排列而形成的数列称为平均数动态数列，它反映社会经济现象一般水平的发展变化趋势。表7-2中所列的平均居住面积就是一个平均数动态数列。在平均数动态数列中，各个指标数值一般来说也是不能直接相加的，相加没有经济意义；但有时为了计算序时平均数，各个指标数值在计算过程中也视为可加。

为了对社会经济现象发展过程进行全面分析，实际工作中可把上述各种动态数列结合起来运用。

7.1.3　动态数列的编制原则

编制动态数列的重要目的是为了进行动态分析，通过同一指标在不同时间上的数值对比来反映社会经济现象的发展过程及其变化规律，因此，保证数列中各个指标数值之间的可比性，就成为编制动态数列应遵守的基本原则，具体来说，应注意下列四点。

（1）数据所属的时间长短应该一致

在时期数列中，由于各个指标数值的大小与所包含的时间长短有直接的关系，因此，同一时期数列各个指标所属的时间长短应该一致；对于时点数列，由于各个指标数值只反映现象在某一时点上的状态，所以两时点间隔长短对时点指标数值的大小没有直接影响，但为了便于更准确地对比研究现象发展变化的动态或趋势，要求各时点间隔尽可能相等。

（2）数据说明的总体范围应该一致

时间序列中各个指标数值的大小与被研究现象所属总体范围有直接关系。随着时间的推移，研究对象所属空间范围及隶属关系等的变动，会影响到时间序列相关的指标数值，造成时间序列前后不能直接对比。这时就必须将指标口径进行适当的调整，求得总体范围一致，才能观察事物在时间上的发展变化过程。如资产重组中，企业间进行兼并后成为一个新的企业，这样兼并前与兼并后是不同的总体，要编制兼并后企业的某一时间数列，则必须对与之相应的动态数列中的指标予以调整。

（3）数据的经济内容应该一致

动态数列中的指标，如果其内容和涵义不同，则不能混合编制成一个动态数列，例如，内资企业和外商投资经营企业经济内容不是完全相同的，我们不能把内资企业单位数目和外商投资企业单位数目混合起来，编制一个动态数列进行比较分析。在动态数列中各个指标的经济内容应该一致，注意它的同质性，以避免导致错误的结果。

（4）数据的计算口径和计算方法应该一致

动态数列中各项指标的计算口径、计量单位、计价标准和计算方法必须统一，例如，要研究物业服务企业劳动生产率的变动，产量用实物量还是价值量指标，人数用自有员工数还是全部职工人数，前后都要统一。这是动态数列中各项指标具有可比性的一个重要方面。

7.2 动态数列的水平分析指标

动态数列的水平分析指标主要有发展水平、平均发展水平、增减量和平均增减量四种。

7.2.1 发展水平

在动态数列中，各时间上的指标数值称为发展水平。它反映社会经济现象在不同时期所达到的水平，是计算其他动态分析指标的基础。

发展水平一般是总量指标，如房屋建筑面积、年末职工人数等；也可用相对指标来表示，如房屋完好率、竣工率等；或用平均指标来表示，如劳动生产率、职工年均工资等。在动态数列中，按发展水平所处的位置不同，有期初水平、期末水平和中间各项水平之分。在动态数列中，第一个指标数值称为期初水平，最后一个指标数值称为期末水平，其余各项指标数值称为中间各期水平。如果用符号 a_0，a_1，a_2，$\cdots$，a_{n-1}，a_n 代表数列中各期发展水平，则 a_0 就是期初水平，a_n 就是期末水平，处于这两项中间的 a_1，a_2，$\cdots$，a_{n-1} 就是中间各期水平，见表7-3。

某物业服务企业储备基金资料（单位：万元）　　　　　　　　表7-3

年份	2010	2011	2012	…	2016	2017
符号	a_0	a_1	a_2	…	a_{n-1}	a_n
储备基金	220	250	270	…	300	320

动态数列中，当对比两个不同时期的发展水平时，把作为对比基础时期的发展水平称为基期水平，而把作为研究时期的指标水平称为报告期水平或计算期水平，如表7-3中，2017年储备基金与2010年相比，2017年储备基金320万元为报告期水平，而2010年储备基金220万元为基期水平。

基期、报告期和期初水平、期末水平都不是固定不变的，而是随研究目的要求和研究时间的变更做相应的改变。

发展水平在文字说明上，习惯用"增加到"或"增加为"及"下降到"或"下降为"来表示，表7-3可表述为：某物业服务企业储备基金从2010年的220万元增加到2017年的320万元。

7.2.2　平均发展水平——序时平均数

平均发展水平是动态数列中各期发展水平的平均值，又称为序时平均数或动态平均数。它表明被研究现象在一定发展阶段的一般水平，与前面章节中所介绍的一般平均数有共同之处，即：都是将现象的个别数量差异抽象化，概括地反映现象的一般水平。但两者又有明显的区别，主要表现在：

第一，平均发展水平是同一现象在不同时期上发展水平的平均，从动态上说明其在某一段时间内发展的一般水平，它是根据动态数列来计算的；而一般平均数是同质总体内各单位标志值的平均，从静态上说明其在具体历史条件下的一般水平，它是根据变量数列来计算的。

第二，平均发展水平是对同一现象不同时间上的指标数值差异的抽象化，而一般平均数是对同一时间总体某一数量标志值差异的抽象化。此外，平均发展水平还可解决动态数列中某些可比性问题，例如，由于各月的日历天数不同，会影响到物业服务企业营业收入数值的大小，如果计算出各月的每日平均营业收入指标来进行对比，就更具有可比性，更能反映物业服务企业营业收入数值的发展变化情况。

不同性质指标的动态数列，其序时平均数的计算方法是不同的。具体来说，序时平均数可根据绝对数动态数列计算，也可根据相对数动态数列或平均数动态数列来计算，绝对数动态数列序时平均数的计算方法是最基本的方法。

1．绝对数动态数列的序时平均数计算

绝对数动态数列分时期数列和时点数列，由于它们各自具有不同的性质，因而计算序时平均数的方法也有所不同。

（1）时期数列的序时平均数计算

由于时期数列中各项指标数值可直接相加，且相加之和等于全部时期的总量，所以在计算序时平均数时，可以采用简单算术平均法。假设时期数列中各项指标的数值为：a_1，a_2，…，a_{n-1}，a_n，序时平均数为$\bar{a}$，时期项数为n，其计算公式为：

$$\bar{a} = \frac{a_1 + a_2 + \cdots + a_{n-1} + a_n}{n} = \frac{\sum_{i=1}^{n} a_i}{n}$$

例7-1：某物业服务企业2017年第一季度的物业管理费收入情况见表7-4，请计算该物业服务企业第一季度月平均物业管理费收入水平。

某物业服务企业2017年第一季度物业管理费收入情况表　　　　表7-4

月份	1	2	3
物业管理费（万元）	18	19.1	19.8

解：月平均物业管理费：$\bar{a} = \dfrac{\sum_{i=1}^{n} a_i}{n} = \dfrac{18 + 19.1 + 19.8}{3} = 18.97$（万元）

通过计算可知，该物业服务企业2017年第一季度月平均物业管理费收入为18.97万元。

（2）时点数列的序时平均数计算

时点数列中的各项指标数值是由一系列时点上瞬间资料编制而成的，按其资料登记是否连续分为连续时点数列和间断时点数列，其序时平均数的计算方法也不同。

1）由连续时点数列计算序时平均数

假设以每一日为最小时间单位，对各时点上的指标数值逐日登记连续排列所得到的时点数列称为连续时点数列。在连续时点数列中，有连续变动和非连续变动两种情况。

① 对连续变动的连续时点数列求序时平均数。如果连续时点数列每日的指标数值都有变动，称为连续变动的连续时点数列。可用简单算术平均法计算序时平均数，其计算公式为：

$$\bar{a} = \frac{a_1 + a_2 + \cdots + a_{n-1} + a_n}{n} = \frac{\sum_{i=1}^{n} a_i}{n}$$

式中　　　　　　　　$\bar{a}$——序时平均数；

a_1，a_2，…，a_{n-1}，a_n——各期发展水平；

n——时期项数。

例7-2：假设某物业总公司统计的一周内职工的出勤情况见表7-5。

某物业总公司一周内职工出勤情况表　　　　表7-5

日期	星期一	星期二	星期三	星期四	星期五
出勤人数（人）	210	192	204	204	200

请计算日平均出勤人数。

解：日平均出勤人数：$\bar{a} = \dfrac{\sum\limits_{i=1}^{n} a_i}{n} = \dfrac{210+192+204+204+200}{5} = 202$ 人

通过计算可知，该物业总公司一周内日平均出勤人数为202人。

② 对非连续变动的连续时点数列求序时平均数。如果被研究的现象不是逐日变动，而是间隔几天变动一次，这样的数列称为非连续变动的连续时点数列。可用加权算术平均法计算序时平均数，其计算公式为：

$$\bar{a} = \frac{a_1 f_1 + a_2 f_2 + \cdots + a_n f_n}{f_1 + f_2 + \cdots + f_n} = \frac{\sum\limits_{i=1}^{n} a_i f_i}{\sum\limits_{i=1}^{n} f_i}$$

式中　　$a_1, a_2, \cdots, a_n$——各期发展水平；

$\qquad\qquad f_i$——每次变动持续的时间间隔。

例7-3：某物业服务企业2017年12月份待修理设备库存量资料见表7-6，试计算12月份平均待修理设备库存量。

某物业服务企业2017年12月份待修理设备库存情况表　　　　　　表7-6

日期	1日	4日	9日	16日	20日	26日	31日
库存量（件）	5	3	6	8	4	3	2

解：该物业服务企业12月份平均待修理设备库存量为：

$$\bar{a} = \frac{\sum\limits_{i=1}^{n} a_i f_i}{\sum\limits_{i=1}^{n} f_i} = \frac{5\times3+3\times5+6\times7+8\times4+4\times6+3\times5+2\times1}{3+5+7+4+6+5+1} = 4.68 \text{ 件}$$

2）由间断时点数列计算序时平均数

间断时点数列是指时点数列中所掌握的资料不是逐日记录逐日排列，而是由有一定时间间断的期初或期末资料组成。在间断时点数列中有间隔相等和间隔不等两种情况。

① 对间隔相等的间断时点数列求序时平均数。由于社会现象经常不断地变化着，要连续不断登记其变动情况有困难，往往是采用每隔一段时期登记一次，并假定所研究现象在两个相邻时点间的变动是均匀的。这种序时平均数的计算方法，需先计算各个相邻两期发展水平的平均数，然后再将这些平均数用简单算术平均法求序时平均数，或直接将数列中的首末两项折半加上中间各项之和，除以项数减1进行计算。即：

$$\bar{a} = \frac{\dfrac{a_1+a_2}{2} + \dfrac{a_2+a_3}{2} + \cdots + \dfrac{a_{n-1}+a_n}{2}}{n-1}$$

或：$\bar{a} = \dfrac{\dfrac{a_1}{2} + a_2 + \cdots + a_{n-1} + \dfrac{a_n}{2}}{n-1}$

式中　　　　　　　　　$\bar{a}$——序时平均数；

a_i（$i=1$，2，$\cdots$，n）——各项时点指标数值；

n——时点个数。

这种计算方法称为"首末折半法"。

例7-4：某物业总公司2017年第三季度职工人数资料表见表7-7，试计算该公司2017年第三季度月平均职工人数。

某物业总公司2017年第三季度各月末职工人数情况表　　　　表7-7

月份	6	7	8	9
月末职工人数（人）	990	1010	1100	1180

解：7月份平均人数：

$$\bar{a}=\frac{a_1+a_2}{2}=\frac{990+1010}{2}=1000 \text{ 人}$$

同理，可计算出8月、9月的职工平均人数分别为1055人和1140人，则该公司第三季度月平均职工人数为：

$$\bar{a}=\frac{1000+1055+1140}{3}=1065 \text{ 人}$$

或：$\bar{a}=\dfrac{\dfrac{a_1}{2}+a_2+\cdots+a_{n-1}+\dfrac{a_n}{2}}{n-1}=\dfrac{\dfrac{990}{2}+1010+1100+\dfrac{1180}{2}}{4-1}=1065 \text{ 人}$

② 对间隔不等的间断时点数列求序时平均数。在时点数列中，如果相邻时点间隔不等时，则须首尾平均后用相应的时点间隔数加权计算，其计算公式为：

$$\bar{a}=\frac{\dfrac{a_1+a_2}{2}\times f_1+\dfrac{a_2+a_3}{2}\times f_2+\cdots+\dfrac{a_{n-1}+a_n}{2}\times f_{n-1}}{f_1+f_2+\cdots+f_{n-1}}$$

式中　　　　　　　　　$\bar{a}$——序时平均数；

a_i（$i=1$，2，$\cdots$，n）——各项时点指标数值；

f_i——时点的间隔距离。

这种计算方法称为"间隔加权法"。

例7-5：某物业总公司2017年对所管辖物业小区私家车数量进行统计，资料见表7-8。要求计算该物业总公司2017年平均管辖私家车数量。

某物业总公司2017年管辖的私家车数量表　　　　表7-8

时间	1月1日	5月31日	8月31日	12月31日
私家车数量（辆）	1213	1232	1240	1245

根据表7-8中可知，各个时点指标间的间隔是不等的，1月1日至5月31日间隔5个月，5月31日至8月31日间隔3个月，8月31日至12月31日间隔4个月，因此，可以代入公式计算。

解：将表7-8中资料代入公式

$$\bar{a} = \frac{\frac{a_1 + a_2}{2} \times f_1 + \frac{a_2 + a_3}{2} \times f_2 + \cdots + \frac{a_{n-1} + a_n}{2} \times f_{n-1}}{f_1 + f_2 + \cdots + f_{n-1}}$$

$$= \frac{\frac{1213 + 1232}{2} \times 5 + \frac{1232 + 1240}{2} \times 3 + \frac{1240 + 1245}{2} \times 4}{5 + 3 + 4} = 1233 \text{ 辆}$$

通过计算，该物业总公司2017年平均管辖的私家车数量为1233辆。

2. 相对数或平均数动态数列的序时平均数计算

由于相对数和平均数动态数列是派生数列，即其中各项指标都是由两个有联系的总量指标对比计算而得。按照数列的性质，相对数或平均数动态数列的序时平均数计算，要求利用其相应的两个绝对数动态数列分别计算分子数列的序时平均数和分母数列的序时平均数，而后加以对比，即可求得，其计算公式为：

$$\bar{c} = \frac{\bar{a}}{\bar{b}}$$

式中　　$\bar{c}$——相对数或平均数动态数列的序时平均数；

　　　　$\bar{a}$——分子绝对数动态数列的序时平均数；

　　　　$\bar{b}$——分母绝对数动态数列的序时平均数。

具体计算时又分以下几种情况：

（1）由两个时期数列对比而成的相对数或平均数动态数列计算序时平均数

按其所掌握的资料不同，又分三种情况：

1）形成相对数动态数列的分子、分母资料齐备，则用两个简单算术平均数求序时平均数。

其公式为：$\bar{c} = \dfrac{\bar{a}}{\bar{b}} = \dfrac{\sum a_i / n}{\sum b_i / n} = \dfrac{\sum a_i}{\sum b_i}$

例7-6：某物业总公司所属施工队某年第一季度的房屋改造计划完成情况见表7-9，试计算该施工队第一季度平均计划完成程度。

施工队某年第一季度房屋改造计划完成情况表（单位：万m²）　　　　表7-9

项目	1月	2月	3月	合计
实际完成房屋改造面积（a_i）	540	770	864	2174
计划房屋改造面积（b_i）	600	700	720	2020
计划房屋改造面积完成 百分比（%）$\left(c_i = \dfrac{a_i}{b_i} \right)$	90	110	120	—

解：该施工队第一季度平均计划完成程度为：

$$\bar{c} = \frac{\bar{a}}{\bar{b}} = \frac{\sum a_i / n}{\sum b_i / n} = \frac{\sum a_i}{\sum b_i} = \frac{2174}{2020} \times 100\% = 107.62\%$$

2）若只掌握了相对数或平均数动态数列中各自的比值（c_i）和分母资料（b_i），而缺少分子资料（a_i）时，因为$c_i = \frac{a_i}{b_i}$，所以可将$a_i = b_i c_i$代入公式得：$\bar{c} = \frac{\sum a_i}{\sum b_i} = \frac{\sum b_i c_i}{\sum b_i}$。这个公式实际是加权算术平均数公式。

例7-7：根据表7-9，已知计划房屋改造面积和计划房屋改造面积完成程度，试计算第一季度平均计划完成程度。

解：该施工队第一季度平均计划完成程度为：

$$\bar{c} = \frac{\bar{a}}{\bar{b}} = \frac{\sum a_i}{\sum b_i} = \frac{\sum b_i c_i}{\sum b_i} = \frac{600 \times 0.9 + 700 \times 1.1 + 720 \times 1.2}{2020} \times 100\%$$
$$= \frac{2174}{2020} \times 100\% = 107.62\%$$

3）若已知相对数或平均数动态数列中各自的比例（c_i）和分子资料（a_i），而缺少分母资料（b_i）时，因为$c_i = \frac{a_i}{b_i}$，所以$b_i = \frac{a_i}{c_i}$，代入公式得：$\bar{c} = \frac{\sum a_i}{\sum b_i} = \frac{\sum a_i}{\sum \frac{a_i}{c_i}}$。这个公式实际就是加权调和平均数公式。

例7-8：根据表7-9，已知实际完成房屋改造面积和计划房屋改造面积完成程度，试计算第一季度平均计划完成程度。

解：该施工队第一季度平均计划完成程度为：

$$\bar{c} = \frac{\bar{a}}{\bar{b}} = \frac{\sum a_i}{\sum b_i} = \frac{\sum a_i}{\sum \frac{a_i}{c_i}} = \frac{540 + 770 + 864}{\frac{540}{0.9} + \frac{770}{1.1} + \frac{864}{1.2}} \times 100\% = \frac{2174}{2020} \times 100\% = 107.62\%$$

可见，用这三种公式，其计算结果是完全相同的。

（2）由两个时点数列对比而成的相对数或平均数动态数列计算序时平均数

如前所述，时点数列可分为连续时点数列和间断时点数列，其序时平均数的计算方法也各异。

1）由两个连续时点数列对比而成的相对数或平均数动态数列计算序时平均数

① 当两个连续时点数列均连续变动时，采用简单算术平均法计算序时平均数。

计算公式为：$\bar{c} = \frac{\bar{a}}{\bar{b}} = \frac{\sum a_i / n}{\sum b_i / n} = \frac{\sum a_i}{\sum b_i}$

② 当两个连续时点数列均为非连续变动时，则分别应用非连续变动的连续时点数列计算分子及分母的序时平均数，再进行对比求得相对数或平均数动态数列的序时平均数。

计算公式为：$\bar{c} = \dfrac{\bar{a}}{\bar{b}} = \dfrac{\sum a_i f_i}{\sum f_i} \Big/ \dfrac{\sum b_i f_i}{\sum f_i} = \dfrac{\sum a_i f_i}{\sum b_i f_i}$

2）由两个间断时点数列对比而成的相对数或平均数动态数列计算序时平均数

① 若时间间隔相等，其计算公式为：

$$\bar{c} = \frac{\bar{a}}{\bar{b}} = \frac{\dfrac{\frac{a_1}{2} + a_2 + \cdots\cdots + \frac{a_n}{2}}{n-1}}{\dfrac{\frac{b_1}{2} + b_2 + \cdots\cdots + \frac{b_n}{2}}{n-1}} = \frac{\frac{a_1}{2} + a_2 + \cdots\cdots + \frac{a_n}{2}}{\frac{b_1}{2} + b_2 + \cdots\cdots + \frac{b_n}{2}}$$

例7-9：某物业总公司2017年第二季度各月末职工人数情况见表7-10。

某物业总公司2017年第二季度职工人数和一线工人数资料（单位：人）　　　表7-10

月份	3月末	4月末	5月末	6月末
一线工人数（a）	435	452	462	576
全体职工人数（b）	580	580	600	720
一线工人数占职工总人数的比重（%）（c）	75	78	77	80

要求：根据上述资料计算该物业总公司2017年第二季度一线工人数占全体职工人数的平均比重。

解：$\bar{c} = \dfrac{\bar{a}}{\bar{b}} = \dfrac{\frac{435}{2} + 452 + 462 + \frac{576}{2}}{\frac{580}{2} + 580 + 600 + \frac{720}{2}} = \dfrac{1419.5}{1830} = 77.57\%$

② 若时间间隔不等时，则要用各个间隔的长度作为权数，用加权平均法计算分子和分母的序时平均数，然后再对比，其计算公式为：

$$\bar{c} = \frac{\left(\frac{a_1+a_2}{2}f_1 + \frac{a_2+a_3}{2}f_2 + \cdots\cdots + \frac{a_{n-1}+a_n}{2}f_{n-1}\right) \Big/ (f_1 + f_2 + \cdots\cdots + f_{n-1})}{\left(\frac{b_1+b_2}{2}f_1 + \frac{b_2+b_3}{2}f_2 + \cdots\cdots + \frac{b_{n-1}+b_n}{2}f_{n-1}\right) \Big/ (f_1 + f_2 + \cdots\cdots + f_{n-1})}$$

例7-10：某物业集团2017年下半年全部职工人数和一线职工人数资料见表7-11，计算该企业2017年下半年一线职工占全部职工比重的平均值。

某物业集团2017年下半年全部职工人数与一线职工人数情况表（单位：人）　　　表7-11

月份	7月初	9月末	10月末	12月末
一线职工人数（a）	585	608	609	624
全部职工人数（b）	750	800	725	780
一线职工人数占职工人数的比重（%）（c）	78	76	84	80

$$\text{解：}\ \bar{a}=\frac{\dfrac{a_1+a_2}{2}f_1+\dfrac{a_2+a_3}{2}f_2+\cdots+\dfrac{a_{n-1}+a_n}{2}f_{n-1}}{f_1+f_2+\cdots+f_{n-1}}$$

$$=\frac{\dfrac{585+608}{2}\times3+\dfrac{608+609}{2}\times1+\dfrac{609+624}{2}\times2}{3+1+2}=605.17\text{ 人}$$

$$\bar{b}=\frac{\dfrac{b_1+b_2}{2}f_1+\dfrac{b_2+b_3}{2}f_2+\cdots+\dfrac{b_{n-1}+b_n}{2}f_{n-1}}{f_1+f_2+\cdots+f_{n-1}}$$

$$=\frac{\dfrac{750+800}{2}\times3+\dfrac{800+725}{2}\times1+\dfrac{725+780}{2}\times2}{3+1+2}=765.42\text{ 人}$$

则：$\bar{c}=\dfrac{\bar{a}}{\bar{b}}=\dfrac{605.17}{765.42}=79.06\%$

（3）由一个时期数列和一个时点数列对比而形成的相对数或平均数动态数列计算序时平均数时，对应分子和分母上的时期数列或时点数列，根据其不同计算公式分别计算分子和分母的序时平均数，再进行对比即得所求相对数或平均数动态数列的序时平均数。

例7-11：某物业总公司2017年第二季度各月职工人数与工资资料见表7-12。

某物业总公司2017年第二季度职工人数与工资情况表　　　　　　　表7-12

月份	3月	4月	5月	6月
月平均工资c（元）	—	3210	3278	3290
月末职工人数b（人）	1250	1262	1268	1266

要求：根据上述资料，计算该公司2017年第二季度平均工资。

解：因为各月的平均工资平均的基础不同，所以不能按简单平均法将三个月的平均工资直接加总除以月份数来计算月平均工资，而应通过计算第二季度工资总额的平均数与月平均人数对比求得。在本例中没有工资总额的资料，但可由月平均工资乘以各月的平均人数计算求得，即：$a=c\times\bar{b}$，

则：$\bar{c}=\dfrac{\bar{a}}{\bar{b}}=\dfrac{\dfrac{\sum a_i}{N}}{\dfrac{\dfrac{b_1}{2}+b_2+\cdots+b_{n-1}+\dfrac{b_n}{2}}{n-1}}=\dfrac{\dfrac{\sum c_i\times\bar{b}}{N}}{\dfrac{\dfrac{b_1}{2}+b_2+\cdots+b_{n-1}+\dfrac{b_n}{2}}{n-1}}$

$$=\frac{\dfrac{\dfrac{b_1+b_2}{2}\times c_1+\dfrac{b_2+b_3}{2}\times c_2+\dfrac{b_3+b_4}{2}\times c_3}{N}}{\dfrac{\dfrac{b_1}{2}+b_2+b_3+\dfrac{b_4}{2}}{n-1}}$$

$$= \frac{\dfrac{1250+1262}{2}\times 3210 + \dfrac{1262+1268}{2}\times 3278 + \dfrac{1268+1266}{2}\times 3290}{\dfrac{\dfrac{1250}{2}+1262+1268+\dfrac{1266}{2}}{4-1}}$$

$=3259.47$（元）

综上，序时平均数的计算公式汇总见表7-13。

动态数列序时平均数计算公式　　　　　　　表7-13

指标类型			计算公式
绝对数动态数列的序时平均数	时期数列		$\bar{a}=\dfrac{\sum a_i}{n}$
	时点数列	连续时点数列 · 连续变动	$\bar{a}=\dfrac{\sum a_i}{n}$
		连续时点数列 · 非连续变动	$\bar{a}=\dfrac{\sum a_i f_i}{\sum f_i}$
		间断时点数列 · 间隔相等	$\bar{a}=\dfrac{\dfrac{a_1}{2}+a_2+\cdots+a_{n-1}+\dfrac{a_n}{2}}{n-1}$
		间断时点数列 · 间隔不等	$\bar{a}=\dfrac{\dfrac{a_1+a_2}{2}\times f_1+\dfrac{a_2+a_3}{2}\times f_2+\cdots+\dfrac{a_{n-1}+a_n}{2}\times f_{n-1}}{f_1+f_2+\cdots+f_{n-1}}$
相对数或平均数动态数列的序时平均数 $\bar{c}=\dfrac{\bar{a}}{\bar{b}}$	由两个时期数列对比而成的相对数或平均数动态数列计算序时平均数	a、b资料齐全	$\bar{c}=\dfrac{\bar{a}}{\bar{b}}=\dfrac{\sum a/n}{\sum b/n}=\dfrac{\sum a}{\sum b}$
		掌握b、c的资料而缺少a的资料	$\bar{c}=\dfrac{\bar{a}}{\bar{b}}=\dfrac{\sum a}{\sum b}=\dfrac{\sum bc}{\sum b}$
		掌握a、c的资料而缺少b的资料	$\bar{c}=\dfrac{\bar{a}}{\bar{b}}=\dfrac{\sum a}{\sum b}=\dfrac{\sum a}{\sum \dfrac{a}{c}}$
	由两个时点数列对比而成的相对数或平均数动态数列计算序时平均数	两个连续时点数列对比 · a、b连续变动	$\bar{c}=\dfrac{\bar{a}}{\bar{b}}=\dfrac{\sum a}{n}\Big/\dfrac{\sum b}{n}=\dfrac{\sum a}{\sum b}$
		两个连续时点数列对比 · a、b非连续变动	$\bar{c}=\dfrac{\bar{a}}{\bar{b}}=\dfrac{\sum af}{\sum f}\Big/\dfrac{\sum bf}{\sum f}=\dfrac{\sum af}{\sum bf}$
		两个间断时点数列对比 · 时间间隔相等	$\bar{c}=\dfrac{\bar{a}}{\bar{b}}=\dfrac{\dfrac{a_1}{2}+a_2+\cdots+\dfrac{a_n}{2}}{\dfrac{b_1}{2}+b_2+\cdots+\dfrac{b_n}{2}}$
		两个间断时点数列对比 · 时间间隔不等	$\bar{c}=\dfrac{\left(\dfrac{a_1+a_2}{2}f_1+\dfrac{a_2+a_3}{2}f_2+\cdots+\dfrac{a_{n-1}+a_n}{2}f_{n-1}\right)\Big/(f_1+f_2+\cdots+f_{n-1})}{\left(\dfrac{b_1+b_2}{2}f_1+\dfrac{b_2+b_3}{2}f_2+\cdots+\dfrac{b_{n-1}+b_n}{2}f_{n-1}\right)\Big/(f_1+f_2+\cdots+f_{n-1})}$
	一个时期数列和一个时点数列对比		对应上述计算公式分别计算时期数列与时点数列的序时平均数后，进行对比即得

7.2.3 增减量

增减量是报告期水平与基期水平之差，用于说明现象在一定时期内增减的绝对水平，也称增减水平，其计算公式为：增减量＝报告期发展水平−基期发展水平。增减量在文字上说明，习惯用"增加了"或"减少了"来表示。

根据所选择基期的不同，增减量可分为逐期增减量和累计增减量。

逐期增减量是指报告期水平与前一期水平之差，它表明本期比上一期增减的绝对数量，用符号表示为：

$$a_1 - a_0, \ a_2 - a_1, \ \cdots, \ a_n - a_{n-1}$$

累计增减量是指报告期水平与某一固定时期（基期）水平之差，它表明本期比某一固定时期增减的绝对数量，即：在某一段较长时期内总的增减量。以动态数列的最初水平（a_0）作为基期，则累计增减量用符号表示为：

$$a_1 - a_0, \ a_2 - a_0, \ \cdots, \ a_n - a_0$$

逐期增减量与累计增减量之间的关系是：

（1）各期逐期增减量之和等于相应的累计增减量，用符号表示为：

$$(a_1 - a_0) + (a_2 - a_1) + \cdots + (a_n - a_{n-1}) = a_n - a_0$$

（2）相邻的两个累计增减量之差等于相应的逐期增减量，用符号表示为：

$$(a_i - a_0) - (a_{i-1} - a_0) = a_i - a_{i-1}$$

例7-12：逐期增减量与累计增减量的计算，见表7-14。

2011~2017年某物业公司营业收入情况表　　　　表7-14

年份		2011	2012	2013	2014	2015	2016	2017
营业收入（万元）	符号	a_0	a_1	a_2	a_3	a_4	a_5	a_6
	金额	328.59	373.63	463.93	666.30	676.12	688.10	806.79
逐期增减量（$a_i - a_{i-1}$）		—	45.04	90.30	202.37	9.82	11.98	118.69
累计增减量（$a_i - a_0$）		—	45.04	135.34	337.71	347.53	359.51	478.20

从表7-14中资料可以看出上述逐期增减量与累计增减量的关系：

$$(a_1 - a_0) + (a_2 - a_1) + \cdots + (a_6 - a_5) = a_6 - a_0$$
$$45.04 + 90.30 + 202.37 + 9.82 + 11.98 + 118.69 = 478.20 \ 万元$$
$$(a_6 - a_0) - (a_5 - a_0) = a_6 - a_5$$
$$(806.79 - 328.59) - (688.10 - 328.59) = 806.79 - 688.10 = 118.69 \ 万元$$

另外，在实际工作中，为了消除季节变动的影响，还经常使用年距增减量指标，即本期发展水平与去年同期发展水平的增减量，其计算公式为：

年距增减量＝本期发展水平–去年同期发展水平

例7-13：某物业服务企业2016年第一季度维修房屋建筑面积5000m²，2017年该企业第一季度维修房屋建筑面积8000m²，则：

年距增减量＝8000－5000＝3000m²

说明2017年该企业第一季度维修房屋建筑面积比上年同期增加了3000m²。

7.2.4 平均增减量

平均增减量是说明社会经济现象在一定时期内平均每期增加或减少的数量。从广义上来讲，它也是一种序时平均数，即是逐期增减量动态数列的序时平均数，反映现象平均增加或减少的水平，其计算公式为：

$$平均增减量(\overline{\Delta}) = \frac{逐期增减量之和}{逐期增减量个数} = \frac{累计增减量}{动态数列项数 - 1}$$

如果用符号a_0，a_1，a_2，…，a_{n-1}，a_n代表动态数列中（$n+1$）期发展水平，则平均增减量

$$\overline{\Delta} = \frac{(a_1 - a_0) + (a_2 - a_1) + \cdots + (a_n - a_{n-1})}{n} = \frac{a_n - a_0}{n}$$，式中n为逐期增减量个数。

仍以表7-14中资料计算得2011～2017年该物业公司营业收入平均年增减量为：

$$\overline{\Delta} = \frac{a_n - a_0}{n - 1} = \frac{806.79 - 328.59}{7 - 1} = \frac{478.20}{6} = 79.70 \text{ 万元}$$

7.3 动态数列的速度分析指标

动态数列的速度分析是动态相对数和平均数的具体应用。它是从相对数和平均数的角度来分析社会经济现象的发展程度和增长幅度，其分析指标主要包括发展速度、增减速度、平均发展速度和平均增减速度。

7.3.1 发展速度与增减速度

1. 发展速度

发展速度是表明社会经济现象发展程度的相对指标，它根据报告期水平与基期水平对比求得。一般用倍数或百分数表示，反映报告期水平已发展到基期水平的若干倍或百分之几，其计算公式为：

$$发展速度 = \frac{报告期水平}{基期水平} \times 100\% = \frac{a_n}{a_0} \times 100\%$$

由于采用的基期不同，发展速度可分为环比发展速度和定基发展速度。

（1）环比发展速度

环比发展速度是以报告期水平与前一期水平之比所计算的发展速度，用来说明报告期水

平已经发展到了前一期水平的若干倍或百分之几，表明现象逐期的发展程度。如果计算的单位时期为一年，这个指标也可叫做"年速度"，用符号表示为：

环比发展速度 $\left(\dfrac{a_i}{a_{i-1}}\right)$ ： $\dfrac{a_1}{a_0}$ ， $\dfrac{a_2}{a_1}$ ，$\cdots$ ， $\dfrac{a_n}{a_{n-1}}$

（2）定基发展速度

定基发展速度是以报告期水平与某一固定基期水平之比计算的发展速度，用来说明报告期水平已经发展到以前某一固定时期水平的若干倍或百分之几，表明这种现象在较长时期内总的发展速度。因此，有时也叫做"总速度"，用 R 表示。以动态数列的最初水平（ a_0 ）作为基期，定基发展速度用符号表示为：

定基发展速度 $\left(\dfrac{a_i}{a_0}\right)$ ： $\dfrac{a_1}{a_0}$ ， $\dfrac{a_2}{a_0}$ ，$\cdots$ ， $\dfrac{a_n}{a_0}$

例7-14：环比发展速度与定基发展速度的计算，见表7-15。

某物业公司2012～2017年在管办公楼建筑面积情况表　　　　表7-15

年份		2012	2013	2014	2015	2016	2017
建筑面积	符号	a_0	a_1	a_2	a_3	a_4	a_5
	面积（m²）	3560	3716	4002	4347	4666	5205
环比发展速度（%）	$\dfrac{a_i}{a_{i-1}}$	—	104.38	107.70	108.62	107.34	111.55
定基发展速度（%）	$\dfrac{a_i}{a_0}$	100	104.38	112.42	122.11	131.07	146.21

（3）环比发展速度与定基发展速度的关系

1）各环比发展速度的连乘积等于相应的定基发展速度，即：

$$\frac{a_1}{a_0} \times \frac{a_2}{a_1} \times \cdots \times \frac{a_n}{a_{n-1}} = \frac{a_n}{a_0}$$

以表7-15中资料计算验证：

$$104.38\% \times 107.70\% \times 108.62\% \times 107.34\% \times 111.55\% = 146.21\%$$

2）两个相邻时期定基发展速度之比等于相应的环比发展速度，即：

$$\frac{a_i}{a_0} \div \frac{a_{i-1}}{a_0} = \frac{a_i}{a_{i-1}}$$

以表7-15中资料计算验证：

$$146.21\% \div 131.07\% = 111.55\%$$

发展速度除了说明现象的发展程度外，还表明现象的发展方向，当发展速度大于1（或100%）时，说明现象发展呈上升趋势；当发展速度小于1（或100%）时，表明现象的发展呈下降趋势。

2．增减速度

增减速度是表明社会经济现象增长或下降程度的相对指标，是根据增减量与基期发展水平对比求得，亦称增减率。说明报告期水平比基期水平增长或下降了若干倍或百分之几，其计算公式为：

$$增减速度 = \frac{增减量}{基期水平}$$

增减速度和发展速度既有区别又有联系。两者的区别在于概念的不同，即增减速度表示社会经济现象报告期比基期增长或下降的程度，不包含基期水平；而发展速度则表示报告期与基期相比发展到了什么程度，包含基期水平。两者的联系可用公式表示：

$$增减速度 = \frac{增减量}{基期水平} = \frac{报告期水平 - 基期水平}{基期水平} = \frac{报告期水平}{基期水平} - 1 = 发展速度 - 1$$

用符号表示为：$增减速度 = \dfrac{a_i - a_0}{a_0} = \dfrac{a_i}{a_0} - 1$

即：增减速度等于发展速度减1。当发展速度大于1时，增减速度为正值，表示增长；当发展速度小于1时，增减速度为负值，表示下降。

由于采用的基期不同，增减速度也可分为环比增减速度和定基增减速度。

（1）环比增减速度

环比增减速度是逐期增减量与前一期发展水平进行对比所得的动态相对数，表明社会经济现象逐期的增长或下降程度。其计算公式为：

$$环比增减速度 = \frac{逐期增减量}{前一期水平} = \frac{本期水平 - 前期水平}{前一期水平} = 环比发展速度 - 1$$

用符号表示为：$环比增减速度 = \dfrac{a_i - a_{i-1}}{a_{i-1}} = \dfrac{a_i}{a_{i-1}} - 1$

（2）定基增减速度

定基增减速度是累计增减量与某一固定时期水平对比所得的动态相对数，反映社会经济现象在较长时期内总的增长或下降程度，其计算公式为：

$$定基增减速度 = \frac{累计增减量}{某一固定基期水平} = \frac{报告期水平 - 固定基期水平}{某一固定基期水平}$$
$$= 定基发展速度 - 1$$

用符号表示为：$定基增减速度 = \dfrac{a_i - a_0}{a_0} = \dfrac{a_i}{a_0} - 1$

需要注意的是：上述两种增减速度都是发展速度的派生指标，但定基增减速度不等于各环比增减速度的连乘积，两者相互间不能直接进行推算。若要由环比增减速度求定基增减速度，必须将环比增减速度加上基数1还原为环比发展速度，然后再将各环比发展速度连乘得到相应的定基发展速度，最后将其结果减1才是定基增减速度。

例7-15：根据表7-15的资料，计算各项速度指标可得表7-16。

某物业公司2012～2017年在管办公楼建筑面积情况表　　　　　　　　表7-16

年份		2012	2013	2014	2015	2016	2017
建筑面积	符号	a_0	a_1	a_2	a_3	a_4	a_5
	面积（m^2）	3560	3716	4002	4347	4666	5205
发展速度（%）	环比	—	104.38	107.70	108.62	107.34	111.55
	定基	100	104.38	112.42	122.11	131.07	146.21
增减速度（%）	环比	—	4.38	7.70	8.62	7.34	11.55
	定基	—	4.38	12.42	22.11	31.07	46.21

3. 年距发展速度和年距增减速度

在实际工作中，为消除季节变动的影响，表明本期发展水平比上年同期发展水平的相对变动程度，还经常需要计算年距发展速度和年距增减速度。

（1）年距发展速度

年距发展速度是说明本期发展水平与上年同期发展水平对比所得的发展变化程度和方向，其计算公式为：

$$年距发展速度 = \frac{本年本期发展水平}{上年同期发展水平}$$

（2）年距增减速度

年距增减速度是说明年距增减量与上年同期发展水平对比所达到的增长或下降的程度和方向，其计算公式为：

$$年距增减速度 = \frac{年距增减量}{上年同期发展水平} = 年距发展速度 - 1$$

4. 增长1%的绝对值

增长1%的绝对值是指报告期水平在基期水平基础上，增长速度每增长1%时所增加的绝对量，它表明增长速度所包含的实际内容，其计算公式为：

$$增长1\%的绝对值 = \frac{逐期增长量}{环比增长速度} \times 1\% = \frac{逐期增长量}{\dfrac{逐期增长量}{前一期水平}} \times 1\%$$

$$= \frac{前一期水平}{100}$$

用符号表示为：增长1%的绝对值 $= \dfrac{a_i - a_{i-1}}{\dfrac{a_i - a_{i-1}}{a_{i-1}}} \times 1\% = \dfrac{a_{i-1}}{100}$

进行动态分析时，由于相同的增长速度指标，可以从差别很大的绝对数计算而得，用以计算增长速度指标的基期水平越高，增长速度提高1%所包含的增长量就越多，因此，在进行动态分析时，必须把速度指标与水平指标结合起来研究。

例如：根据国家统计局公布的数据对比中美两国的经济总量：

2007年我国GDP总量达到25.7306万亿元人民币，折合3.47万亿美元，增长速度达到13%，增长1%的绝对值是266.81亿美元；而同期美国GDP总量约为13.84万亿美元，是我国的4倍，增长速度却只有2%，虽远低于我国的增长速度，但其增长1%的绝对值达到1320.18亿美元。即：美国GDP增长1%的绝对量相当于我国GDP增长5%的绝对量。而到了2016年，我国GDP总量达74.4127万亿元人民币，折合11.20万亿美元，增长速度达到6.7%，增长1%的绝对值是1106.47亿美元；同期美国GDP总量约为18.62万亿美元，增长速度为2.7%，其增长1%的绝对值达1812.07亿美元，仍高于我国。即：美国GDP增长1%的绝对量相当于我国GDP增长1.64%的绝对量。

通过比较可以看到，我国经济发展速度比较快，正在缩小与发达国家的距离。但从经济规模上看还存在上涨空间，特别是人均水平还不高。在进行统计对比时，要做到客观全面，就必须把相对数与绝对数结合起来分析，比较好的形式就是计算"增长1%的绝对值"。

7.3.2　平均发展速度和平均增减速度

为了观察社会经济现象在一个较长时期内各期的平均发展变化程度和平均增减变化程度，须计算平均发展速度和平均增减速度指标。平均速度指标是动态研究中很重要的分析指标。

1．平均速度指标的概念

平均速度指标有平均发展速度和平均增减速度两种。

（1）平均发展速度

平均发展速度是一段时期内各期环比发展速度的序时平均数，表明某种现象在较长时期内发展变化的平均程度。

（2）平均增减速度

平均增减速度是一段时期内各期环比增减速度的序时平均数，表明现象在较长时期内增长或下降变化的平均程度。

（3）二者的关系

平均增减速度与平均发展速度关系密切。根据增减速度与发展速度之间的运算关系，要计算平均增减速度，首先要计算出平均发展速度指标，然后将其"减1（或100%）"求得。即：

$$平均增减速度＝平均发展速度－1（或100\%）$$

平均发展速度大于1，平均增减速度为正值，表示某种现象在一个较长时期内是环比递增；反之，平均发展速度小于1，平均增减速度为负值，表示某种现象在一个较长时期内是环比递减的。

2．平均速度指标的计算

平均发展速度的计算方法主要有几何平均法和方程法。两种方法数理依据不同，具体计算和应用场合也不同，现分述之。

1）几何平均法

计算平均发展速度时，因为总速度（R）不等于各期环比发展速度的算术总和，而等于各期环比发展速度的连乘积，所以不能应用算术平均法，而要应用几何平均法来计算。在实践中，制订长期计划时，如果用几何平均法计算其平均发展速度，则按此平均发展速度发展，可以保证在最后一年达到规定的a_n水平，所以几何平均法也称为"水平法"，即从最初水平a_0出发，以平均发展速度$\overline{X}$代替各环比发展速度X_1，X_2，$\cdots$，X_n，经过n期发展，正好达到最末水平a_n，用公式表示如下：

$$a_0 \times X_1 \times X_2 \times \cdots \times X_n = a_n$$

$$a_0 \times \overline{X}^n = a_n$$

$$\overline{X}^n = \frac{a_n}{a_0}$$

因此，平均发展速度$\overline{X}$计算公式为：

$$\overline{X} = \sqrt[n]{\frac{a_n}{a_0}} \qquad ①$$

因为$\frac{a_n}{a_0}$为n期的定基发展速度，根据定基发展速度等于相应时期各环比发展速度的连乘积的关系，所以计算平均发展速度也可以用下列公式：

$$\overline{X} = \sqrt[n]{\frac{a_n}{a_0}} = \sqrt[n]{X_1 \times X_2 \times \cdots \times X_n} = \sqrt[n]{\prod_{i=1}^{n} X_i} \qquad ②$$

又因为$\frac{a_n}{a_0}$也是整个时期的总速度，所以平均发展速度还可以根据总速度计算，公式如下：

$$\overline{X} = \sqrt[n]{\frac{a_n}{a_0}} = \sqrt[n]{R} \qquad ③$$

上述①、②、③公式中：

$\overline{X}$——平均发展速度；

X_1，X_2，$\cdots$，X_n——各期环比发展速度；

$\prod$——连乘符号；

n——环比发展速度的项数；

R——总速度。

计算平均发展速度时，根据所掌握的资料可选用以上任何一个公式来进行。如果掌握了最初水平和最末水平，可用$\overline{X} = \sqrt[n]{\frac{a_n}{a_0}}$计算；如果掌握了各期环比发展速度，可用$\overline{X} = \sqrt[n]{\prod_{i=1}^{n} X_i}$计算；如果掌握了总速度，则可直接用$\overline{X} = \sqrt[n]{R}$计算。

例7-16：根据表7-15所示，某物业公司2012～2017年在管办公楼建筑面积情况表资料，计算平均发展速度。

解：第一种方法：根据现象的最初、最末水平计算平均发展速度

$$\overline{X} = \sqrt[n]{\frac{a_n}{a_0}} = \sqrt[5]{\frac{5205}{3560}} = \sqrt[5]{1.4621} \times 100\% = 107.89\%$$

第二种方法：根据各年环比发展速度连乘积计算平均发展速度

$$\overline{X} = \sqrt[n]{X_1 \times X_2 \times \cdots \times X_n} = \sqrt[n]{\prod_{i=1}^{n} X_i} = \sqrt[5]{1.0438 \times 1.0770 \times 1.0862 \times 1.0734 \times 1.1155}$$

$$= \sqrt[5]{1.4621} \times 100\% = 107.89\%$$

第三种方法：用现象的发展总速度计算

$$\overline{X} = \sqrt[n]{R} = \sqrt[5]{1.4621} \times 100\% = 107.89\%$$

平均增减速度＝平均发展速度－1＝107.89%－100%＝7.89%。

可见，三种方法所计算的平均发展速度和平均增减速度结果相等。

水平法实质上只涉及时间序列的期末水平和期初水平，其特点是：从期初水平a_0出发，在平均发展速度$\overline{X}$下，经过n期，达到最末水平a_n。水平法旨在考察现象在最末一期所应达到的发展水平。所以，在实际应用中，如果我们所关心的是现象在最后一期应达到的水平时，例如最末期所应达到的工业生产能力、产值、产量、人口数、国民收入、工资总额、劳动生产率等的增长，采用水平法计算平均发展速度比较合适。

2）方程法

方程法计算平均发展速度着眼于从最初水平a_0出发，各期按一个平均发展速度计算发展水平，则计算的各期发展水平累计总和等于各期实际发展水平的总和。实践中，制订长期计划时，如果用方程法计算平均发展速度，则按此速度发展，可以保证计划内各期发展水平的累计之和达到计划规定的总数，所以方程法也称为累计法。

设$\overline{X}$为平均发展速度，按平均发展速度计算的各期水平的假定值为：

第一期：$a_1 = a_0 \overline{X}$

第二期：$a_2 = a_1 \overline{X} = a_0 \overline{X}^2$

第三期：$a_3 = a_2 \overline{X} = a_0 \overline{X}^3$

   ⋮

第n期：$a_n = a_0 \overline{X}^n$

故：各期假定水平之和为：

$$a_0 \overline{X} + a_0 \overline{X}^2 + \cdots + a_0 \overline{X}^n = a_0 (\overline{X} + \overline{X}^2 + \cdots + \overline{X}^n) \qquad ①$$

因为各期实际水平之和为：

$$a_1 + a_2 + \cdots + a_n = \sum_{i=1}^{n} a_i \qquad ②$$

①、②相等，则可列出如下方程：

$$a_0 (\overline{X} + \overline{X}^2 + \cdots + \overline{X}^n) = \sum_{i=1}^{n} a_i$$

即：$\bar{X} + \bar{X}^2 + \cdots + \bar{X}^n = \dfrac{\sum\limits_{i=1}^{n} a_i}{a_0}$

解此方程所得的正根即为所求平均发展速度。由于解此高次方程比较复杂，在实际工作中有事先编好的"平均增长速度查对表"供查对。

查对步骤如下：

第一步：判断时间序列是递增还是递减发展，即：计算出各期发展水平总和$\left(\sum a\right)$和最初发展水平（a_0）的比值$\left(\sum a/a_0\right)$，令它除以动态数列的时期数n，若$\dfrac{\sum a/a_0}{n} > 100\%$，为递增型；若$\dfrac{\sum a/a_0}{n} < 100\%$，为递减型；若接近1，表示现象无明显增减速度变化，可不必计算发展速度。

第二步：查表。若时间序列为递增型，则在递增速度部分查找$\sum a/a_0$的数值，与此对应的百分比即为所求的平均递增速度；若时间序列为递减，则查表中的递减部分，与之相对应的百分比即为所求的平均递减速度。

第三步：计算。根据平均增减速度（或为平均递增速度或为平均递减速度），可按平均增减速度与平均发展速度的换算公式计算平均发展速度。

例7-17：某地区2016年房地产投资额为15亿元，"十三五"期间2016～2020年计划5年累计总投资为90亿元，那么投资年平均增长率达到多少才能完成预定目标？并计算其年平均发展速度为多少？

解：已知$a_0 = 15$，$n = 5$，$\sum a = 90$

则：$\sum a/a_0 = \dfrac{90}{15} \times 100\% = 6 \times 100\% = 600\%$

$$\frac{\sum a/a_0}{n} = \frac{6}{5} = 120\% > 100\%$$

此时间序列为递增型，查"平均增长速度查对表"中的增长速度部分。根据$n=5$，找到600%这个数字介于599.29%～601.05%之间，其平均增长速度介于6.1%～6.2%之间。设所求平均增长速度为$\bar{x}$，可用插值法确定平均增长速度的位置，即：

$$\frac{600\% - 599.29\%}{601.05\% - 599.29\%} = \frac{\bar{x} - 6.1\%}{6.2\% - 6.1\%}$$

则：$\bar{x} = 6.14\%$

亦可求得平均发展速度＝平均增减速度＋1＝106.14%

计算结果说明，该地区"十三五"期间房地产投资额年平均增长6.14%才能完成目标。

应用累计法计算平均发展速度的特点，是着眼于各期发展水平的累计之和。若在实际中侧重于考察现象各期发展水平的总和，如基本建设投资总额、造林总面积、累计新增固定资产数、累计毕业生人数等，则应采用累计法比较合适。

7.4 动态数列的影响因素分析

7.4.1 动态数列变动的影响因素及分析模型

1．动态数列的影响因素

动态数列反映社会经济现象随时间的推移而发展变化的状况，这种变化是由很多错综复杂的因素共同作用的结果，不同的因素对事物的变化发展所起的作用不同，产生的影响也不同，因此，每个动态数列所表现的变化趋势都各有特点，但在一个典型的动态数列中，通常包括四个方面的影响因素，即：长期趋势、季节变动、循环变动及不规则变动。

（1）长期趋势

通常用 T 表示，指社会经济现象在一个较长时期内受某种根本的、决定性因素的影响，所呈现出的上升或下降的基本趋势。

（2）季节变动

通常用 S 表示，指社会经济现象因季节更替等因素的影响，在一年或更短的时期内所呈现出的周期性波动。

（3）循环变动

也称周期变动，通常用 C 表示，指社会经济现象由于受一些周期性因素的影响，如经济周期，而呈现出的以若干年为周期涨落的交替变动。

（4）不规则变动

即随机变动，通常用 I 表示，指社会经济现象受一些临时的、偶然的因素影响而引起的非规律性变动，如地震、洪水的发生对某些现象的影响是无规律可循的。

以上四种影响因素是以一定的方式综合在一起而形成时间序列的，而动态数列分析就是从时间序列中依次分离出每一个影响因素的变化，并分别进行分析，最后再将各因素重新结合起来，以达到对原动态数列的正确描述，同时作为对未来进行预测的依据。

2．动态数列的分析模型

根据对影响因素的相互关系做出不同假设，可将动态数列的分析模型分为加法和乘法两种。

（1）加法模型

加法模型假设四种影响因素是相互独立的，则动态数列各期发展水平是各影响因素相加之和，它们之间的结构可以表示为加法模型，即：

$$Y=T+S+C+I$$

（2）乘法模型

乘法模型假设四种因素存在某种相互影响的关系，互不独立，则动态数列各期发展水平是各影响因素相乘之积，它们之间的结构可以表述为乘法模型，即：

$$Y=T\times S\times C\times I$$

在统计中，根据所研究对象的性质和掌握资料的情况，选用不同的模型进行分析。

7.4.2 动态数列的长期趋势分析

长期趋势分析就是研究现象在一个较长时期内持续向上或向下发展变动的趋势。在实际工作中，常常把趋势分析与统计预测结合在一起。趋势分析可以反映现象发展变化的规律，而预测可以为管理决策提供依据。

测定长期趋势的方法主要有时距扩大法、移动平均法、最小平方法等。

1. 时距扩大法

时距扩大法又称间隔扩大法，是将动态数列中较短的时距适当扩大，再根据扩大了的时间单位合并时间数列的指标值，从而得出一个扩大了时距的新的动态数列，以此观察原动态数列的变动情况。这种做法的目的在于消除其他因素的影响，显示出长期趋势。

例7-18：某物业总公司2017年各月在管房屋建筑面积资料见表7-17。

某物业总公司2017年各月在管房屋建筑面积情况表　　　　表7-17

月份	1	2	3	4	5	6	7	8	9	10	11	12
建筑面积（万m²）	41	42	52	43	45	51	53	40	51	49	56	54

从上表可看出，数列变化并不均匀，各月之间的在管房屋建筑面积起伏不定，用该数列无法清楚地反映出该公司在管房屋建筑面积变动的趋势。现将各月资料整理成各季资料，得到表7-18。

某物业总公司2017年各季度在管房屋建筑面积情况表　　　　表7-18

季度	1	2	3	4
在管房屋建筑面积（万m²）	135	139	144	159

间隔扩大后的资料，可明显地显示出该物业总公司在管房屋建筑面积呈逐期增长的趋势。

上述间隔扩大法简单易行，被称为总数扩大法，但这种方法只适用于时期数列，而不能用于时点数列；另外，扩大后的各个时期的时距必须一致，否则没有可比性。因此，为克服上述缺点，时距扩大法还可以采用时距扩大平均数（或间隔扩大平均数）来编制新的动态数列。其意义在于：时距扩大平均数可为序时平均数，既适用于时期数列，也适用于时点数列。如采用间隔扩大平均数法，可将表7-17中资料编制成新的动态数列，得到表7-19。

某物业总公司2017年各季度月平均在管房屋建筑面积情况表　　　　表7-19

季度	1	2	3	4
各季度月均在管房屋建筑面积（万m²）	45	46	48	53

由表7-19也可以看出该物业总公司在2017年在管房屋建筑面积呈逐期增长的趋势。

时距扩大法是一种动态数列分析法，虽然计算简便，但有一定的局限性：时距扩大后，新数列的项数比原数列少得多；只能对数列修匀，不能据以预测未来的发展趋势；不能满足消除长期趋势以分析季节变动和循环变动的需要。

2．移动平均法

移动平均法是指根据时间序列资料，逐项递推移动，依次计算包含一定项数的扩大时距平均数，形成一个新的动态数列，据以反映长期趋势并进行外推预测的方法。通常移动平均可以把原序列中某些不规则变动加以修匀，使变动更为平滑，趋势也更为明显。

移动平均所扩大的时距大小称为序时项数。项数的多少直接影响数列修匀的程度，一般来说，项数越多，修匀的作用就越大，而所得出的移动平均数的数目也就越少；反之，项数越少，修匀的作用越小，所得出的移动平均数的数目也就越多。

利用移动平均数进行长期趋势分析时，每一移动平均数位于序时项数的中点位置。当序时项数采用奇数项（如3、5、7、9等）计算移动平均数时，一次移动平均即可取得序时项数中间项的长期趋势值。序时项数采用偶数项（如2、4、6、8等）计算移动平均数时，序时项数的中点位于偶数项的中间位置，不和任一具体时期相对应，为了求得某一具体时期的长期趋势值，还应以序时项数为2计算二次移动平均数，以得到长期趋势值。

例7-19：表7-20为2003～2017年某物业总公司工程部消耗某种建筑材料数量的资料，试分别采用三项和四项移动平均法对其进行修匀，计算出趋势值。

物业总公司工程部某建筑材料消耗量移动平均计算表（单位：吨）　　　　表7-20

年份	消耗量	三项移动	四项移动	
			第一次移动	第二次移动
2003	4942	—	—	—
2004	5041	5072	5400	
2005	5232	5553	5745	5573
2006	6385	5980	6111	5928
2007	6323	6403	6405	6258
2008	6502	6411	6363	6384
2009	6408	6376	6233	6298
2010	6218	6143	6000	6117
2011	5802	5864	5850	5925
2012	5571	5727	5839	5845
2013	5807	5851	5986	5913
2014	6174	6124	6247	6117
2015	6390	6393	6457	6352
2016	6615	6552	—	—
2017	6650	—	—	—

从表7-20中可以看出，采用三项移动平均和四项移动平均后所形成的新的移动平均序列较原数列更能反映其基本趋势。

移动平均法计算相对简便，与时距扩大法相比，能以较多的数据反映长期趋势，同时可进行预测，其局限性在于：在移动平均过程中，会造成数据和信息的丢失；移动平均后，头尾的数据项数会减少。

应用移动平均法应注意的问题是选择适当的移动平均项数。在数列中如果存在自然周期，则应以自然周期作为移动平均的项数，例如，季节资料是一年内四季为一个周期，用4项移动平均为宜，而月度资料则要用12项移动平均为宜，以消除季节变动，揭示现象发展的长期趋势；如果原始数列中无明显周期变动，则用奇数项移动平均较为方便，因其移动平均值都可以对准所平均的中点时期，只需移动一次即可得到趋势值。

3. 最小平方法

最小平方法，又称最小二乘法，即在测定现象的长期趋势时，是通过建立一定的数学模型，对原有的动态数列拟合一条最为理想的趋势线，以显示出现象发展的总趋势。其基本原理是通过趋势方程所求出的长期趋势估计值y_t与时间序列实际值y的离差平方和为最小，即：

$$\sum (y - y_t)^2 = 最小值$$

按此假设条件所求出的趋势方程与原时间序列能达到最佳拟合。最小平方法既可以拟合趋势直线，也可以拟合趋势曲线。

（1）直线趋势

当现象的发展表现为每期按大致相同的增减量增减变化时，其发展趋势属于直线型，可建立相应的直线趋势方程来拟合此数列，并预测未来发展的趋势。直线趋势的一般方程为：

$$y_t = a + bt$$

式中　　y_t——趋势（估计）值；

　　　　t——各发展时期；

　　a、b——未知参数。

显然，只要求出两个未知参数a、b，即可确定出直线趋势方程。

根据最小平方法的原理公式$\sum (y - y_t)^2 = $最小值，可得：

$\sum (y - y_t)^2 = \sum (y - a - bt)^2 = $最小值，根据数学分析中的求极值原理，用偏微分法可得到两个标准方程，其运算过程如下：

设$M = \sum (y - y_t)^2 = \sum (y - a - bt)^2$，由$M$分别对$a$、$b$求一阶偏导数，并令其一阶偏导数等于零，即：

$$\begin{cases} \dfrac{\partial M}{\partial a} = \sum 2(y - a - bt)(-1) = 0 \\ \dfrac{\partial M}{\partial b} = \sum 2(y - a - bt)(-t) = 0 \end{cases}$$

整理后，可得参数a、b的标准求解方程：

$$\begin{cases} \sum y = na + b \sum t \\ \sum ty = a \sum t + b \sum t^2 \end{cases}$$

解得：$\begin{cases} b = \dfrac{n\sum ty - \sum t \sum y}{n\sum t^2 - \left(\sum t\right)^2} \\ a = \dfrac{\sum y - b\sum t}{n} \end{cases}$

上述式中：n代表时间的项数；时间t为1，2，3，……，n。

根据参数，可得到直线趋势方程，并对原时间序列进行预测。

例7-20：某物业公司在管住宅小区2007～2017年营业收入资料见表7-21。

某物业公司在管住宅小区2007～2017年营业收入情况表（单位：万元）　　　表7-21

年份	时间t	营业收入y	逐期增减量Δy	ty	t^2	y_t
2007	0	21	—	0	0	21.42
2008	1	23	2	23	1	22.39
2009	2	25	2	50	4	23.36
2010	3	26	1	78	9	24.33
2011	4	24	−2	96	16	25.30
2012	5	23	−1	115	25	26.27
2013	6	26	3	156	36	27.24
2014	7	28	2	196	49	28.21
2015	8	30	2	240	64	29.18
2016	9	32	2	288	81	30.15
2017	10	31	−1	310	100	31.12
$\sum n = 11$	$\sum t = 55$	$\sum y = 289$	—	$\sum ty = 1552$	$\sum t^2 = 385$	$\sum y_t = 288.97$

用最小平方法进行长期趋势分析，并预测2021年该公司在管住宅小区的营业收入。

解：根据表7-21中时间序列的各项发展水平，计算逐期增减量，并绘制趋势图，由于Δy在−2万元～3万元之间波动，波幅较小，因此，趋势图上也呈现一条向上增长的直线。故应建立直线趋势方程，设为$y_t = a + bt$。

在已知时间序列y和时间t的情况下，可列表计算出$\sum y$、$\sum ty$、$\sum t^2$的数值，代入参数求解公式，可得：

$$b = \frac{n\sum ty - \sum t \sum y}{n\sum t^2 - \left(\sum t\right)^2} = \frac{11 \times 1552 - 55 \times 289}{11 \times 385 - 55^2} = 0.97$$

$$a = \frac{\sum y - b\sum t}{n} = \frac{289 - 0.97 \times 55}{11} = 21.42$$

所以，直线趋势方程为：$y_t = 21.42 + 0.97t$

把代表各年份的t值代入上式，便求得相对应的趋势值y_t。从表中可看到，该公司历年在管住宅小区的营业收入的实际值之和 $\sum y$ 与趋势值之和 $\sum y_t$ 近似相等，说明方程拟合较好。

如果将这条趋势线向外延伸，即利用所求得的直线趋势方程，可以直接预测2021年的营业收入额。代入 $t=14$，则预测2021年该公司营业收入为：$y_t = 21.42 + 0.97 \times 14 = 35$（万元）

可以看出：上述方法所求出的趋势方程比较繁琐，为计算简便，可以采用坐标移位方法将原点0移到时间序列的中间项，使 $\sum t = 0$。当项数 n 为奇数时，可取时间序列的中间时期为原点0，时间 t 各项依次设为：…，-3，-2，-1，0，1，2，3，…；当项数 n 为偶数时，则取两个中间项的中点为原点，中间的两项时间分别用-1，1表示，时间 t 各项依次设成：…，-5，-3，-1，1，3，5，…。

因此，参数 a、b 的求解方程可简化为：

$$\begin{cases} \sum y = na \\ \sum ty = b \sum t^2 \end{cases}$$

则：

$$\begin{cases} a = \dfrac{\sum y}{n} \\ b = \dfrac{\sum ty}{\sum t^2} \end{cases}$$

可得到直线趋势方程，并对原时间序列进行预测。

仍以表7-21的2007～2017年某物业公司在管住宅小区营业收入为原时间序列，因其为奇数项动态数列，可以将中间项（即2012年）定为原点，采用修正的最小平方法计算趋势方程，列表见表7-22。

某物业公司在管住宅小区2007～2017年营业收入情况表（单位：万元）　　表7-22

年份	时间t	营业收入y	逐期增减量Δy	ty	t^2	y_t
2007	-5	21	—	-105	25	21.42
2008	-4	23	2	-92	16	22.39
2009	-3	25	2	-75	9	23.36
2010	-2	26	1	-52	4	24.33
2011	-1	24	-2	-24	1	25.30
2012	0	23	-1	0	0	26.27
2013	1	26	3	26	1	27.24
2014	2	28	2	56	4	28.21
2015	3	30	2	90	9	29.18
2016	4	32	2	128	16	30.15
2017	5	31	-1	155	25	31.12
$\sum n = 11$	$\sum t = 0$	$\sum y = 289$	—	$\sum ty = 107$	$\sum t^2 = 110$	$\sum y_t = 288.97$

仍参照上例中的解题过程，首先判断其直线趋势，然后列表计算出$\sum y$、$\sum ty$、$\sum t^2$的数值，代入参数求解公式，可得：

$$a = \frac{\sum y}{n} = \frac{289}{11} = 26.27$$

$$b = \frac{\sum ty}{\sum t^2} = \frac{107}{110} = 0.97$$

由此得到直线趋势方程：$y_t = 26.27 + 0.97t$。

利用所求得的直线趋势方程，预测2021年的营业收入。此时，代入$t = 9$，则预测2021年该公司在管住宅小区营业收入为：$y_t = 26.27 + 0.97 \times 9 = 35$万元。

与上例计算结果相同。

（2）曲线趋势

社会现象发展变化的趋势并不总是直线型的，有时呈不同形式的曲线变化，则需要拟合适当的曲线方程来测定其长期趋势，常用的曲线趋势方程有二次曲线趋势（即抛物线型）和指数型。

1）二次曲线趋势

若社会现象发展水平的各期增减量的增减量，即二级增减量大致相同时，则其发展趋势为抛物线型，此时，可拟合二次曲线。其二次曲线趋势一般方程为：$y_t = a + bt + ct^2$，式中三个未知参数a、b、c仍可根据最小平方方法求得。

设$M = \sum (y - y_t)^2 = \sum (y - a - bt - ct^2)^2$，由$M$分别对$a$、$b$、$c$求一阶偏导数，并令一阶偏导数等于零。即：

$$\begin{cases} \dfrac{\partial M}{\partial a} = \sum 2(y - a - bt - ct^2)(-1) = 0 \\ \dfrac{\partial M}{\partial b} = \sum 2(y - a - bt - ct^2)(-t) = 0 \\ \dfrac{\partial M}{\partial c} = \sum 2(y - a - bt - ct^2)(-t^2) = 0 \end{cases}$$

整理后，其标准方程为：

$$\begin{cases} \sum y = na + b\sum t + c\sum t^2 \\ \sum ty = a\sum t + b\sum t^2 + c\sum t^3 \\ \sum t^2 y = a\sum t^2 + b\sum t^3 + c\sum t^4 \end{cases}$$

参照前面的方法，以时间序列中间时期为原点，即有：$\sum t = 0$，$\sum t^3 = 0$，则上式可简化为：

$$\begin{cases} \sum y = na + c\sum t^2 \\ \sum ty = b\sum t^2 \\ \sum t^2 y = a\sum t^2 + c\sum t^4 \end{cases}$$

解得：

$$
\begin{cases}
b = \dfrac{\sum ty}{\sum t^2} \\[2mm]
c = \dfrac{n\sum t^2 y - \sum t^2 \sum y}{n\sum t^4 - \left(\sum t^2\right)^2} \\[2mm]
a = \dfrac{\sum y - c\sum t^2}{n}
\end{cases}
$$

将求出的参数a、b、c代入二次曲线趋势方程$y_t = a + bt + ct^2$，可得各年趋势值，进而可对原时间序列进行预测。

例7-21：某物业公司在管办公楼2011～2017年营业收入情况见表7-23。

某物业公司在管办公楼2011～2017年营业收入情况表（单位：万元）　　　表7-23

年份	时间t	营业收入y	逐期增减量Δy	二级增减量	ty	t^2	$t^2 y$	t^4	y_t
2011	-3	800	—	—	-2400	9	7200	81	799.5
2012	-2	820	20	—	-1640	4	3280	16	820.5
2013	-1	880	60	40	-880	1	880	1	881
2014	0	982	102	42	0	0	0	0	981
2015	1	1121	139	37	1121	1	1121	1	1120.5
2016	2	1299	178	39	2598	4	5196	16	1299.5
2017	3	1518	219	41	4554	9	13662	81	1518
$\sum n = 7$	$\sum t = 0$	$\sum y = 7420$	—	—	$\sum ty = 3353$	$\sum t^2 = 28$	$\sum t^2 y = 31339$	$\sum t^4 = 196$	$\sum y_t = 7420$

用最小平方法进行长期趋势分析，并预测2019年该物业公司在管办公楼的营业收入。

解：根据表7-23中时间序列的各项发展水平，计算逐期增减量及二级增减量，可看出二级增减量在37万元～42万元之间波动，波幅较小，故应建立抛物线趋势方程，即：$y_t = a + bt + ct^2$。

在已知时间序列y和时间t的情况下，可列表计算出$\sum y$、$\sum ty$、$\sum t^2$、$\sum t^2 y$、$\sum t^4$的数值，代入参数求解公式，可得：

$$b = \frac{\sum ty}{\sum t^2} = \frac{3353}{28} = 119.75$$

$$c = \frac{n\sum t^2 y - \sum t^2 \sum y}{n\sum t^4 - \left(\sum t^2\right)^2} = \frac{7 \times 31339 - 28 \times 7420}{7 \times 196 - 28^2} = 19.75$$

$$a = \frac{\sum y - c\sum t^2}{n} = \frac{7420 - 19.75 \times 28}{7} = 981$$

所以，二次曲线趋势方程为：$y_t = 981 + 119.75t + 19.75t^2$

把代表各年份的t值代入上式，便求得相对应的趋势值y_t。从表中可看到，各年营业收入的实际值之和$\sum y$与趋势值之和$\sum y_t$近似相等。

利用所求得的二次曲线趋势方程，也可以进行预测。如预测2019年的营业收入，可代入$t=5$，则预测2019年该公司在管办公楼的营业收入为：

$$y_t = 981 + 119.75 \times 5 + 19.75 \times 5^2 = 2073.5 \text{万元}$$

2）指数曲线趋势

若社会现象的发展按每期大致相等的增减速度增减变化，即各期的环比增减速度大致相同时，则其发展趋势为指数曲线趋势，此时，可拟合指数曲线方程。其曲线趋势一般方程为：$y_t = ab^t$，a、b为两个未知参数。该公式表明：t年的变量y等于基期水平乘以一般发展速度的t次方。

进行指数曲线趋势线的拟合，一般先将指数曲线方程通过取对数转化为直线型方程，然后运用最小平方法确定参数，再对直线方程求得的结果查反对数表还原即可。具体操作如下：

先对指数曲线趋势方程两边取对数，得：$\log y_t = \log a + t \log b$

设$Y_t = \log y_t$，$A = \log a$，$B = \log b$

则指数曲线趋势方程可转换为：$Y_t = A + Bt$

应用最小平方法求得的联立方程组为：

$$\begin{cases} \sum Y = nA + B \sum t \\ \sum tY = A \sum t + B \sum t^2 \end{cases}$$

式中　　$\sum Y = \log y$

同样令$\sum t = 0$，则此联立方程组可简化为：

$$\begin{cases} \sum Y = nA \\ \sum tY = B \sum t^2 \end{cases}$$

则：

$$\begin{cases} A = \dfrac{\sum Y}{n} \\ B = \dfrac{\sum tY}{\sum t^2} \end{cases}$$

$\because A = \log a$，$B = \log b$

$\therefore a = \text{arclog} A$，$b = \text{arclog} B$

通过查反对数表可得参数a、b的数值。

从而可确定指数曲线趋势方程$y_t = ab^t$，并据此进行长期预测。

例7-22：某地区历年来物业服务行业经营总收入资料见表7-24。要求：对给出资料拟合相应的方程，并预测2018年该地区物业服务行业经营总收入。

某地区历年来物业服务行业经营总收入情况表（单位：千万元）　　　表7-24

年份	时间t	经营总收入y	环比增减速度（%）	$Y=\log y$	$t\log y$	t^2	$\log y_t$	y_t
2012	-5	5.3	—	0.7243	-3.6215	25	0.7269	5.3315
2013	-3	7.2	36	0.8573	-2.5719	9	0.8543	7.1500
2014	-1	9.6	33	0.9823	-0.9823	1	0.9818	9.5889
2015	1	12.9	34	1.1106	1.1106	1	1.1092	12.8197
2016	3	17.1	33	1.2330	3.6990	9	1.2367	17.2461
2017	5	23.2	36	1.3655	6.8275	25	1.3642	23.1313
$\sum n=6$	$\sum t=0$	$\sum y=75.3$	—	$\sum Y=6.2730$	$\sum tY=4.4614$	$\sum t^2=70$	$\sum Y_t=6.2731$	$\sum y_t=75.2675$

解：根据表7-24资料计算环比增减速度，可知该地区2012～2017年物业服务行业经营总收入的发展趋势，呈指数曲线形状，故应按指数曲线趋势模型进行预测。

由资料可知：

$$\sum Y=\sum \log y=6.2730$$

$$\sum tY=\sum t\log y=4.4614$$

$$\sum t^2=70$$

代入联立方程组，得：

$$A=\frac{\sum Y}{n}=\frac{6.2730}{6}=1.0455$$

$$B=\frac{\sum tY}{\sum t^2}=\frac{4.4614}{70}=0.0637$$

$\because A=\log a=1.0455$，$B=\log b=0.0637$

$\therefore a=11.1045$，$b=1.1581$

对数趋势直线方程式为：$Y_t=\log y_t=\log a+t\log b=1.0455+0.0637t$

指数曲线方程式为：$y_t=ab^t=11.1045\times（1.1581）^t$

将代表各年的t值代入上列方程式，可求得各年的趋势值y_t。如果将此趋势线向外延伸，可预测该地区2018年物业服务行业经营总收入，即当$t=7$时：

$$y_t=11.1045\times（1.1581）^7=31.03（千万元）$$

综上所述，我们在分析社会经济现象发展的长期趋势时，应该注意到，不论使用哪一种趋势来预测未来可能达到的数值，都具有一定的假定性。因此，要做好经济预测工作，除了用必要的数学方法来建立数学模型外，一定要结合调查研究，具体情况具体分析，才能得出较为准确的结果。

7.4.3　动态数列的季节变动分析

1. 季节变动的涵义及测定目的

在一个动态数列中，除存在长期趋势外，往往还存在季节变动。如冷饮的销售旺季是夏天，取暖器的销售旺季是冬天，铁路客运量的高峰期在春节前后，等等。这表明很多社会经济活动因季节的不同而发生着变化。我们把客观现象由于受自然因素或生产生活条件的影响，在一年内随着季节的更换而引起的规律性变动称为季节变动。它是时间序列的又一个主要影响要素。

测定季节变动的目的，一是通过分析与测定过去的季节变动规律，为当前的决策提供依据；二是为了对未来现象季节变动做出预测，以便提前做出合理的安排；三是当动态数列被用来分析经济趋势时，能够剔除季节性变动因素对数列的影响。

2．季节变动的测定方法

测定季节变动的方法很多，从是否考虑受长期趋势的影响来看，可分为两种：一是不考虑长期趋势的影响，直接根据原始的动态数列来计算，常用的方法是简单平均法，也称按月（季）平均法；二是根据剔除长期趋势影响后的动态数列来测定，常用的方法是移动平均趋势剔除法。但不管使用哪种方法来计算季节变动，都需具备连续多年的资料作为基本数据进行计算分析，这样才能较好地消除偶然因素的影响，使季节变动的规律性更切合实际。

（1）按月（季）平均法

也称简单平均法，即根据原动态数列，不考虑剔除长期趋势因素，仅通过简单平均直接计算季节指数的方法。

该方法的基本思想是：计算出各年的同月（季）平均数，以消除随机影响，作为该月（季）的代表值；然后计算出全部月（季）的总平均数，作为全期各月（季）的代表值；再将同月（季）平均数与全部月（季）的总平均数进行对比，即为季节指数。具体步骤如下：

1）计算各年同月（季）的平均数$\overline{y_i}$（月份：$i=1, 2, \cdots, 12$或季度：$i=1, 2, 3, 4$），以消除各年同一月份（季）数据上的不规则变动；

2）计算若干年内月（季）的总平均数$\overline{Y}$；

3）计算季节指数$S.I.$，季节指数也称季节比率，是将若干年内同月（季）的平均数与总的月（季）平均数相比所得的比值，用百分数表示。即：$S.I.=\frac{\bar{y}_i}{\overline{Y}}\times 100\%$。

例7–23：某物业公司2012～2017年某材料消耗量资料见表7–25。要求：（1）计算季节指数；（2）假设2018年第一季度消耗量为70吨，预测2011年第三季度的消耗量。

某物业公司2012～2017年某材料消耗量情况表（单位：吨）　　表7–25

年份	季度			
	一	二	三	四
2012	50	64	74	52
2013	60	76	84	60
2014	58	78	100	70
2015	60	78	102	74
2016	58	84	110	76
2017	62	86	108	82

解：根据季节指数的计算公式：$S.I.=\dfrac{\bar{y}_i}{\bar{Y}}\times100\%$

首先：计算各季消耗量的算术平均数，对应填入表7-26中，如第一季度的平均数 $\bar{y}_1=\dfrac{348}{6}=58$吨，同理，可得：$\bar{y}_2=77.67$吨，$\bar{y}_3=96.33$吨，$\bar{y}_4=69$吨。

其次：计算全期的总平均数：$\bar{Y}=\dfrac{1806}{4\times6}=75.25$吨

最后：计算各季的季节指数，填入表7-26中，如第一季度的季节指数为：$S.I.=\dfrac{\bar{y}_1}{\bar{Y}}=\dfrac{58}{75.25}\times100\%=77.08\%$，同理可求出第二、第三、第四季度的季节指数。

即：物业公司2012～2017年该材料消耗量的季节指数计算见表7-26。

物业公司2012～2017年某材料消耗量季节指数计算表（单位：吨）　　表7-26

年份	季度				全年合计
	一	二	三	四	
2012	50	64	74	52	240
2013	60	76	84	60	280
2014	58	78	100	70	306
2015	60	78	102	74	314
2016	58	84	110	76	328
2017	62	86	108	82	338
同季合计	348	466	578	414	1806
同季平均	58	77.67	96.33	69	75.25
季节指数（%）	77.08	103.21	128.01	91.69	100.00

表7-26表明：若以季节指数大于或小于100%分出经营活动的"旺季"、"淡季"。则物业公司对该材料的消耗旺季是第二、第三季度；消耗淡季是第一、第四季度。其中，第三季度的128.01%为最高，是最旺季；第一季度的77.08%为最低，是最淡季。

按月（季）平均法比较简单，但应当注意，运用此法的基本假定是原时间序列没有明显的长期趋势和循环变动，通过各年同期的数据的平均，可以消除不规则变动。但实际上，很多时间序列所包含的长期趋势和循环波动，很少能够通过平均予以消除。因此，当时间序列存在明显的长期趋势时，则该方法计算的季节指数不够准确。

（2）移动平均趋势剔除法

移动平均趋势剔除法的基本思想是，先利用移动平均法将时间序列中的长期趋势因素予以消除，然后再用平均的方法消除不规则变动，从而较准确地分解出季节变动的成分。

一般来说，对于各因素属于乘积形式的现象，应采用原数列除以长期趋势的方法剔除长期趋势；对于各因素属于加和形式的现象，应采用原数列减去长期趋势的方法剔除长期趋势。

现以表7-25中后三年资料为例，对以除法趋势剔除法进行季节变动的测定步骤介绍如下：

第一步，根据时间序列月份（或季度）的数据资料，计算12个月（或4个季度）的移动平均趋势值y_t。本例因是季度资料，所以先用四项移动平均后，再做二项移正平均，便得到趋势值y_t。

第二步，剔除长期趋势。用原数列除以同一时期的趋势值即可。表7-27中，2015年第三季度：应用除法剔除为$\frac{102}{78.25}\times100\%=130.35\%$，其他各年各季度以此类推。

某物业公司2015~2017年某材料消耗量移动平均趋势剔除计算表（单位：吨）　　表7-27

季度	消耗量y	四项移动平均	移正平均	除法趋势值剔除 $y/y_t\times100\%$
2015/1	60	—	—	—
2015/2	78	78.5		
2015/3	102		78.25	130.35%
2015/4	74	78	78.75	94.57%
2016/1	58	79.5	80.5	72.05%
2016/2	84	81.5	81.75	102.75%
2016/3	110	82	82.5	133.33%
2016/4	76	83	83.25	91.29%
2017/1	62	83.5	83.25	74.47%
2017/2	86	83	83.75	102.69%
2017/3	108	84.5	—	—
2017/4	82		—	—

第三步，求季节比率。用表7-27中y/y_t得到的数据重新编排，成为表7-28中的基本数据，再按季求其平均的季节比率，即计算各年同季度的季节比率的简单算术平均数，从而得到消除了不规则变动因素的季节指数。如2015年第一季度的平均季节比率(%)$=\frac{72.05+74.47}{2}=\frac{146.52}{2}=73.26\%$，其他各年各季度的平均季节比率依此类推。

除法剔除长期趋势后季节指数计算表（单位：%）　　　　　　　表7-28

年份＼季度	第一季度	第二季度	第三季度	第四季度	合计
2015	—	—	130.35	93.97	224.32
2016	72.05	102.75	133.33	91.29	399.42
2017	74.47	102.69	—	—	177.16
同季合计	146.52	205.44	263.68	185.26	800.9
同季平均	73.26	102.72	131.84	92.63	400.45
校正系数	0.9989	0.9989	0.9989	0.9989	—
季节指数	73.18	102.60	131.69	92.53	400.00

第四步，调整季节指数，将求得的平均季节指数相加，各月份（或季度）的季节指数之和应为1200%（或400%），如果大于或小于此数值，应计算校正系数进行校正。校正系数公式为：

$$校正系数 = \frac{1200\%（或400\%）}{\sum 季节指数}$$

然后将校正系数乘上各月或各季的平均季节指数，使其总和等于1200%（或400%）。如表7-28中，平均季节比率之和为400.45，应予以调整，先计算校正系数 $= \dfrac{400\%}{400.45\%}$ ＝0.9989，再用所计算的校正系数0.9989去乘以各季的平均季节比率，如表中2015年的第一季度的季节比率＝73.26%×0.9989＝73.18%，其余类推。经校正后的各季（月）平均季节比率，即为应用移动平均趋势剔除法所求得的季节指数。

具体计算结果见表7-27、表7-28。

新的季节指数表示了以移动平均的长期趋势为基础，各季度上下波动的标准幅度，其计算结果更为科学。

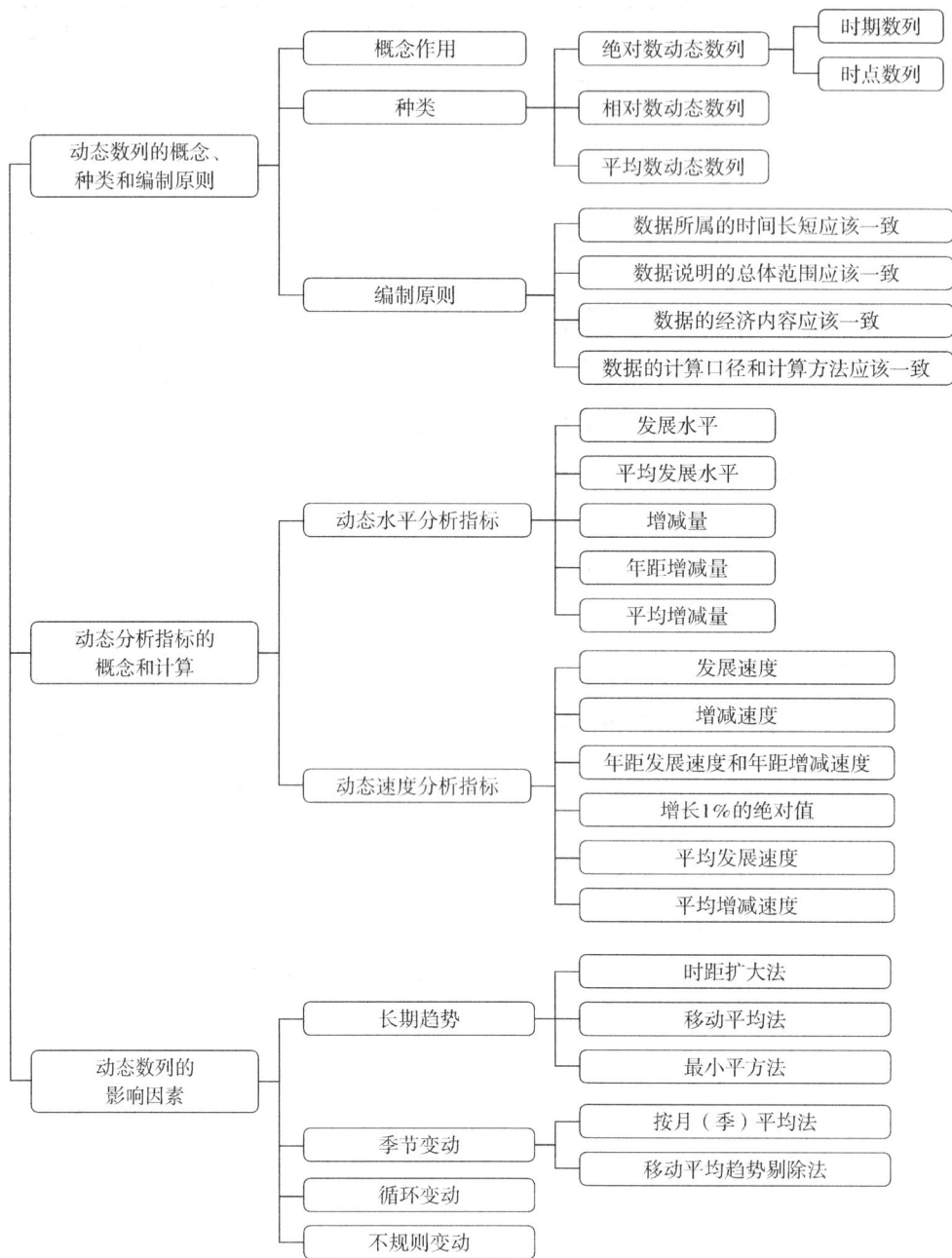

📖 **本章小结**

- 动态数列的概念、种类和编制原则
  - 概念作用
  - 种类
    - 绝对数动态数列
      - 时期数列
      - 时点数列
    - 相对数动态数列
    - 平均数动态数列
  - 编制原则
    - 数据所属的时间长短应该一致
    - 数据说明的总体范围应该一致
    - 数据的经济内容应该一致
    - 数据的计算口径和计算方法应该一致

- 动态分析指标的概念和计算
  - 动态水平分析指标
    - 发展水平
    - 平均发展水平
    - 增减量
    - 年距增减量
    - 平均增减量
  - 动态速度分析指标
    - 发展速度
    - 增减速度
    - 年距发展速度和年距增减速度
    - 增长1%的绝对值
    - 平均发展速度
    - 平均增减速度

- 动态数列的影响因素
  - 长期趋势
    - 时距扩大法
    - 移动平均法
    - 最小平方法
  - 季节变动
    - 按月（季）平均法
    - 移动平均趋势剔除法
  - 循环变动
  - 不规则变动

习题

一、判断题

1. 累计增长量等于相应的逐期增长量之和。（　　　）

2. 年距发展速度由本期发展水平与上期发展水平对比所得。（　　　）

3. 对12项动态数列应用移动平均法测定长期趋势，经过4项移动平均后，最终的长期趋势值为9项。（　　　）

4. 用水平法计算平均发展速度的公式是：$\bar{x} = \sqrt[n]{\dfrac{a_n}{a_1}}$。（　　　）

5. 移动平均法是测定季节变动的主要方法之一。（　　　）

二、单选题

1. 动态数列的构成要素是（　　　）。

   a. 变量和频数　　　b. 时间和指标数值　c. 时间和频数　　　d. 主词和宾词

2. 动态数列中，每个指标数值可以相加的是（　　　）。

   a. 相对数动态数列　b. 时期数列　　　c. 间断时点数列　　d. 平均数动态数列

3. 某物业公司2012～2017年各年6月30日统计的职工人数情况如下表所示：

年份	2012	2013	2014	2015	2016	2017
职工人数	230	233	240	249	250	260

则该公司2013～2017年的年平均人数为：（　　　）

a. $\dfrac{\dfrac{230}{2}+233+240+249+250+\dfrac{260}{2}}{5}$ b. $\dfrac{230+233+240+249+250+260}{6}$

c. $\dfrac{\dfrac{230}{2}+233+240+249+250+\dfrac{260}{2}}{6}$ d. $\dfrac{\dfrac{230+233}{2}+\dfrac{240+249}{2}+\dfrac{250+260}{2}}{3}$

4. 定基增长速度与环比增长速度的关系为（　　　）。

   a. 定基增长速度等于相应的各个环比增长速度之和

   b. 定基增长速度等于相应的各个环比增长速度的连乘积

   c. 定基增长速度等于相应的各个环比增长速度加1后的连乘积再减1

   d. 定基增长速度等于相应的各个环比增长速度连乘积加1

5. 按季平均法测定季节比率时，各季的季节比率之和应等于（　　　）。

   a. 100%　　　　　b. 400%　　　　　c. 120%　　　　　d. 1200%

三、多选题

1. 某工业企业2009年产值为2000万元，2017年产值为2009年150%，则年平均增减速度及年平均增减量为（　　　）。

   a. 年平均增长速度为6.25%　　　　　b. 年平均增长速度为5.2%

   c. 年平均增长速度为4.6%　　　　　d. 年平均增长量为125万元

e．年平均增长量为111.11万元

2．简单算术平均法适合于计算（　　　）。

　　a．时期数列的序时平均数　　　b．连续变动的连续时点数列

　　c．非连续变动的连续时点数列　d．间隔相等的间断时点数列

　　e．间隔不等的间断时点数列

3．应用最小平方法配合一条理想的趋势线要求满足的条件是（　　　）。

　　a．$\sum (y-y_c)^2 = 0$　　　　　　　　b．$\sum (y-y_c)^2 = $最小值

　　c．$\sum (y-y_c)^2 > 0$　　　　　　　　d．$\sum (y-y_c) = 0$

　　e．$\sum (y-y_c) = $最小值

4．用于分析现象发展水平的指标有（　　　）。

　　a．发展速度　　　　　b．发展水平　　　　　c．平均发展水平

　　d．增减量　　　　　　e．平均增减量

5．时点数列的特点有（　　　）。

　　a．数列中各个指标数值可以相加

　　b．数列中各个指标数值不具有可加性

　　c．指标数值是通过一次登记取得的

　　d．指标数值的大小与时期长短没有直接联系

　　e．指标数值是通过连续不断登记取得的

四、简答题

1．什么是动态数列？构成动态数列的基本因素是什么？

2．时期数列与时点数列有何区别？

3．计算平均发展速度有哪两种方法？各具哪些特点？

4．动态数列的水平指标和速度指标有哪些？如何计算？有何实际应用价值？

5．简述定基发展速度和环比发展速度二者之间的关系。定基增减速度与环比增减速度之间也存在这样的关系吗？

6．时间序列可以分解为哪几种因素？各种因素的基本概念是什么？怎样对时间序列的构成因素进行分解分析？

7．测定长期趋势有哪几种方法，各有什么特点？

8．简述季节变动分析的基本步骤。

五、计算题

1．某物业公司2016年、2017年各月工人人数资料如下表所示：

某物业公司2016年各月初工人资料表

2016年	1月	4月	7月	10月
月初人数	1800	1850	1880	1900

某物业公司2017年各月末工人资料表

2017年	2月	7月	10月	12月
月末人数	1910	1930	1980	2000

又知：2016年末人数为1900人。请计算2016年、2017年各年年均工人人数。

2. 某建筑集团公司所属甲、乙、丙三个建筑企业生产情况见下表：

某建筑集团公司所属甲、乙、丙三个建筑企业生产情况表（单位：万m²）

企业名称	项目	一月	二月	三月
甲	计划竣工面积（b）	614	600	624
	实际竣工面积（a）	620	596	632
乙	计划竣工面积（b）	600	500	612
	计划完成程度（%）（c）	102	98	101
丙	实际竣工面积（a）	588	600	632
	计划完成程度（%）（c）	99	100	104

要求：根据上述资料计算各企业第一季度月平均计划完成程序。

3. 已知某地区"十三五"计划期间钢材消耗量资料如下：

年份	2015	2016	2017	2018	2019	2020
钢材消耗量（万吨）	283.3	269.4	294.3	316.8	347.0	404.8

试计算：该地区"十三五"计划期间钢材消耗量的：（1）逐期增减量和累计增减量；（2）环比发展速度和定基发展速度；（3）环比增减速度和定基增减速度；（4）增长1%的绝对值；（5）平均发展速度和平均增减速度（水平法）。

4. 某房地产开发企业2007年固定资产投资额是16.20亿元，2017年为28.70亿元。

试计算：（1）2007～2017年该企业固定资产投资的平均发展速度和平均增减速度；

（2）如果以此速度发展到2025年投资额应达多少亿元；

（3）假定计划在2007年投资水平上翻两番，需要几年方能完成计划。

5. 某建材商店2017年11月每日销售额情况如下：（单位：元）

日期	销售额	日期	销售额	日期	销售额
1	2010	6	2001	11	2080
2	2025	7	2050	12	2193
3	2042	8	2130	13	2204
4	1910	9	2152	14	2230
5	1960	10	2103	15	1965

续表

日期	销售额	日期	销售额	日期	销售额
16	1900	21	2361	26	2450
17	2280	22	2345	27	2424
18	2300	23	2382	28	2468
19	2342	24	2282	29	2500
20	2338	25	2390	30	2504

要求：（1）用移动平均法（五项移动平均）计算上表资料的长期趋势；

（2）用最小平方法为上表资料拟合直线方程式。

6. 某企业各年基本建设投资资料如下：

年份	投资额（万元）	年份	投资额（万元）
2008	1240	2013	1695
2009	1291	2014	1845
2010	1362	2015	2018
2011	1450	2016	2210
2012	1562	2017	2421

要求：（1）判断投资额发展的趋势接近于哪一种类型；

（2）用最小平方法拟合适当的曲线方程；

（3）预测该企业2022年基本建设投资额。

7. 某建材商店2015～2017年某商品销售量资料如下：

时间	销售量（件）	时间	销售量（件）	时间	销售量（件）
2015年1月	60	2016年1月	110	2017年1月	120
2月	50	2月	80	2月	130
3月	120	3月	250	3月	300
4月	150	4月	420	4月	440
5月	300	5月	600	5月	720
6月	950	6月	980	6月	1180
7月	1210	7月	1950	7月	2240
8月	560	8月	750	8月	900
9月	420	9月	560	9月	600
10月	180	10月	230	10月	320
11月	90	11月	160	11月	180
12月	80	12月	150	12月	120

要求：计算该建材店商品销售量各月的季节比率（采用按月平均法和移动平均趋势剔除法分别计算）。

8 统 计 指 数

通过本章学习，理解指数的概念和编制方法，掌握综合指数及平均指数的编制原则及其在现实中的应用，并能运用指数体系进行因素分析。

教学要求

能力目标	知识要点	权重
了解常用的指数	指数的概念、作用及种类	20%
掌握综合指数、平均指数的编制方法	综合指数、平均指数的编制原则和计算方法	40%
掌握指数体系及因素分析方法	总指数二因素分析，平均指标指数因素分析	40%

统计的综合指标和动态指标，通常是对某一社会经济现象进行研究，即研究同类指标的现实情况及其发展变化规律。除此之外，运用统计方法研究社会经济现象，还需要反映各种相关指标的联系，考察其相互作用的关系和程度。研究此类问题，就需要编制统计指数并计算其变量数值。

本章就有关统计指数的概念和作用、各种指数的分类编制和计算方法、指数体系和指数间的因素分析作进一步的介绍。

8.1 统计指数概述

当我们关注房地产及物业的各类信息时，下面这些指标常常会进入我们的视野：国房景气指数、二手房指数、租赁价格指数、房屋销售价格指数、别墅指数、典型住宅指数、大中城市房地产价格指数、物业管理价格指数等。统计指数是用于经济分析的一种重要方法，产生于18世纪后半期，最早应用于度量物价变动或评价货币购买力。任何一个国家的经济都在进行着商品和劳务的生产、分配、流通和消费，这就需要把为数众多的活动和交换加以概括，此时，统计指数被证明是一种有效的工具。

8.1.1 统计指数的概念

统计指数是研究社会经济现象数量变动情况的一种特有的统计分析方法，简称指数。指数的涵义有广义和狭义两种。

1．广义指数

泛指社会经济现象总体数量变动的相对指标，即用来表明同类现象在不同空间、不同时间、实际与计划对比变动情况的相对数。如比较相对数、动态相对数、计划完成程度相对数等都是广义指数。

2．狭义指数

狭义指数是一种特殊的相对数，即用来反映不能直接相加和对比的复杂社会经济现象在数量上综合变动程度的相对数。例如，零售物价指数，是说明零售商品价格总体变动的相对数；工业产品产量指数，是说明一定范围内全部工业产品实物量总体变动的相对数等。

统计中的指数，主要指狭义指数。

8.1.2 统计指数的作用

（1）综合反映社会经济现象总的变动方向和变动程度

编制统计指数的根本目的在于把多种不能直接相加和对比的复杂社会经济现象过渡到可以综合比较的现象，从而计算出这些复杂经济现象的总体变动程度和变动方向。

（2）分析和测定社会经济现象总体变动中各因素变动的影响方向和影响程度

复杂社会经济现象的总体是由多个因素构成的，其变动是由构成的诸因素变动综合影响的结果。如房地产销售额＝房地产销售量×房地产销售单价，表明房地产销售额的大小取决于销售量的多少与销售单价的高低。这种影响可以从相对数和绝对数两方面分析，分析因素的影响方向和影响程度。

（3）研究社会经济现象总体的长期变动趋势

借助连续编制的动态指数所形成的指数数列，可反映事物的发展变化趋势，适合于对比分析有联系而性质不同的动态数列之间的变动关系。如根据1980～2010年房屋销售价格资料，可编制30个环比房屋销售价格指数，从而构成价格指数数列，这样就可以揭示房屋价格变动的趋势，研究物价的变动对经济建设及居民生活水平的影响程度。

8.1.3 统计指数的种类

1．个体指数和总指数

按其反映现象的范围不同，统计指数可分为个体指数和总指数。

（1）个体指数

个体指数是说明个别现象变动的相对数，说明个别现象在不同时期上的变动。如2017年某物业服务企业的利润是去年的106%，即动态数列分析中的发展速度。常见的个体指数有：

个体产品产量指数：$K_Q = \dfrac{Q_1}{Q_0} \times 100\%$

个体物价指数：$K_P = \dfrac{P_1}{P_0} \times 100\%$

个体成本指数：$K_Z = \dfrac{Z_1}{Z_0} \times 100\%$

式中　　K_Q、K_P、K_Z分别为产量、物价、成本个体指数，Q_1、Q_0分别为报告期和基期商品销售量或产品实物产量，P_1、P_0分别为报告期和基期商品或产品的单价，Z_1、Z_0分别为报告期和基期商品或产品单位成本。

例8-1：某物业公司在管物业小区2016年完成绿化改造工程量1500m²，单价为160元/m²，2017年完成绿化改造工程量1800m²，单价为172元/m²。试计算该物业小区绿化改造工程量指数和单价指数。

解：个体工程量指数：$K_Q = \dfrac{Q_1}{Q_0} \times 100\% = \dfrac{1800}{1500} \times 100\% = 120\%$

$$Q_1 - Q_0 = 1800 - 1500 = 300 \text{m}^2$$

个体单价指数：$K_P = \dfrac{P_1}{P_0} \times 100\% = \dfrac{172}{160} \times 100\% = 107.5\%$

$$P_1 - P_0 = 172 - 160 = 12 \text{ 元}/\text{m}^2$$

以上结果说明2017年该物业小区绿化改造工程量比上年增长了20%，增加工程量300m²；2017年单价比上年增长了7.5%，每平方米绿化改造增加了12元。

（2）总指数

总指数是说明多种事物综合变动的相对数，如某地区2017年第二季度与第一季度相对比房地产销售价格指数为108%，反映该地区所有房地产项目2017年第二季度与上一季度相比价格变动程度。总指数的编制和计算方法比较复杂，将在本章第二节进行具体说明。

此外，还有一种指数介于个体指数与总指数之间，称为类指数。类指数是用来说明总体中某一组或某一类现象变动的相对数，它是将总指数所反映的总体现象进行分组或分类，然后按组或类计算的统计指数。如房屋销售价格总指数包括商品房和二手房两大类价格指数；又如物业租赁价格总指数则包括住宅租赁、办公楼租赁、营业用房租赁等几类价格指数。其编制和计算方法与总指数相同。

2. 数量指标指数和质量指标指数

按其反映现象的性质不同，可分为数量指标指数和质量指标指数。

（1）数量指标指数

数量指标指数（简称数量指数），是表明数量指标变动程度的相对数。如产品产量指数、职工人数指数、实物工程量指数等。

（2）质量指标指数

质量指标指数（简称质量指数），是表明质量指标变动程度的相对数。如价格指数、平均工资指数、单位成本指数等。

在统计指数的编制和应用中，必须十分重视数量指数与质量指数的区分，它们各自采用不同的编制方法。

3．两因素指数和多因素指数

按照指数体系构成因素的多少，可分为两因素指数和多因素指数。

两因素指数反映由两个因素构成的总量指标的变动情况，多因素指数则反映由三个或三个以上因素构成的总量指标的变动情况。两因素指数原理是基本的，多因素指数是两因素指数的推广。

4．定基指数和环比指数

按其在一个指数数列中所选用的基期不同，指数可分为定基指数和环比指数。

指数通常是连续编制的，形成在时间上前后衔接的指数数列。凡是一个指数数列中的各个指数都是以某一固定时期作为基期，称为定基指数；凡是各个指数都是以其前一期作为基期的，称为环比指数。

本章各节将以各种数量指标指数和质量指标指数为例，着重介绍综合指数、平均指标指数、平均指标对比指数的编制方法及其在统计分析中的作用。

8.2　总指数的编制与分析

总指数又称为总量指标指数，是说明多种事物综合变动的相对数，反映现象总的变动程度。总指数的编制方法有综合指数和平均数指数。

综合指数是总指数的基本形式，通过综合多个总量指标对比计算而来。计算综合指数时，要求获得全面资料。平均数指数是个体指数的平均数，当没有获得全面资料时，可利用非全面资料对综合指数进行变形，用平均数指数进行计算。

8.2.1　综合指数的编制和分析

作为总指数的基本形式，综合指数是将不能直接相加的各种经济变量通过乘以另一个有关的同度量因素而转换成可以相加的指标，然后用进行对比得到的相对数来说明复杂现象的综合变动。即：凡是一个总量指标可以分解为两个或两个以上的因素指标时，为了观察某个因素（指数化因素）指标的变动情况时，可将其他因素（同度量因素）指标固定下来计算出的指数，称为综合指数。

按其研究对象的性质不同，综合指数可分为数量指标综合指数和质量指标综合指数两种。

1．编制综合指数的一般方法

编制综合指数，关键是在经济联系中寻找同度量因素，而后令其固定不变，以反映我们所研究总体中的某种现象的变化情况。同度量因素即把原来不能直接相加对比的指标过渡为可以相加对比指标的媒介因素。因此，综合指数的编制需要解决如下两个问题：

（1）确定何种因素为同度量因素；

（2）将同度量因素固定在哪个时期为妥。

由于构成现象的各种因素之间存在着相互联系，因此，要对现象总体逐步进行分解，并判别数量因素和质量因素，从而确定所要编制的指数是数量指数还是质量指数。如：商品销售额＝商品销售量×商品销售价格，其中，销售量是数量指标，看作数量因素，而价格是质量指标，看作质量因素。假设要计算社会商品零售价格总指数，由于商品的单价不能相加而无法计算，此时，把销售量作为同度量因素固定不变，通过单价乘以固定不变的销售量，把单价过渡为销售额就可以相加对比，从而得出反映价格的总体变动程度。又如，要计算社会商品销售量指数，由于实物量计量单位不同销售量也不能相加，此时，把单价作为同度量因素，通过销售量乘以固定不变的单价，也可以把不同的销售量过渡为可以相加对比的销售额数据，从而分析出销售量的总体变动程度。

另外，选择同度量因素的所属时期也非常重要。在编制总指数时，为了分析一个因素的变动情况，就必须把另一个因素固定不变，即要把相对比的分子和分母所乘上的那个同度量因素固定在某一时期不变。在复杂现象总体中，各个同度量因素选择时期不同，数值也不同：有基期的，也有报告期的；有实际的，也有计划的。那么，到底同度量因素应选择在哪个时期呢？这是统计中一个重要的理论问题，有着不同的观点。早在1864年，德国经济学家拉斯贝尔提出，在综合指数公式中，同度量因素宜固定于基期，提出了拉氏指数公式；而在1874年，另一位德国经济学家派许指出，在综合指数公式编制中，同度量因素宜固定在报告期，并据此提出了派氏指数公式。根据实践中的应用情况，我们最终确定了同度量因素所属时期的一般原则是：编制数量指标指数时，以基期的质量因素作为同度量因素；编制质量指标指数时，以报告期的数量因素作为同度量因素。

2. 数量指标指数的编制和计算方法

数量指标指数是综合反映数量指标变动情况的相对数。现以表8-1资料为例来说明数量指标综合指数的编制方法和计算过程。

某物业公司房屋改造工程所用三种不同建筑材料相关资料表（单位：万元）　　表8-1

建筑材料名称	计量单位	基期			报告期			计算消耗额	
		消耗量	价格	消耗额	消耗量	价格	消耗额		
		Q_0	P_0	$Q_0 P_0$	Q_1	P_1	$Q_1 P_1$	$Q_1 P_0$	$Q_0 P_1$
甲	立方米	1000	2	2000	1150	2	2300	2300	2000
乙	立方米	2000	1	2000	2200	1.5	3300	2200	3000
丙	吨	3000	0.5	1500	3150	0.3	945	1575	900
合计	—	—	—	5500	—	—	6545	6075	5900

根据表8-1的资料，首先计算消耗额变动情况。其计算公式为：

$$\bar{K}_{QP} = \frac{\sum Q_1 P_1}{\sum Q_0 P_0} \times 100\% = \frac{6545}{5500} \times 100\% = 119\%$$

式中 $\bar{K}_{QP}$ 为消耗额总指数；Q_1、Q_0 分别为报告期和基期材料消耗量；P_1、P_0 分别为报告期和基期的材料价格。

公式中的分子和分母之差为：

$$\sum Q_1 P_1 - \sum Q_0 P_0 = 6545 - 5500 = 1045 \text{ 万元}$$

计算结果表明：三种不同材料报告期消耗额比基期增长19%，消耗额增加了1045万元。

再从表8-1的资料可以看出：甲、乙、丙三种材料的消耗量报告期比基期有所增加。它们各自的变动情况，可用个体材料消耗量指数表示：

甲材料消耗量指数：$K_Q = \dfrac{Q_1}{Q_0} \times 100\% = \dfrac{1150}{1000} \times 100\% = 115\%$

乙材料消耗量指数：$K_Q = \dfrac{Q_1}{Q_0} \times 100\% = \dfrac{2200}{2000} \times 100\% = 110\%$

丙材料消耗量指数：$K_Q = \dfrac{Q_1}{Q_0} \times 100\% = \dfrac{3150}{3000} \times 100\% = 105\%$

为了反映三种材料消耗量总变动情况，就要编制消耗量综合指数。如前所述，不能直接将三种材料的消耗量直接相加取得两个时期的总消耗量进行对比，但是，可以借助它们各自的价格作为同度量因素。数量指标指数的编制中选择基期的质量指标作为同度量因素，所以，把同度量因素即价格固定在基期，然后去乘以各自的消耗量得到消耗额，从而将它们过渡到价值形态，使三种建筑材料由不同的使用价值形态转化为同质异量的价值总量，于是就能得到三种材料基期消耗额的总量和按基期价格与报告期消耗量计算所得的假定消耗额总量，然后将这两个总量指标对比，得到三种材料消耗量总指数。其一般的计算公式如下：

$$\bar{K}_Q = \frac{\sum Q_1 P_0}{\sum Q_0 P_0} \times 100\% = \frac{6075}{5500} \times 100\% = 110.45\%$$

式中 $\bar{K}_Q$ 为消耗量综合指数。

公式中的分子和分母之差为：

$$\sum Q_1 P_0 - \sum Q_0 P_0 = 6075 - 5500 = 575 \text{ 万元}$$

计算结果说明：由于三种材料报告期与基期相比消耗量增长了10.45%，从而使消耗额增加了575万元。这是在假定价格不变的情况下，由于报告期消耗量比基期增加而增加的消耗额。

上面的计算公式最早由德国经济学家拉斯贝尔提出，又称为拉斯贝尔数量指数公式，简称拉氏数量公式。如销售量指数、职工人数指数、工程量指数等数量指数，一般都会用这个公式编制和计算，将同度量因素固定在基期。

关于综合指数的编制和计算，统计学界也有不同的观点。如德国经济学家派许主张将同度量因素固定在报告期。其公式为：

$$\overline{K}_Q = \frac{\sum Q_1 P_1}{\sum Q_0 P_1} \times 100\% = \frac{6545}{5900} \times 100\% = 110.93\%$$

公式中分子、分母之差为：

$$\sum Q_1 P_1 - \sum Q_0 P_1 = 6545 - 5900 = 645 \text{万元}$$

上述结果说明：由于三种商品报告期与基期相比消耗量增长了10.93%，使消耗额增加了645万元，这是在产品价格已经发生了变化的情况下，由于材料消耗量的变动而带来的变化。消耗额的增加，不仅是材料消耗量变动的结果，还包括了价格变动的因素影响；而且，这个结果是表明报告期的消耗额与按报告期的价格和基期消耗量计算所得的消耗额之间的差额，其经济意义与现实意义都很缺乏；同时，与编制消耗量综合指数纯粹是为了说明消耗量变动的初衷相违背，因此，在实际工作中，通常不采用这个公式来测定消耗量的综合变动。

3．质量指标指数的编制和计算方法

质量指标指数是综合反映现象质量指标变动情况的相对数。仍以表8-1中资料为例，说明其编制方法和计算过程。

从表8-1中的资料可以看出，甲材料价格报告期和基期没有变化，而乙材料价格增加，丙材料价格下降，对于三种材料各自的价格变化，可以编制个体价格指数：

甲材料个体价格指数：$K_P = \dfrac{P_1}{P_0} \times 100\% = \dfrac{2}{2} \times 100\% = 100\%$

乙材料个体价格指数：$K_P = \dfrac{P_1}{P_0} \times 100\% = \dfrac{1.5}{1} \times 100\% = 150\%$

丙材料个体价格指数：$K_P = \dfrac{P_1}{P_0} \times 100\% = \dfrac{0.3}{0.5} \times 100\% = 60\%$

为了反映三种不同材料价格总变动情况，必须编制价格综合指数。如前所述，三种材料虽然都是以货币作为计量单位，但也不能简单相加，它们也是不同度量的。甲、乙材料是每立方米的价格，丙材料是每吨的价格，将它们简单相加是没有意义的。因此，也要通过同度量因素使之转化为可以相加的价值指标。这里，材料消耗量是反映三种不同材料数量多少的数量因素，可以借助它们各自的消耗量作为同度量因素。编制质量指标指数，选择报告期的数量指标作为同度量因素。因此，把同度量因素即材料消耗量固定在报告期，然后分别乘以各自的价格，使它们过渡到价值形态。这样就能得到三种材料报告期的消耗额总量和按报告期消耗量和基期价格计算所得的假定消耗额，再将这两个总量指标对比，得到三种不同材料的价格综合指数。其一般公式为：

$$\overline{K}_P = \frac{\sum Q_1 P_1}{\sum Q_1 P_0} \times 100\% = \frac{6545}{6075} \times 100\% = 107.74\%$$

式中　$\overline{K}_P$为价格综合指数。

公式中的分子与分母之差为：

$$\sum Q_1 P_1 - \sum Q_1 P_0 = 6545 - 6075 = 470 \text{ 万元}$$

计算结果表明：由于报告期与基期相比三种不同材料的价格增长了7.74%，使消耗额增加了470万元。这是在假定同度量因素消耗量不变，并把它固定在报告期的情况下，由于价格在报告期比在基期增加而增加的消耗额，其计算结果具有现实的经济意义。

上面这个公式，即是由德国经济学家曼哈·派许所提出的同度量因素固定在报告期的派许质量指数公式。如价格指数、劳动生产率指数、单位成本指数，一般都用这个公式编制和计算。

同样，关于质量指数的编制，在统计学界同样有不同的观点，如拉斯贝尔提出将同度量因素固定在基期，其公式为：

$$\overline{K}_\mathrm{P} = \frac{\sum Q_0 P_1}{\sum Q_0 P_0} \times 100\% = \frac{5900}{5500} \times 100\% = 107.27\%$$

公式中分子与分母之差为：

$$\sum Q_0 P_1 - \sum Q_0 P_0 = 5900 - 5500 = 400 \text{ 万元}$$

计算结果说明：由于三种不同材料价格增长了7.27%，使消耗额增加了400万元。这是在假定材料消耗量没有变动的情况下，纯粹由于价格变动而产生的结果。这个价格综合指数也反映了价格的变动及其影响。

将这两个质量综合指数进行比较：前面的公式是以报告期的材料消耗量为同度量因素计算的价格综合指数，其结果受到价格与消耗量变动的双重影响，即这种价格综合指数不仅反映了价格的变动，同时，还包括了材料消耗量变化的影响。然而，它却具有非常现实的经济意义，因为这个公式的计算结果表明由于价格变化，按报告期实际消耗的材料计算，公司增加消耗额470万元。而按后面的以基期材料消耗量为同度量因素计算，表明由于价格变化，公司在基期消耗的材料按报告期价格计算所增加消耗额400万元。显然这是缺乏现实经济意义的。

从实际生活来看，价格的变化会引起生产或销售产品的结构变化，也会推动居民消费结构的变化。所以，我们在编制价格指数反映价格变化对生产和销售以及对消费者的影响时，应从现实出发，一般选择以报告期的产量或销售量作为同度量因素。但是，这也不是绝对的，有时当基期产量或销售量资料比较容易取得，而报告期产量或销售量资料不易取得或尚不具备时，也可以用基期产量或销售量作为同度量因素来编制价格指数。

8.2.2 平均数指数的编制和分析

编制综合指数所需资料条件比较高，要求获得全面资料，但是在实际工作中，要得到全面资料比较困难，所以我们可以利用一些非全面资料，借助综合指数的公式变形，而编制平均数指数。平均数指数是以个体指数为基础，采用加权平均形式编制的总指数。它与综合指数相比，只是由于所掌握的资料不同，所采用的计算方法不同而已，其计算结果与经济意义是一样的。平均数指数实质上是综合指数的变形，按其指数化因素的性质和平均方法不同，可以分为加权算术平均数指数和加权调和平均数指数两种。

1. 加权算术平均数指数

加权算术平均数指数是指对个体指数采用加权算术平均方法计算的总指数。一般情况下，编制数量指标指数时，当掌握的资料是个体数量指数和基期的产值或销售额等总量指标时，可以采用这种形式来编制数量总指数。其计算公式为：

$$\overline{K}_Q = \frac{\sum K_Q Q_0 P_0}{\sum Q_0 P_0} \times 100\%$$

推导过程如下：

已知：P_0、Q_0、K_Q，推导 $\overline{K}_Q$

$\because \quad K_Q = \frac{Q_1}{Q_0} \qquad \therefore \quad Q_1 = K_Q Q_0$

$$\overline{K}_Q = \frac{\sum Q_1 P_0}{\sum Q_0 P_0} \times 100\% = \frac{\sum K_Q Q_0 P_0}{\sum Q_0 P_0} \times 100\%$$

在编制质量指标指数时，当掌握的资料是个体质量指数和基期的价格和报告期的产量或销售量时，可以采用这种形式来编制。其计算公式为：

$$\overline{K}_P = \frac{\sum K_P Q_1 P_0}{\sum Q_1 P_0} \times 100\%$$

推导过程如下：

已知：P_0、Q_1、K_P，推导 $\overline{K}_P$

$\because \quad K_P = \frac{P_1}{P_0} \qquad \therefore \quad P_1 = K_P P_0$

$$\overline{K}_P = \frac{\sum Q_1 P_1}{\sum Q_1 P_0} \times 100\% = \frac{\sum K_P Q_1 P_0}{\sum Q_1 P_0} \times 100\%$$

通过上述推导可以看出：加权算术平均数指数的形式与加权算术平均数一致，加权算术平均数指数是综合指数的变形形式，在资料完全相同的情况下，加权算术平均数指数与综合指数的计算结果相同。

例8-2：某物业公司管理三种不同类型的房屋，其服务收入和在管面积资料见表8-2。

某物业公司管理三种不同类型的房屋资料表　　　　　表8-2

物业类型	2016年服务总收入 Q_0P_0（万元）	2017年与2016年在管面积之比 K_Q（%）	$K_Q Q_0 P_0$（万元）
办公楼	360	105	378
商铺	120	115	138
住宅用房	180	112	201.6
合计	660		717.6

据此编制该物业公司房屋在管面积总指数。

解：房屋在管面积总指数是数量指数，其公式为：

$$\overline{K}_Q = \frac{\sum K_Q Q_0 P_0}{\sum Q_0 P_0} \times 100\% = \frac{717.6}{660} \times 100\% = 108.73\%$$

$$\sum K_Q Q_0 P_0 - \sum Q_0 P_0 = 717.6 - 660 = 57.6\ 万元$$

表明该物业公司2017年三种房屋的在管面积比2016年平均增长了8.73%，因在管量的增长而增加的服务总收入为57.6万元。

2. 加权调和平均数指数

加权调和平均数指数是对个体指数用加权调和平均方法计算的总指数。通常，在编制质量指标指数时，只掌握报告期的产值或销售额等总量指标和个体质量指数时，可用此方法编制质量总指数。其计算公式为：

$$\overline{K}_P = \frac{\sum Q_1 P_1}{\sum \frac{1}{K_P} Q_1 P_1} \times 100\%$$

推导过程如下：

已知：P_1、Q_1、K_P，推导$\overline{K}_P$

$$\because\quad K_P = \frac{P_1}{P_0} \qquad \therefore\quad P_0 = \frac{P_1}{K_P}$$

$$\overline{K}_P = \frac{\sum Q_1 P_1}{\sum Q_1 P_0} \times 100\% = \frac{\sum Q_1 P_1}{\sum \frac{1}{K_P} Q_1 P_1} \times 100\%$$

另外，在编制数量指标指数时，当掌握的资料是个体数量指数、基期的价格和报告期的产量或销售量时，也可以采用这种加权调和平均数形式来编制数量总指数。其计算公式为：

$$\overline{K}_Q = \frac{\sum Q_1 P_0}{\sum \frac{1}{K_Q} Q_1 P_0} \times 100\%$$

推导过程如下：

已知：P_0、Q_1、K_Q，推导$\overline{K}_Q$

$$\because\quad K_Q = \frac{Q_1}{Q_0} \qquad \therefore\quad Q_0 = \frac{Q_1}{K_Q}$$

$$\overline{K}_Q = \frac{\sum Q_1 P_0}{\sum Q_0 P_0} \times 100\% = \frac{\sum Q_1 P_0}{\sum \frac{1}{K_Q} Q_1 P_0} \times 100\%$$

通过上述推导可以看出，加权调和平均数指数的形式与加权调和平均数一致，加权调和平均数指数是综合指数的变形形式，在资料完全相同的情况下，加权调和平均数指数与综合指数的计算结果相同。

例8-3：某物业公司所管辖的某住宅小区2016～2017年综合管理费实际支出情况资料见表8-3，据此编制价格总指数。

某住宅小区2016～2017年综合管理费实际支出情况表（单位：万元）　　　表8-3

项目	单位	2016年价格P_0	2017年价格P_1	2017年管理费支出Q_1P_1	K_P（%）	$\frac{1}{K_P}Q_1P_1$
人工费	工日	70	75	650	107.14	606.68
绿化建设	m³	54	55	120	101.85	117.82
房屋维修	m³	130	118	240	90.77	264.40
设备维修	台	290	278	180	95.86	187.77
合计	—			1190	—	1176.67

据此编制价格总指数。

解：$\bar{K}_P = \dfrac{\sum Q_1P_1}{\sum \frac{1}{K_P}Q_1P_1} \times 100\% = \dfrac{1190}{1176.67} \times 100\% = 101.13\%$

$$\sum Q_1P_1 - \sum \frac{1}{K_P}Q_1P_1 = 1190 - 1176.67 = 13.33 \text{万元}$$

计算结果表明该物业公司所管辖的住宅小区2017年四种不同管理费的价格比2016年平均增长了1.13%，因价格增长使得各种管理费支出增加了13.33万元。

3. 固定权数加权平均数指数

编制加权平均数指数时，其权数有变动权数和固定权数两种。权数随报告期而经常变动的称变动权数；权数确定后在较长时间内不变的叫固定权数。在统计工作中，有时由于报告期权数的资料不易取得，往往选择经济发展比较稳定的某一时期的价值总量结构作为固定权数来计算平均数指数。这种固定权数使总指数计算比较简便、迅速，有较大的灵活性。但它只能反映价格或数量变动的方向和程度，不能计算其绝对数。如我国每年编制的零售物价指数就采用固定权数的平均数指数。

固定权数的比重形式，即：$w = \dfrac{QP}{\sum QP}$，则固定权数加权平均数指数为：

$$\bar{K} = \frac{\sum Kw}{\sum w} = \sum K\frac{w}{\sum w}$$

式中　　$\bar{K}$为数量指标指数或质量指标指数，w为固定权数，$\sum w$为固定权数之和，$\dfrac{w}{\sum w}$为固定权重。

例8-4：某物业管理公司对其所管辖住宅小区进行综合房屋维修，该类综合房屋维修工程报告期与基期相比，人工费价格指数为108%，材料费价格指数为110%，机械使用费价格指数为98%，其他费用价格指数为102%。各项费用所占该综合房屋维修工程造价的比例分别为：人工费10%，材料费65%，机械使用费20%，其他费用占5%。据此编制综合房屋维修工程价格总指数。

解：综合房屋维修工程价格总指数为：

$$\overline{K}_\mathrm{P} = \sum K_\mathrm{P} \frac{w}{\sum w} = 108\% \times 10\% + 110\% \times 65\% + 98\% \times 20\% + 102\% \times 5\% = 107\%$$

计算结果表明：该物业公司对所辖住宅小区进行综合房屋维修工程中，其报告期价格比基期价格平均增长了7%。

8.3 指数体系和因素分析

客观现象是错综复杂的，各种因素对它的影响不是孤立的，而是相互联系、相互制约和相互影响的。统计中，除了依据现象内在因素联系编制综合指数外，同时还要应用指数体系来分析现象中各种因素的影响程度，这就必然建立指数体系。

8.3.1 指数体系的概念和作用

1．指数体系的概念

所谓指数体系，是指若干有联系的指数在数量上形成的一个整体，反映客观事物本身的内在联系。如：销售额指数＝销售量指数×物价指数

产值指数＝产量指数×价格指数

工资总额指数＝职工人数指数×平均工资指数

产品总成本指数＝产品产量指数×单位成本指数

用公式表示为：$\overline{K}_\mathrm{QP} = \overline{K}_\mathrm{Q} \times \overline{K}_\mathrm{P}$

即：$$\frac{\sum Q_1 P_1}{\sum Q_0 P_0} = \frac{\sum Q_1 P_0}{\sum Q_0 P_0} \times \frac{\sum Q_1 P_1}{\sum Q_1 P_0}$$

$$\sum Q_1 P_1 - \sum Q_0 P_0 = \left(\sum Q_1 P_0 - \sum Q_0 P_0 \right) + \left(\sum Q_1 P_1 - \sum Q_1 P_0 \right)$$

指数体系要保持等式关系成立，必须正确选择同度量因素，即质量指标指数选用数量指标作为同度量因素，并把它固定在报告期；数量指标指数选用质量指标作为同度量因素，并把它固定在基期。

2．指数体系的作用

（1）利用指数体系，可以进行指数间的相互推算。

例8-5：某地区2017年房地产销售额指数为109%，房地产销售量总体下降3%，推算房地产销售价格指数。

解：$\because\ \overline{K}_{QP}=\overline{K}_Q\times\overline{K}_P$ $\therefore\ \overline{K}_P=\dfrac{\overline{K}_{QP}}{\overline{K}_Q}=\dfrac{109\%}{1-3\%}=112.37\%$

表明该地区房地产销售价格总体上涨了12.37%。

（2）可以作为因素分解方法之一。利用指数体系，可以分析受多种因素影响的复杂社会经济现象中的各个因素对其的影响程度。

利用表8-1的资料，某物业公司进行房屋改造工程中所使用甲、乙、丙三种不同的材料，按照前面已经计算的结果，可以得到：

相对数关系为：$\overline{K}_{QP}=\overline{K}_Q\times\overline{K}_P$

$$119\%=110.45\%\times107.74\%$$

绝对数关系为：$\sum Q_1P_1-\sum Q_0P_0=\left(\sum Q_1P_0-\sum Q_0P_0\right)+\left(\sum Q_1P_1-\sum Q_1P_0\right)$

$$1045\ 万元=575\ 万元+470\ 万元$$

以上结果表明：某物业公司进行房屋改造工程中所使用的三种建筑材料，其消耗额报告期比基期增长19%，消耗额增加1045万元。这是由于三种材料报告期消耗量比基期平均增长10.45%，消耗额增加575万元；以及由于三种材料报告期价格比基期平均增长7.74%，消耗额增加470万元共同作用的结果。

利用指数体系进行因素分析，可以对现象发展的相对变化及各因素的影响程度进行分析，也可以对现象发展变化的绝对量及各因素的影响数额进行分析。通常，可分为总量指标指数因素分析和平均指标指数因素分析。

8.3.2 总指数的因素分析

总量指标的因素分析，按其影响因素的多少，可分为二因素分析和多因素分析。

1. 二因素分析

复杂社会经济现象是由两个或两个以上的因素构成的，各因素之间的客观联系是建立统计指数体系的依据。二因素分析即指一个总量指标的变动可以分解为数量指标与质量指标二因素变动的乘积形式，即：$\overline{K}_{QP}=\overline{K}_Q\times\overline{K}_P$。其指标体系的相对关系与绝对关系如下：

相对数分析：$\dfrac{\sum Q_1P_1}{\sum Q_0P_0}=\dfrac{\sum Q_1P_0}{\sum Q_0P_0}\times\dfrac{\sum Q_1P_1}{\sum Q_1P_0}$

绝对数分析：$\sum Q_1P_1-\sum Q_0P_0=\left(\sum Q_1P_0-\sum Q_0P_0\right)+\left(\sum Q_1P_1-\sum Q_1P_0\right)$

例8-6：某物业总公司管理不同类型住宅产品，其管理量和管理费价格资料见表8-4。

某物业总公司住宅产品的管理量及管理费价格资料表 表8-4

住宅类型	基期			报告期			计算经营收入
	管理量（万m²）	价格（元/m²）	经营收入（万元）	管理量（万m²）	价格（元/m²）	经营收入（万元）	
	Q_0	P_0	$Q_0 P_0$	Q_1	P_1	$Q_1 P_1$	$Q_1 P_0$
多层	4.2	0.8	3.36	5	0.75	3.75	4.00
高层	6.4	1.3	8.32	5.8	1.5	8.70	7.54
别墅	2.8	2.2	6.16	3.2	2.1	6.72	7.04
合计	—	—	17.84	—	—	19.17	18.58

要求：利用指数体系，对该物业总公司所管理不同类型住宅的经营收入进行二因素分析。

解：利用指数体系进行二因素分析，即分析该物业总公司住宅类经营收入变动中，由于管理量及管理费价格变动的影响程度，可以构建如下指数体系：

$$\overline{K}_{QP} = \overline{K}_Q \times \overline{K}_P$$

$$\sum Q_1 P_1 - \sum Q_0 P_0 = \left(\sum Q_1 P_0 - \sum Q_0 P_0 \right) + \left(\sum Q_1 P_1 - \sum Q_1 P_0 \right)$$

指数体系中各种住宅类型经营收入数据计算如下：

经营收入总指数为：

$$\overline{K}_{QP} = \frac{\sum Q_1 P_1}{\sum Q_0 P_0} \times 100\% = \frac{19.17}{17.84} \times 100\% = 107.46\%$$

报告期与基期相比，经营收入的增加值为：

$$\sum Q_1 P_1 - \sum Q_0 P_0 = 19.17 - 17.84 = 1.33 \text{ 万元}$$

其中受管理量变动的影响为：

$$\overline{K}_Q = \frac{\sum Q_1 P_0}{\sum Q_0 P_0} \times 100\% = \frac{18.58}{17.84} \times 100\% = 104.15\%$$

$$\sum Q_1 P_0 - \sum Q_0 P_0 = 18.58 - 17.84 = 0.74 \text{ 万元}$$

受管理费价格变动的影响为：

$$\overline{K}_P = \frac{\sum Q_1 P_1}{\sum Q_1 P_0} \times 100\% = \frac{19.17}{18.58} \times 100\% = 103.18\%$$

$$\sum Q_1 P_1 - \sum Q_1 P_0 = 19.17 - 18.58 = 0.59 \text{ 万元}$$

因此，管理量与管理费价格的共同作用为：

相对数关系为：$\dfrac{\sum Q_1 P_1}{\sum Q_0 P_0} = \dfrac{\sum Q_1 P_0}{\sum Q_0 P_0} \times \dfrac{\sum Q_1 P_1}{\sum Q_1 P_0}$

$$107.46\% = 104.15\% \times 103.18\%$$

绝对数关系为：$\sum Q_1 P_1 - \sum Q_0 P_0 = \left(\sum Q_1 P_0 - \sum Q_0 P_0\right) + \left(\sum Q_1 P_1 - \sum Q_1 P_0\right)$

$$1.33\ 万元 = 0.74\ 万元 + 0.59\ 万元$$

以上结果表明：该物业总公司管理的三种住宅产品，其经营收入报告期比基期增长7.46%，经营收入增加了1.33万元。这是由于三种住宅产品报告期管理量比基期增长4.15%，使得经营收入增加0.74万元；以及由于三种住宅产品报告期管理费价格比基期增长3.18%，使得经营收入增加0.59万元共同作用的结果。

2．多因素分析

客观现象是比较复杂的，有时某一现象的变动可能要受到三个或三个以上因素的影响。因此，当一个总量指标可以表示为三个或三个以上因素指标的连乘积时，同样可以利用指数体系来测定各因素变动对总量指标变动的影响程度，这种分析就是对总量指标的多因素分析，例如：原材料消耗费用总额＝产品产量×单位产品原材料消耗量×单位原材料价格。

多因素分析法是在两因素分析基础上的深入运用，即仍然运用数量指标和质量指标指数的编制方法，由表及里对所研究的现象作进一步的深入分析，以测定相关因素在不同时间上的变动程度。如上述原材料消耗费用总额的计算式可由：

原材料消耗费用总额＝生产产品消耗原材料总量×单位原材料价格

式中　　生产产品消耗原材料总量＝产品产量×单位产品原材料消耗量

分解而得。各因素之间的变动仍保持此连乘积的关系，即：

原材料消耗费用总额指数＝生产产品消耗原材料总量指数×单位原材料价格指数

或最终分解成：

原材料消耗费用总额指数＝产品产量指数 × 单位产品原材料消耗量指数 × 单位原材料价格指数

用符号表示：

$$\frac{\sum Q_1' P_1}{\sum Q_0' P_0} = \frac{\sum Q_1' P_0}{\sum Q_0' P_0} \times \frac{\sum Q_1' P_1}{\sum Q_1' P_0}$$

$$\frac{\sum Q_1 m_1 P_1}{\sum Q_0 m_0 P_0} = \frac{\sum Q_1 m_0 P_0}{\sum Q_0 m_0 P_0} \times \frac{\sum Q_1 m_1 P_0}{\sum Q_1 m_0 P_0} \times \frac{\sum Q_1 m_1 P_1}{\sum Q_1 m_1 P_0}$$

绝对数表示为：

$$\sum Q_1 m_1 P_1 - \sum Q_0 m_0 P_0 = \left(\sum Q_1 m_0 P_0 - \sum Q_0 m_0 P_0\right) + \left(\sum Q_1 m_1 P_0 - \sum Q_1 m_0 P_0\right)$$
$$+ \left(\sum Q_1 m_1 P_1 - \sum Q_1 m_1 P_0\right)$$

式中　Q'为生产产品消耗原材料总量，Q为产品产量，m为单位产品原材料消耗量，P为单位原材料价格。

例8-7：已知某企业生产的三种产品的产量、单位产品原材料消耗量、单位原材料价格的资料见表8-5。

某企业三种产品原材料消耗情况表　　　　　　　表8-5

产品种类	单位	产品产量		原材料单耗		原材料单价（元）		原材料支出总额（万元）			
		基期	报告期	基期	报告期	基期	报告期	基期	报告期	$Q_1m_0P_0$	$Q_1m_1P_0$
		Q_0	Q_1	m_0	m_1	P_0	P_1	$Q_0m_0P_0$	$Q_1m_1P_1$		
甲	吨	1500	2000	10	9.5	100	110	150	209	200	190
乙	件	8000	9000	4	3	20	24	64	64.8	72	54
丙	套	3000	4000	8	9	50	40	120	144	160	180
合计	—	—	—	—	—	—	—	334	417.8	432	424

要求：利用指数体系，对原材料消耗费用总额进行多因素分析。

解：利用指数体系进行多因素分析，即分析原材料消耗费用总额变动中，由于产量、单位产品原材料消费量（单耗）和单位原材料价格变动的影响程度，可以构建如下指数体系：

原材料消耗费用总额指数＝产品产量指数 × 单位产品原材料消耗量指数 × 单位原材料价格指数

$$\frac{\sum Q_1 m_1 P_1}{\sum Q_0 m_0 P_0} = \frac{\sum Q_1 m_0 P_0}{\sum Q_0 m_0 P_0} \times \frac{\sum Q_1 m_1 P_0}{\sum Q_1 m_0 P_0} \times \frac{\sum Q_1 m_1 P_1}{\sum Q_1 m_1 P_0}$$

$$\sum Q_1 m_1 P_1 - \sum Q_0 m_0 P_0 = \left(\sum Q_1 m_0 P_0 - \sum Q_0 m_0 P_0 \right) + \left(\sum Q_1 m_1 P_0 - \sum Q_1 m_0 P_0 \right) + \left(\sum Q_1 m_1 P_1 - \sum Q_1 m_1 P_0 \right)$$

指数体系中的各种原材料费用总额数据计算如下：

原材料消耗费用总额指数为：

$$\overline{K}_{QmP} = \frac{\sum Q_1 m_1 P_1}{\sum Q_0 m_0 P_0} = \frac{417.8}{334} \times 100\% = 125.09\%$$

原材料消耗费用增加的绝对数为：

$$\sum Q_1 m_1 P_1 - \sum Q_0 m_0 P_0 = 417.8 - 334 = 83.8 \text{ 万元}$$

其中：受产品产量变动的影响：

$$\overline{K}_Q = \frac{\sum Q_1 m_0 P_0}{\sum Q_0 m_0 P_0} = \frac{432}{334} \times 100\% = 129.34\%$$

$$\sum Q_1 m_0 P_0 - \sum Q_0 m_0 P_0 = 432 - 334 = 98 \text{ 万元}$$

受单位产品原材料消耗量变动的影响：

$$\overline{K}_m = \frac{\sum Q_1 m_1 P_0}{\sum Q_1 m_0 P_0} = \frac{424}{432} \times 100\% = 98.15\%$$

$$\sum Q_1 m_1 P_0 - \sum Q_1 m_0 P_0 = 424 - 432 = -8 \text{ 万元}$$

受单位原材料价格变动影响：

$$\overline{K}_P = \frac{\sum Q_1 m_1 P_1}{\sum Q_1 m_1 P_0} = \frac{417.8}{424} \times 100\% = 98.54\%$$

$$\sum Q_1 m_1 P_1 - \sum Q_1 m_1 P_0 = 417.8 - 424 = -6.2 \text{ 万元}$$

三种因素共同作用的影响：

相对程度分析：

$$\frac{\sum Q_1 m_1 P_1}{\sum Q_0 m_0 P_0} = \frac{\sum Q_1 m_0 P_0}{\sum Q_0 m_0 P_0} \times \frac{\sum Q_1 m_1 P_0}{\sum Q_1 m_0 P_0} \times \frac{\sum Q_1 m_1 P_1}{\sum Q_1 m_1 P_0}$$

$$125.09\% = 129.34\% \times 98.15\% \times 98.54\%$$

绝对量分析：

$$\sum Q_1 m_1 P_1 - \sum Q_0 m_0 P_0 = \left(\sum Q_1 m_0 P_0 - \sum Q_0 m_0 P_0 \right) + \left(\sum Q_1 m_1 P_0 - \sum Q_1 m_0 P_0 \right)$$
$$+ \left(\sum Q_1 m_1 P_1 - \sum Q_1 m_1 P_0 \right)$$

$$83.8 \text{ 万元} = 98 \text{ 万元} + (-8 \text{ 万元}) + (-6.2 \text{ 万元})$$

以上计算表明：该企业生产的三种产品，报告期原材料消耗费用总额比基期增长了25.09%，原材料消耗费用总额增加了83.8万元，是由以下三个因素共同作用的结果：①由于报告期产品产量比基期增长了29.34%，使得原材料消耗费用总额增加了98万元；②由于报告期原材料单耗比基期下降了1.85%，使得原材料消耗费用总额减少了8万元；③由于报告期原材料单价比基期下降了1.46%，使得原材料消耗费用总额减少了6.2万元。综合上述分析结果见表8-6。

某企业生产三种产品原材料消耗费用因素分析表　　　　　　　　表8-6

项目	原材料消耗费用总额（万元）		指数（%）	报告期比基期增减量（万元）
	基期	报告期		
原材料消耗费用总额	334	417.8	125.09	83.8
其中：1. 产量影响	334	432	129.34	98

项目	原材料消耗费用总额（万元）		指数（%）	报告期比基期增减量（万元）
	基期	报告期		
2．原材料单耗影响	432	424	98.15	−8
3．原材料单价影响	424	417.8	98.54	−6.2

8.3.3 平均指标指数的因素分析

平均指标指数是由同一经济现象不同时期条件下数量的平均指标值对比计算而得到的相对数，也称为平均指标对比指数，它是对两个时期总体平均指标变动程度的测定，如平均工资指数、单位成本指数、劳动生产率指数等。平均指标指数的因素分析，就是利用指数因素分析方法，从数量上分析总体各部分（组）水平与总体结构（比重）这两个因素变动对总体平均指标变动的影响。

1．平均指标指数的分解

平均指标指数是两个平均指标在不同时间上的对比，其一般公式可以表示为：$K=\dfrac{\bar{x}_1}{\bar{x}_0}$。式中：$\bar{x}_1$为报告期某一经济量的平均指标；$\bar{x}_0$为基期某一经济量的平均指标。

根据第4章内容介绍，加权算术平均数$\bar{x}$的大小受变量x和权数f两个因素的影响，即：$\bar{x}=\dfrac{\sum xf}{\sum f}$。由两个不同时期的加权算术平均数进行对比时，仍然存在着这两个因素的影响，即平均指标指数$K=\dfrac{\bar{x}_1}{\bar{x}_0}$的变动也要受到变量$x$和权数$f$两个因素变动的影响，统计上把这种用以反映总平均数变动程度的平均指标指数称为可变构成指数。即：

$$可变构成指数=\frac{\bar{x}_1}{\bar{x}_0}=\frac{\dfrac{\sum x_1 f_1}{\sum f_1}}{\dfrac{\sum x_0 f_0}{\sum f_0}}$$

平均指标指数的变动受变量x和权数f两个因素变动的影响，当测定变量x的变动对平均指标的影响程度时，我们需假设权数f是固定不变的，由于权数通常为数量指标，当把它固定下来作为同度量因素时通常固定在报告期，这样计算的平均指标指数称为固定构成指数，它是反映总体内各组平均水平综合变动的程度。即：

$$固定构成指数=\frac{\bar{x}_1}{\bar{x}_0}=\frac{\dfrac{\sum x_1 f_1}{\sum f_1}}{\dfrac{\sum x_0 f_1}{\sum f_1}}$$

当测定权数 f 的变动对平均指标的影响程度时，需假定变量 x 固定不变，由于变量 x 一般为质量指标，把它固定下来作为同度量因素时，通常固定在基期，这样计算的平均指标指数称为结构影响指数，用以反映总体内部结构的变动程度。即：

$$结构影响指数 = \frac{\bar{x}_1}{\bar{x}_0} = \frac{\dfrac{\sum x_0 f_1}{\sum f_1}}{\dfrac{\sum x_0 f_0}{\sum f_0}}$$

例8-8：对某物业公司从业人员按岗位情况进行分类，粗略分为经营管理人员和非管理人员（包括绿化养护、设备维护、保洁、保安等非管理人员）两大类，该公司各时期的从业人数、平均工资及工资总额资料见表8-7。

某物业公司平均工资指数计算表

表8-7

按岗位分组	从业人员数		月平均工资（元）		工资总额（元）		
	基期 f_0	报告期 f_1	基期 x_0	报告期 x_1	基期 $x_0 f_0$	报告期 $x_1 f_1$	$x_0 f_1$
管理人员	40	45	2800	3100	112000	139500	126000
非管理人员	110	144	2300	2750	253000	396000	331200
合计	150	189	2433.33	2833.33	365000	535500	457200

要求：据此编制可变构成指数、固定构成指数和结构影响指数。

解：

基期平均工资 $\bar{x}_0 = \dfrac{\sum x_0 f_0}{\sum f_0} = \dfrac{365000}{150} = 2433.33$ 元

报告期平均工资 $\bar{x}_1 = \dfrac{\sum x_1 f_1}{\sum f_1} = \dfrac{535500}{189} = 2833.33$ 元

平均工资可变构成指数 $= \dfrac{\bar{x}_1}{\bar{x}_0} = \dfrac{\sum x_1 f_1}{\sum f_1} \bigg/ \dfrac{\sum x_0 f_0}{\sum f_0} = \dfrac{2833.33}{2433.33} = 116.44\%$

平均工资变动的差额为：$\dfrac{\sum x_1 f_1}{\sum f_1} - \dfrac{\sum x_0 f_0}{\sum f_0} = 2833.33 - 2433.33 = 400$ 元

其结果表明：该物业公司报告期总平均工资比基期上涨了16.44%，从业人员平均增加工资400元。

平均工资固定构成指数 $= \dfrac{\sum x_1 f_1}{\sum f_1} \bigg/ \dfrac{\sum x_0 f_1}{\sum f_1} = \dfrac{535500}{189} \bigg/ \dfrac{457200}{189} = \dfrac{2833.33}{2419.05} = 117.13\%$

$\dfrac{\sum x_1 f_1}{\sum f_1} - \dfrac{\sum x_0 f_1}{\sum f_1} = 2833.33 - 2419.05 = 414.28$ 元

其结果表明：不考虑该公司人员结构变动的影响，由于各组从业人员平均工资的调整，使得报告期总平均工资比基期提高了17.13%，从业人员平均增加工资414.28元。

$$\text{平均工资结构影响指数}=\frac{\sum x_0 f_1}{\sum f_1} \bigg/ \frac{\sum x_0 f_0}{\sum f_0}=\frac{457200}{189} \bigg/ \frac{365000}{150}=\frac{2419.05}{2433.33}=99.41\%$$

$$\frac{\sum x_0 f_1}{\sum f_1}-\frac{\sum x_0 f_0}{\sum f_0}=2419.05-2433.33=-14.28 \ 元$$

其结果表明：假使工资水平不发生改变，那么由于人员结构变化的影响，从而使得报告期总平均工资比基期降低0.59%，从业人员平均工资减少14.28元。

2．平均指标指数的因素分析

可变构成指数为总平均数的变动程度，而固定构成指数和结构影响指数则分别反映了影响总平均数变动的因素的变动程度。因此，可变构成指数、固定构成指数和结构影响指数三者之间具有一定的联系，同样存在着指数体系关系，即：可变构成指数＝固定构成指数×结构影响指数，与总指数因素分析一样，平均指标指数也可以从相对数和绝对数两方面来分析各个因素的影响程度。

用公式表示为：

相对数关系：
$$\frac{\sum x_1 f_1}{\sum f_1} \bigg/ \frac{\sum x_0 f_0}{\sum f_0}=\left(\frac{\sum x_1 f_1}{\sum f_1} \bigg/ \frac{\sum x_0 f_1}{\sum f_1}\right) \times \left(\frac{\sum x_0 f_1}{\sum f_1} \bigg/ \frac{\sum x_0 f_0}{\sum f_0}\right)$$

绝对数关系：
$$\frac{\sum x_1 f_1}{\sum f_1}-\frac{\sum x_0 f_0}{\sum f_0}=\left(\frac{\sum x_1 f_1}{\sum f_1}-\frac{\sum x_0 f_1}{\sum f_1}\right)+\left(\frac{\sum x_0 f_1}{\sum f_1}-\frac{\sum x_0 f_0}{\sum f_0}\right)$$

例8-9：根据表8-7资料，利用指数体系，对该物业公司总平均工资进行因素分析。

解：按照前面的计算结果，可以得到：

相对数关系为：可变构成指数＝固定构成指数×结构影响指数

$$116.44\%=117.13\% \times 99.41\%$$

绝对数关系为：
$$\frac{\sum x_1 f_1}{\sum f_1}-\frac{\sum x_0 f_0}{\sum f_0}=\left(\frac{\sum x_1 f_1}{\sum f_1}-\frac{\sum x_0 f_1}{\sum f_1}\right)+\left(\frac{\sum x_0 f_1}{\sum f_1}-\frac{\sum x_0 f_0}{\sum f_0}\right)$$

$$400 \ 元=414.28 \ 元+(-14.28 \ 元)$$

上述指标体系关系式表明：该物业公司报告期总平均工资比基期上涨了16.44%。从业人员平均工资增加400元。这是由于各组从业人员平均工资调整，使得报告期总平均工资比基期上涨17.13%，从业人员平均工资增加414.28元；以及由于该公司人员结构变化，使得报告期总平均工资比基期降低0.59%，从业人员平均工资减少14.28元共同作用的结果。

8.3.4 平均指标指数与总指数相结合的因素分析

在分析现象总量的变动情况时，仅仅使用总指数体系或平均指标指数体系进行分析是不够的，有时，还要把两种指数体系结合起来进行因素分析。现以总产值指数的因素分析来加以说明。因：总产值＝劳动生产率×职工人数，则总产值的变动与各因素之间也存在着连乘积的关系，即：

总产值指数＝劳动生产率指数×职工人数指数，

可用符号表示为：$\dfrac{\sum x_1 f_1}{\sum x_0 f_0} = \dfrac{\bar{x}_1}{\bar{x}_0} \times \dfrac{\sum f_1}{\sum f_0}$

例8-10：某物业总公司所属的房屋维修公司的相关资料见表8-8。

某物业总公司所属房屋维修公司相关资料　　　　　表8-8

名称	劳动生产率（元/人）		职工人数（人）		总产值（万元）		
	基期x_0	报告期x_1	基期f_0	报告期f_1	基期$x_0 f_0$	报告期$x_1 f_1$	$x_0 f_1$
甲	5500	6000	48	56	26.4	33.6	30.8
乙	6100	6800	78	84	42.7	57.12	51.24
合计	5855.93	6480	118	140	69.1	90.72	82.04

要求：利用指数体系，对该物业公司所属房屋维修公司的劳动生产率指数和总产值指数相结合进行因素分析。

解：总产值指数＝劳动生产率指数×职工人数指数，

$$\frac{\sum x_1 f_1}{\sum x_0 f_0} = \frac{\bar{x}_1}{\bar{x}_0} \times \frac{\sum f_1}{\sum f_0}$$

又因为劳动生产率指数是可变构成指数，由劳动生产率固定构成指数与劳动生产率结构影响指数的乘积形成，即：

$$\frac{\bar{x}_1}{\bar{x}_0} = \left(\frac{\sum x_1 f_1}{\sum f_1} \Big/ \frac{\sum x_0 f_1}{\sum f_1} \right) \times \left(\frac{\sum x_0 f_1}{\sum f_1} \Big/ \frac{\sum x_0 f_0}{\sum f_0} \right)$$

所以，上述指数存在如下关系：

相对数分析：

总产值指数＝劳动生产率固定构成指数×劳动生产率结构影响指数×职工人数指数

公式表示为：$\dfrac{\sum x_1 f_1}{\sum x_0 f_0} = \left(\dfrac{\sum x_1 f_1}{\sum f_1} \Big/ \dfrac{\sum x_0 f_1}{\sum f_1} \right) \times \left(\dfrac{\sum x_0 f_1}{\sum f_1} \Big/ \dfrac{\sum x_0 f_0}{\sum f_0} \right) \times \dfrac{\sum f_1}{\sum f_0}$

$$\frac{90.72}{69.1} = \frac{6480}{5860} \times \frac{5860}{5855.93} \times \frac{140}{118}$$

$$131.29\% = 110.58\% \times 100.07\% \times 118.64\%$$

绝对数分析：

$$\sum x_1 f_1 - \sum x_0 f_0 = \left(\frac{\sum x_1 f_1}{\sum f_1} - \frac{\sum x_0 f_1}{\sum f_1} \right) \sum f_1 + \left(\frac{\sum x_0 f_1}{\sum f_1} - \frac{\sum x_0 f_0}{\sum f_0} \right) \sum f_1$$
$$+ \left(\sum f_1 - \sum f_0 \right) \bar{x}_0$$

$$90.72 - 69.1 = (0.6480 - 0.5860) \times 140 + (0.5860 - 0.585593) \times 140$$
$$+ (140 - 118) \times 0.585593$$
$$21.62 = 8.68 + 0.06 + 12.88$$

上述计算表明：该物业公司所属房屋维修公司报告期总产值比基期增长了31.29%，增加产值21.62万元。其原因是：①由于甲、乙两维修公司劳动生产率变化，使得报告期总劳动生产率比基期增长了10.58%，产值增加8.68万元；②由于甲、乙两维修公司职工人数变化，使得报告期总劳动生产率比基期增长了0.07%，产值增加了0.06万元；③由于该物业公司职工人数报告期比基期增长了18.64%，使得产值增加了12.88万元。

📖 **本章小结**

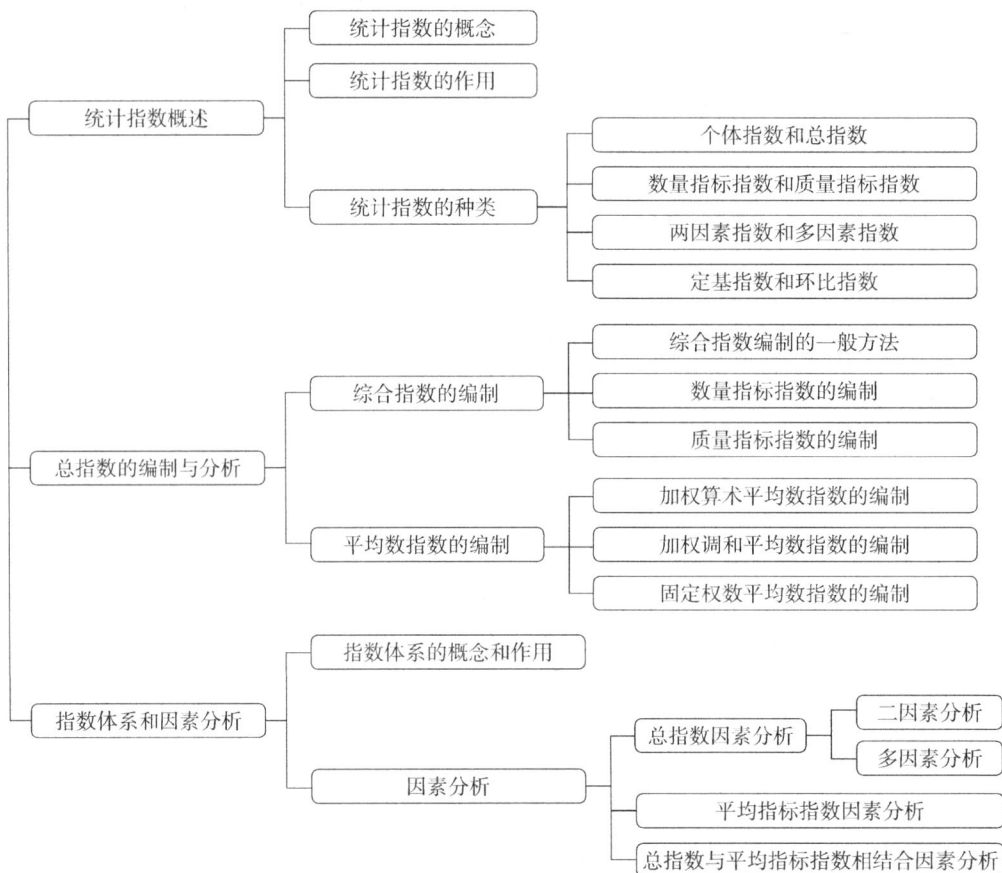

习题

一、判断题

1. 编制质量指标综合指数时，采用报告期的数量指标作为同度量因素。（　　）

2. 总成本指数是质量指标指数。（　　）

3. 同度量因素固定在报告期的综合指数是拉氏指数。（　　）

4. 以某一固定时期作分母计算出来的指数是环比指数。（　　）

5. 某企业平均工资的结构影响指数反映了由于该企业内部人员结构变化所引起的总平均工资的增减幅度。（　　）

二、单选题

1. 编制综合指数数量指标指数时，其同度量因素最好固定在（　　）。

   a. 报告期　　　　　b. 基期　　　　　c. 任意时期　　　　　d. 计划期

2. 某企业报告期产量比基期增长10%，生产费用增长8%，则其产品单位成本降低了（　　）。

   a. 1.8%　　　　　b. 2%　　　　　c. 20%　　　　　d. 18%

3. 狭义指数是反映（　　）数量综合变动的方法。

   a. 有限总体　　　　b. 无限总体　　　　c. 复杂总体　　　　d. 简单总体

4. 数量指标综合指数 $\left[\dfrac{\sum Q_1 P_0}{\sum Q_0 P_0}\right]$ 变形为加权算术平均数时，其权数为（　　）。

   a. $Q_1 P_1$　　　　b. $Q_0 P_0$　　　　c. $Q_1 P_0$　　　　d. $Q_0 P_1$

5. 在由3个指数所组成的指数体系中，两个因素指数的同度量因素通常（　　）。

   a. 都固定在基期　　　　　　　　b. 都固定在报告期
   c. 一个固定在基期，一个固定在报告期　　　d. 采用基期和报告期的平均数

6. 如果生活费用指数上涨了20%，则现在1元钱（　　）。

   a. 只值原来的0.8元　　　　　　b. 只值原来的0.83元
   c. 与原来的1元钱等值　　　　　d. 无法与原来进行比较

7. 较为常用的加权调和平均数是（　　）。

   a. $\overline{k_q} = \dfrac{\sum k_q p_0 q_0}{\sum p_0 q_0}$　　　　　b. $\overline{k_p} = \dfrac{\sum p_0 q_0}{\sum \frac{1}{k_q} p_0 q_0}$

   c. $\overline{k_p} = \dfrac{\sum p_0 q_0}{\sum \frac{1}{k_p} p_0 q_0}$　　　　d. $\overline{k_p} = \dfrac{\sum p_1 q_1}{\sum \frac{1}{k_p} p_1 q_1}$

三、多选题

1. 如果用P表示商品价格，用Q表示商品零售量，则公式 $\sum P_1 Q_1 - \sum P_0 Q_1$ 的意义是：（　　）。

  a. 综合反映价格变动和销售量变动的绝对额

  b. 综合反映多种商品因价格变动而增减的销售额

  c. 综合反映总销售额变动的绝对额

  d. 综合反映多种商品销售量变动的绝对额

  e. 综合反映由于价格变动而使消费者增减的货币支出额

2. 我国经常应用的综合指数形式为：（ ）。

  a. 质量指标指数 $\dfrac{\sum P_1 Q_1}{\sum P_0 Q_1}$ b. 质量指标指数 $\dfrac{\sum P_1 Q_0}{\sum P_0 Q_0}$

  c. 数量指标指数 $\dfrac{\sum P_1 Q_1}{\sum P_1 Q_0}$ d. 数量指标指数 $\dfrac{\sum P_0 Q_1}{\sum P_0 Q_0}$

  e. 数量指标指数 $\dfrac{\sum P_1 Q_1}{\sum P_0 Q_0}$

3. 在我国实际工作中，以固定价格为同度量因素，按综合指数形式计算的指数有（ ）。

  a. 零售商品销售量指数   b. 零售商品销售额指数

  c. 工业总产值物量指数   d. 农业总产值物量指数

  e. 农副产品收购价格指数

4. 同度量因素的作用有（ ）。

  a. 平衡作用   b. 比较作用

  c. 权数作用   d. 稳定作用

  e. 同度量作用

5. 某物业公司2017年修缮房屋面积为2016年的108%，则此指数为（ ）。

  a. 个体指数   b. 总指数

  c. 数量指标指数   d. 质量指标指数

  e. 环比指数

6. 指数的作用是（ ）。

  a. 综合反映现象的变动方向

  b. 综合反映现象的变动程度

  c. 分析现象总变动中各因素影响的方向和程度

  d. 研究现象在较长时期内的变动趋势

  e. 解决不同性质数列之间不能对比的问题

7. 以下属于平均指标指数体系的项目（ ）。

  a. 个体价格指数   b. 可变构成指数

  c. 结构影响指数   d. 固定构成指数

  e. 个体数量指数

四、简答题

1. 什么是综合指数？为什么说综合指数是总指数的基本形式？编制综合指数时，怎样确定同度量因素？

2. 什么是平均数指数？平均数指数有哪几种形式？

3. 什么是数量指标指数和质量指标指数？

4. 什么是指数体系？它有哪些作用？

5. 怎样利用指数体系进行二因素或多因素分析？

6. 什么是平均指标指数？它有哪几种形式？它们之间有何关系？

五、计算题

1. 某物业总公司所属的建材商店，商品价格和销售量资料如下表：

商品名称	计量单位	商品价格（元）		商品销售量	
		基期	报告期	基期	报告期
甲	卷	220	198	120	127
乙	桶	110	110	200	240
丙	块	40	43	1100	1010

要求：（1）计算每种商品个体价格指数和个体销售量指数；

（2）编制和分析三种商品销售额总指数；

（3）编制和分析三种商品的物价总指数；

（4）编制和分析三种商品的销售量总指数。

2. 某物业公司所属工程部有如下资料：

单位名称	2016年		2017年	
	劳动生产率（元/人）	职工平均人数（人）	劳动生产率（元/人）	职工平均人数（人）
第一工程队	50000	100	57000	200
第二工程队	61000	300	65000	350
第三工程队	75000	350	82000	260

要求：（1）计算该公司总产值指数、劳动生产率指数、平均人数指数；

（2）利用指数体系，对该公司总产值的变动进行因素分析。

3. 运用指数体系计算下列各题：

（1）某物业小区2017年绿化建设比2016年增长了13.6%，支出费用增加了12.9%，问该物业小区2017年支出费用成本的变动情况如何？

（2）如果报告期商品价格计划降低5%，销售额计划增加10%，则销售量应如何变动？

（3）某地区2017年与2016年相比，同样多的人民币只能购买原来89%的商品，请计算价格总指数。

4. 某物业公司职工工资分组资料如下：

按年龄分组	工人数（人）		工资总额（元）	
	基期	报告期	基期	报告期
30岁以下	100	180	155000	351000
30～45岁	300	400	510000	880000
45岁以上	100	120	220000	294000

请根据以上资料计算：

（1）各组工人的个体工资指数；

（2）基期和报告期的总平均工资水平；

（3）可变构成工资指数；

（4）固定构成工资指数；

（5）结构变动影响工资指数；

（6）说明可变构成工资指数、固定构成工资指数、结构变动影响工资指数之间的关系。

5. 某物业公司所属甲、乙两个工程部的相关资料如下：

单位名称	产值（万元）		工人数（人）	
	基期	报告期	基期	报告期
甲	600	500	300	200
乙	800	2400	400	900

要求：（1）试对劳动生产率进行可变构成指数、固定构成指数、结构影响指数分析；

（2）对该公司所属甲、乙两工程部的劳动生产率指数和总量指数作因素分析。

9 抽样与抽样推断

【教学目标】

通过本章学习，了解抽样和抽样推断的基本原理和方法，掌握抽样误差的涵义及计算，掌握点估计和区间估计方法，能够利用样本资料推断总体指标。

教学要求

能力目标	知识要点	权重
了解抽样和抽样推断的内容	抽样与抽样推断的概念、特征、作用，全及总体及抽样总体的概念，全及指标及抽样指标的概念和计算公式，抽样方法的分类	20%
掌握抽样误差的计算	抽样误差的涵义，抽样实际误差、抽样平均误差及抽样极限误差的基本概念及计算	30%
掌握抽样推断的基本方法	点估计，区间估计的计算及应用	50%

统计研究的目的在于分析描述和揭示现象总体的数量特征。如果通过全面调查方式，收集的是研究对象总体的数据资料，则可直接根据总体数据资料计算和分析总体指标，经过描述统计之后就可达到对总体数量规律性的认识。但在大多数情况下，限于人力、物力、财力，只能从总体中抽取部分单位组成样本作为总体的代表，这一过程称为抽样；在对样本数据的收集、汇总、计算分析的基础上，以样本指标值对总体数量特征进行科学的估计与推断，这一过程称为抽样推断。抽样和抽样推断是推断统计学中最基本的问题。

9.1 抽样与抽样推断的基本概念

9.1.1 抽样与抽样推断的概念和特征

抽样即抽样调查，是指在总体中选取部分单位组成样本并收集样本单位的数据资料的过程。抽样推断是在抽样调查的基础上，利用样本的数据资料计算样本指标，以样本特征值对总体特征值作出具有一定可靠程度的估计和判断，也称抽样估计。

归纳起来，其特征如下：

（1）按随机原则抽取样本

所谓随机原则是指从总体中抽取样本单位时，总体各个单位被抽中或不被抽中的机会都相等，排除了人为因素的影响，当抽取足够多的单位时，能保证被抽中的单位在总体中均匀分布，样本对总体有代表性。这种按随机原则抽取样本单位也称随机抽样或概率抽样，是抽样推断的前提。

（2）由样本数量特征估计总体数量特征

抽样调查是一种非全面调查，其目的不在于了解部分单位的情况，而在于根据部分单位的数量特征推断总体的数量特征。例如：2010年我国70个大中城市房屋销售价格上涨7.6%，该指数不是对70个大中城市所有房地产项目销售价格进行全面调查后得到的，而是从70个大中城市各抽取一部分楼盘（抽样）推断得出的。抽样推断先计算每一个被抽中楼盘的个别价格指数，再经过加权平均得到所有抽中楼盘的价格指数，最后用这部分楼盘价格指数代表70个大中城市房屋销售的价格指数。抽样推断原理论证了样本指标与总体指标之间存在着科学联系，抽样误差的分布也是有规则可循的，并提供了一套利用抽样调查的部分信息来推断总体数量特征的方法，从而大大提高了统计的分析能力。

（3）抽样推断会产生抽样误差，但抽样误差是可以事先计算并加以控制的

以样本指标去估计总体指标虽然会存在一定的误差，但抽样误差的范围可以计算，并且可以事先采取必要的措施进行控制，以保证抽样推断结果的精确程度和可靠程度。可以说，抽样调查就是根据事先给定的误差允许范围进行设计的，而抽样估计则是具有一定可靠程度的估计和判断，这是其他估算方法所无法比拟的。

9.1.2 抽样与抽样推断的作用

（1）抽样调查可以完成其他调查方法无法完成的任务

当研究对象是无限总体或破坏性的产品质量检验时，不能采用全面调查的方法，而只能采用抽样调查的方法。另外，有些总体从理论上讲可以进行全面调查，但实际上却办不到或没必要。例如，欲了解某森林区有多少棵树，城乡居民消费支出状况如何等，从理论上讲这是有限总体，可以进行全面调查，但由于许多个体之间有相似之处，只需抽取部分单位调查就可以达到与全面调查同样的效果，为了节省人力、物力、财力、时间，对这类情况的调查一般采取抽样调查方法。

（2）抽样调查能对全面调查的资料进行补充和修正

现实中，对许多社会经济现象的研究，在进行全面调查的同时都运用抽样调查方法。这是因为抽样调查的范围小、组织简便、省时省力，可以就某些重点问题进行深入研究，以弥补全面调查的诸多不足。另外，因为全面调查点多面广、工作量大，各环节都有出错的可能性，因此全面调查后选择部分单位进行抽样复查，利用抽样调查的结果计算差错率，补充、修正全面调查的统计数字，以提高全面调查的质量。如人口普查、物资普查等，由于总体范围大而复杂，容易产生偏误，常常利用抽样调查进行评估与修正，使其更接近实际情况。

抽样调查虽是必不可少的一种调查方法，但是，应用中也有其局限性。例如，它只能提

供说明整个总体情况的统计资料，而难以提供反映总体各级状况及详细分类情况的统计资料。因此，抽样调查和全面调查是不能相互替代的，它们在实际工作中是相辅相成的。

9.1.3   抽样与抽样推断中应用的相关概念

1．全及总体和抽样总体

抽样调查中，有两种不同的总体，即全及总体和抽样总体。

（1）全及总体

全及总体指由被调查对象的全部单位所构成的集合体，也叫母体，简称总体。通常用N来表示全及总体的单位数。作为抽样的母体，对于一定的研究对象，全及总体是唯一确定的。

（2）抽样总体

抽样总体是从全及总体中随机抽取出来，代表全及总体进行调查的部分单位的集合体，也叫子样或样本总体，简称样本。抽样总体中包含的单位数称为样本容量，通常用小写英文字母n表示，对于全及总体N来说，n是个很小的数。一般来说，样本单位数$n \geq 30$的样本称为大样本，$n<30$的样本称为小样本。社会经济现象的调查多取大样本，而自然实验观察则多取小样本。样本容量与总体容量的比值$\frac{n}{N}$称为抽样比，用f表示。以很小的样本来推断很大的总体，是抽样调查的特点。

不同于全及总体的唯一确定性，抽样总体是变化的。一个全及总体可能抽取很多个抽样样本，而不同的抽样方式和不同的样本容量，使得样本的可能数目产生很大的差别。用样本的数量特征去推断总体的数量特征，实际上是以可知但非唯一的样本数值去推断唯一但未知的总体数值。

2．全及指标和抽样指标

在抽样推断中，无论总体还是样本，都是用平均数、成数（比率）、标准差和方差等指标来描述它们的特征。当它们用来描述总体特征时，称为全及指标或总体参数；当它们用来描述样本特征时，称为抽样指标。

（1）全及指标

根据全及总体各个单位的标志值或标志特征计算的，反映总体数量特征的综合指标，称为全及指标，也称总体指标或总体参数。在抽样推断中，对某一特定总体而言，总体参数是未知的、待估计的确定值。

常用的全及指标有全及平均数$\bar{X}$、全及标准差σ和全及成数P。

1）全及平均数

全及平均数表示总体内各单位某一标志值的一般水平，通常在概率论中被称为数学期望或总体均值。其计算公式为：

全及平均数：$\bar{X} = \dfrac{\sum\limits_{i=1}^{N} x_i}{N}$

2）全及标准差

全及标准差反映总体各单位某一标志值的离散程度，从而说明平均数代表程度的大小。标准差的平方称之为方差。其计算公式为：

$$全及标准差：\sigma = \sqrt{\dfrac{\sum\limits_{i=1}^{N}(x_i - \overline{X})^2}{N}}$$

$$全及方差：\sigma^2 = \dfrac{\sum\limits_{i=1}^{N}(x_i - \overline{X})^2}{N}$$

3）全及成数

对于一个总体来说，若被研究的标志为品质标志，则将这个总体称为属性总体；若被研究的标志为数量标志，则将这个总体称为变量总体。属性总体的全及成数指全及总体中具有某种属性的单位数在总体中所占的比重。变量总体的全及指标主要指全及平均数及全及标准差，但也可以计算成数，即总体单位数在规定的某变量值以上或以下的比重，视同具有或不具有某种属性的单位数比重。

设总体N个单位中，有N_1个单位具有某种属性，N_0个单位不具有某种属性，则$N_1 + N_0 = N$，P为总体中具有某种属性的单位数所占的比重，Q为不具有某种属性的单位数所占的比重，则全及成数为：

$$P = \frac{N_1}{N}$$

$$Q = \frac{N_0}{N} = \frac{N - N_1}{N} = 1 - P$$

（2）抽样指标

抽样指标是由抽样总体各单位标志值或标志特征计算的，反映样本数量特征的综合指标。它是用来估计全及指标的，与全及指标相对应，常用的抽样指标有抽样平均数$\bar{x}$、样本标准差s（或样本方差s^2）和抽样成数p。

1）抽样平均数

抽样平均数是由样本各单位的数量标志值进行平均计算所得的指标。其计算公式为：

$$抽样平均数：\bar{x} = \frac{\sum\limits_{i=1}^{n} x_i}{n}$$

2）样本标准差

样本标准差是反映样本各单位数量标志差异程度的指标。其计算公式为：

$$样本标准差：s = \sqrt{\dfrac{\sum\limits_{i=1}^{n}(x_i - \bar{x})^2}{n}}$$

$$样本方差：s^2 = \dfrac{\sum\limits_{i=1}^{n}(x_i - \bar{x})^2}{n}$$

3）抽样成数

抽样成数是反映抽样总体的各单位中具有某种属性的单位在所有单位中所占的比重。

设样本n个单位中，有n_1个单位具有某种属性，n_0个单位不具有某种属性，则$n_1+n_0=n$，p为样本中具有某种属性的单位数所占的比重，q为不具有某种属性的单位数所占的比重，抽样成数为：

$$p=\frac{n_1}{n}$$

$$q=\frac{n_0}{n}=\frac{n-n_1}{n}=1-p$$

对于某一特定的研究对象来说，全及总体是唯一确定的，根据全及总体计算的全及指标也是唯一确定的，称为参数。而一个全及总体可以抽取多个样本，样本不同，抽样指标的数值也就不同，所以抽样指标的数值不是唯一确定的。实际上抽样指标是样本变量的函数，它本身也是随机变量。

3．抽样方法

在抽样调查中，从全及总体中抽取样本单位的方法有两种，即重复抽样和不重复抽样。

（1）重复抽样

也称有放回的抽样或重置抽样、回置抽样。它是指从容量为N的总体中随机抽取单位数为n的样本时，每次被抽中的单位都再被放回总体中参与下一次抽样。在这种抽样方式中，同一单位样本可能有多次被重复抽取的机会。

可见，重复抽样的总体单位数永远为N，每个单位被抽中的机会每次都是均等的，概率均为$1/N$。例如，总体中有A、B、C、D四个单位，要从中随机抽取两个单位构成样本。可先从四个单位中任取一个，登记结果后放回，然后再从相同的四个中取一个，就构成一个样本。全部可能抽取的样本数目为$4\times4=16$个。

一般来说，从总体N个单位中，随机抽取n个单位构成样本，则样本可能数目为N^n个。

（2）不重复抽样

也称无放回的抽样或不重置抽样、不回置抽样。它是指从总体N个单位中随机抽取容量为n的样本时，每次从总体中随机抽选的单位经观察后不再放回总体中，即不再参加下次抽样。因此，每个总体单位只能被抽取一次，从总体中每抽取一次，总体就减少一个单位，先后抽出来的各个单位被抽中的机会是不相等的。前例中，用不重复抽样的方法从总体A、B、C、D的四个单位中抽两个单位，则全部可能抽取的样本共有$4\times3=12$个。

一般来说，从总体N个单位中，随机不重复抽取n个单位构成一样本，则样本可能数目为$N(N-1)(N-2)\cdots\cdots(N-n+1)$个。

由上可知，在相同的样本容量的要求下，不重复抽样的样本可能数目比重复抽样少。在实际工作中，一般多采用不重复抽样，但有些调查如公交车辆乘客情况的调查、商场顾客流量的调查只宜采用重复抽样。

9.1.4　抽样调查与抽样推断的理论依据

抽样调查与抽样推断的理论依据是概率论及数理统计中的大数定律和中心极限定理。

1．大数定律

大数定律是阐明大量随机现象平均结果趋于稳定性的一系列定理的总称。它说明如果被研究的总体是由大量的相互独立的随机因素所构成，而且每个因素对总体影响都相对的小，那么，对这些大量随机因素加以综合平均的结果是：每个因素的个别影响将相互抵消，从而显现出它们共同作用的倾向，使总体具有稳定的性质。

联系到抽样推断，大数定律可以证明：如果随机变量总体存在着有限的平均数和方差，则对于足够多的抽样单位数 n，可以以几乎趋近于1的概率，来期望抽样平均数与总体平均数的绝对离差为任意小。

2．中心极限定理

中心极限定理是研究在怎样的条件下，随机变量之和的极限分布接近于正态分布。在抽样推断中，样本平均数是随机变量之和的分布。根据中心极限定理，只要样本容量足够多（一般要求 $n \geqslant 30$），不论全及总体的变量分布是否属于正态分布，其抽样平均数趋于正态分布。这为抽样推断提供了极其重要的数学依据和有效方法。利用这种关系，我们只要能够从样本总体中计算出算术平均数和标准差，就可以推断估算出全及总体的相应指标。

9.2　抽样误差研究

用抽样指标来估计全及指标是否可行，关键在于抽样误差的大小。抽样误差的大小决定着抽样效果的好坏。如果抽样误差超过了允许的范围，则抽样推断也就失去了价值。因此，有必要对抽样误差进行专门研究。

9.2.1　抽样误差的涵义

1．抽样误差的定义

抽样误差是指样本指标与全及指标之间数量上的差别。具体地讲，就是样本平均数与全及平均数的离差（即 $\bar{x}-\bar{X}$），或样本成数与全及成数的离差（即 $p-P$）。

2．抽样误差的来源

在统计调查时，调查结果所得的统计数字与调查总体实际情况间的差异称为统计误差。统计误差可分为登记性误差和代表性误差两种。

登记性误差，即在统计调查和统计资料整理过程中，由于观察、测量、登记、计算等方面的差错或被调查者提供虚假信息等造成的误差。登记性误差不是抽样调查特有的，任何一种调查方式都可能产生。而且调查的范围越大、调查单位越多，产生登记性误差的可能性越大。

代表性误差则是以样本指标推断总体指标时，由于样本各单位的结构不足以代表总体结构而引起的误差。只有非全面调查中才有，全面调查不存在这类误差。代表性误差根据成因也分两种情况：一种是由于主观因素违反抽样调查的随机原则而产生的误差，称为系统性误差，如有意地多选较好的单位或较坏的单位进行调查，则据此计算的抽样指标必然出现偏高或偏低现象；另一种是由于抽样的随机性引起的偶然的代表性误差，即遵守随机原则，但由于被抽选的样本多种多样，只要被抽中的样本其内部各单位被研究标志的构成比例与总体有所差别，就会出现或大或小的偶然性、代表性误差，称为随机误差，也是抽样调查中的抽样误差。

所以，抽样调查中的抽样误差是指不包括登记性误差和系统性误差在内的随机误差。抽样误差不可避免，但可以计算并加以控制；而登记性误差和系统性误差都是不应当发生的，是可以也应该采取措施避免或将其降至最低程度的。

9.2.2　影响抽样误差的因素

为了计算和控制抽样误差，有必要对影响抽样误差大小的因素进行分析，具体如下。

（1）全及总体标志的变异程度

全及总体标志的变异程度与抽样误差成正比例关系。全及总体标志变异程度越大，则抽样误差也越大，样本对总体的代表性越小；反之，全及总体标志变异程度越小，抽样误差也小，样本对总体代表性越大；当全及总体单位的标志值都相等时，则标准差为零，抽样指标等于全及指标，抽样误差也就不存在了，每一个总体单位指标都可以代表全及总体指标，也无需抽样调查了。

（2）样本单位数的多少

在其他条件不变的情况下，抽样误差的大小与抽样单位平方根成反比例关系变化。当抽样单位数越少，抽样误差就越大；反之，抽样单位数越多，抽样误差就越小。因为抽样单位数越多，样本单位数在全及总体单位中所占比重越大，抽样总体就越接近于全及总体的基本特征，总体特征越能在样本总体中得到充分反映，当抽样单位数扩大到全及总体单位数时，抽样调查就成了全面调查，样本指标就等于全及指标，抽样误差也就不存在了。

（3）抽样方法与抽样调查的组织形式

在随机抽样条件下，若样本容量相同，通常重复抽样误差大于不重复抽样误差。另外按抽样调查的组织形式，可将抽样调查分为简单随机抽样、类型抽样、等距抽样、整群抽样和多阶段抽样五大类。不同的抽样组织方法，所计算的抽样误差也不同，对此，需要具体问题具体分析。

9.2.3　与抽样误差有关的三个概念

1. 抽样实际误差

抽样实际误差是指在某一次具体抽样中，抽样指标值与全及指标真实值之间的偏差。具体是指抽样平均数与总体平均数之差（$\bar{x}-\overline{X}$），抽样成数与总体成数之差（$p-P$）。但由于总体参数是未知的，因此每次抽样的实际误差也无从得知。

在统计学中，可以计算的抽样误差为抽样平均误差和抽样极限误差。抽样误差是由于抽样的偶然因素使样本各单位的结构不足以代表总体各单位的结构，而引起的抽样指标和全及指标间的绝对离差。抽样平均误差是反映抽样误差一般水平的指标；而抽样极限误差是反映抽样误差的最大范围的指标。二者既有联系又有区别。下面分述之。

2．抽样平均误差

抽样平均误差是指所有可能的抽样指标与全及指标之间的平均差异程度，即抽样指标的标准差。

由于样本是按随机原则抽取的，在同一个全及总体中，按确定的样本容量，可以抽出多个样本，而每次抽取的样本都可以计算出相应的抽样平均数或抽样成数等指标，它们与全及平均数或全及成数之间都存在误差，这些误差具有不确定性，可以看作一系列随机变量。为了用样本指标推算全及指标，就需要计算这些误差的平均数，以反映抽样误差的一般水平。抽样平均误差反映了抽样指标与总体指标的平均离差程度。因此它既可作为衡量样本指标对总体指标代表程度的尺度，又是计算样本指标与总体指标之间变异范围的主要依据，在抽样推断中具有重要意义。

抽样指标主要有抽样平均数和抽样成数，对应地测定抽样指标的平均误差分别为抽样平均数平均误差和抽样成数平均误差。

（1）抽样平均数的抽样平均误差测定

抽样平均数的平均误差就是抽样平均数的标准差，用$\mu_{\bar{x}}$表示。它反映抽样平均数所有可能值对全及平均数的平均离散程度，即反映误差平均值的大小。其计算公式为：

$$\mu_{\bar{x}}=\sqrt{\frac{\sum(\bar{x}-\overline{X})^2}{K}}$$

式中　　$\mu_{\bar{x}}$——抽样平均数的抽样平均误差；

　　　　$\bar{x}$——抽样平均数；

　　　　$\overline{X}$——全及总体平均数；

　　　　K——样本可能数目。

该公式表明了抽样平均误差的意义，被称为抽样平均误差的理论公式，但不能作为实际计算的依据。因为在实际推断中，不仅没有总体均值的资料，也不可能计算出所有样本的均值。但在数学上可以证明，抽样平均误差与样本容量的平方根成反比，与总体标准差成正比，且与抽样方法有关。因此，实际测定抽样平均误差的公式如下：

重复抽样条件下，抽样平均数的抽样平均误差的等价公式为：

$$\mu_{\bar{x}}=\frac{\sigma}{\sqrt{n}}=\sqrt{\frac{\sigma^2}{n}}$$

不重复抽样条件下，抽样平均数的抽样平均误差的等价公式为：

$$\mu_{\bar{x}} = \sqrt{\frac{\sigma^2}{n}\left(\frac{N-n}{N-1}\right)}$$

式中　　$\mu_{\bar{x}}$——抽样平均数的抽样平均误差；

　　　　σ^2——全及总体方差；

　　　　N——总体单位数；

　　　　n——样本容量。

我们把 $\left(\frac{N-n}{N-1}\right)$ 叫做不重复抽样误差公式的修正因子。当 N 的数值较大时，$N-1$ 接近于 N，即：$\left(\frac{N-n}{N-1}\right)$ 近似等于 $\left(1-\frac{n}{N}\right)$。因此，当 N 较大时，在不重复抽样条件下，计算抽样平均误差的公式可采用：$\mu_{\bar{x}} = \sqrt{\frac{\sigma^2}{n}\left(1-\frac{n}{N}\right)}$。

不重复抽样的平均方差等于重复抽样平均方差乘以修正因子 $\left(1-\frac{n}{N}\right)$。$\sqrt{1-\frac{n}{N}}$ 一定是大于 0 而小于 1 的正数，$\sqrt{\frac{\sigma^2}{n}}$ 乘上这个小于 1 的正数，必然小于原来的数。所以，不重复抽样平均误差的数值一定小于重复抽样的抽样平均误差。在一般情况下，总体单位数很大，抽样比 $\frac{n}{N}$ 很小，则 $\sqrt{\frac{\sigma^2}{n}\left(1-\frac{n}{N}\right)}$ 与 $\sqrt{\frac{\sigma^2}{n}}$ 的数值是接近的。

应用上述公式时须注意：第一，从理论上讲，公式中的方差 σ^2 是全及方差，但由于它们是未知的，一般可用抽样总体方差 s^2，即重复抽样条件下样本均值的平均误差为 $\mu_{\bar{x}} = \frac{s}{\sqrt{n}}$（或 $\mu_{\bar{x}} = \sqrt{\frac{s^2}{n}}$），不重复抽样条件下样本均值的平均误差为 $\mu_{\bar{x}} = \sqrt{\frac{s^2}{n}\left(1-\frac{n}{N}\right)}$；第二，实际工作中，当总体单位数 N 很大或无法掌握总体单位数 N 的情况下，而抽样比 $\frac{n}{N}$ 又很小时，即使采用不重复抽样方法，也可利用重复抽样的计算公式计算抽样平均误差。

例9-1：某物业总公司管理 600 栋住宅楼，从中随机抽取 5% 作为样本进行调查，测得 200m² 的房屋有质量问题，其房屋质量标准差为 6.8m²，试计算其重复抽样和不重复抽样的抽样平均误差。

解：已知：$n = 600 \times 5\% = 30$（栋），$s = 6.8$（m²）

重复抽样的抽样平均数的平均误差为：

$$\mu_{\bar{x}} = \sqrt{\frac{s^2}{n}} = \frac{s}{\sqrt{n}} = \frac{6.8}{\sqrt{30}} = 1.24 \,(\text{m}^2)$$

不重复抽样的抽样平均数的平均误差为：

$$\mu_{\bar{x}} = \sqrt{\frac{s^2}{n}\left(1-\frac{n}{N}\right)} = \sqrt{\frac{6.8^2}{30}(1-5\%)} = 1.21 \,(\text{m}^2)$$

（2）抽样成数的抽样平均误差测定

抽样成数的抽样平均误差用 μ_p 表示。在掌握抽样平均数的平均误差公式的基础上，再来推导抽样成数的平均误差公式是比较简便的，只需将全及成数的标准差平方代替公式中的全及平均数的标准差的平方，就可以得到抽样成数的平均误差公式。

全及成数标准差平方，也称为"交替标志的方差"。有些社会经济现象的标志具体表现为两种情况，非此即彼，交替出现。如建筑产品分合格品与不合格品，邮件分航空与非航空，等等。这种用"是"、"否"或"有"、"无"来表示的标志，称为交替标志，也叫是非标志。

为计算交替标志的方差，必须将交替变异的标志过渡到数量标志。交替变异标志以x来表示。我们用$x=1$表示单位具有这一标志，用$x=0$表示单位不具有这一标志。具有这一标志的单位数用N_1来表示，不具有这一标志的单位数用N_0表示，则这两部分单位数占全及总体单位数成数分别为：

具有这一标志的单位数占全及总体的比重：$P=\dfrac{N_1}{N}$；

不具有这一标志的单位数占全及总体的比重：$Q=\dfrac{N_0}{N}$；

这两个成数之和等于1，即$P+Q=\dfrac{N_1}{N}+\dfrac{N_0}{N}=1$，$Q=1-P$。

见表9-1。

交替标志的平均数和标准差计算表　　　　表9-1

项目	交替标志（变量）	单位数（成数）	变量乘成数	离差	离差平方	离差平方乘权数
符号	X	f	xf	$x-\bar{x}$	$(x-\bar{x})^2$	$(x-\bar{x})^2f$
具有这一标志	1	P	P	$1-P$	$(1-P)^2$	$(1-P)^2P$
不具有这一标志	0	Q	0	$0-P$	$(0-P)^2$	$(0-P)^2Q$
合计	—	$P+Q=1$	P	—	P^2+Q^2	$Q^2P+P^2Q=QP$

所以，成数的平均数为：$\bar{X}_P=\dfrac{\sum xf}{\sum f}=\dfrac{1\times P+0\times Q}{P+Q}=P$

交替标志的标准差为：

$$\sigma_P=\sqrt{\dfrac{\sum(x-\bar{X})^2f}{\sum f}}=\sqrt{\dfrac{(1-P)^2P+(0-P)^2Q}{P+Q}}=\sqrt{\dfrac{Q^2P+P^2Q}{P+Q}}$$
$$=\sqrt{PQ}=\sqrt{P(1-P)}$$

可见，成数的平均数就是成数本身；成数的标准差就是$\sqrt{P(1-P)}$。

根据抽样平均误差与总体标准差和样本容量之间的关系，抽样成数的平均误差计算公式为：

重复抽样条件下抽样成数平均误差：$\mu_p = \sqrt{\dfrac{P(1-P)}{n}}$

不重复抽样条件下抽样成数平均误差：$\mu_p = \sqrt{\dfrac{p(1-p)}{n}\left(1-\dfrac{n}{N}\right)}$

同样须注意，在上面计算抽样平均误差的转化公式里，无论是平均数的标准差σ，还是交替标志的方差$P(1-P)$，都是对全及总体而言的。但是在抽样调查的实践中，这两个指标都是未知的，因此，通常用样本方差和样本成数的资料代替总体方差和总体成数。

则上述抽样成数的平均误差计算公式可表示为：

重复抽样条件下抽样成数平均误差：$\mu_p = \sqrt{\dfrac{p(1-p)}{n}}$

不重复抽样条件下抽样成数平均误差：$\mu_p = \sqrt{\dfrac{p(1-p)}{n}\left(1-\dfrac{n}{N}\right)}$

例9-2：某物业总公司所属的房屋维修部门，在建筑市场订购了一批屋面改良油毡进行屋面维修。房屋维修部门从建筑市场采购了10000卷改良油毡，并从中抽取100卷进行产品一级品率的检查，据生产厂家介绍，这批产品一级品率占到70%。试按重复和不重复抽样计算一级品率的抽样成数的平均误差。

解：已知$p=0.7$，$1-p=0.3$，$N=10000$卷，$n=100$卷

重复抽样的抽样成数平均误差为：

$$\mu_p = \sqrt{\frac{p(1-p)}{n}} = \sqrt{\frac{0.7 \times 0.3}{100}} = 4.58\%$$

不重复抽样的抽样成数平均误差为：

$$\mu_p = \sqrt{\frac{p(1-p)}{n}\left(1-\frac{n}{N}\right)} = \sqrt{\frac{0.7 \times 0.3}{100}\left(1-\frac{100}{10000}\right)} = 4.56\%$$

例9-3：某灯泡厂对10000个产品进行使用寿命检验，随机抽取2%的样本进行测试，所得资料见表9-2。

抽样产品使用寿命情况表   表9-2

使用时间（小时）	抽样检查灯泡数（个）
900以下	2
900~950	4
950~1000	11
1000~1050	71
1050~1100	84
1100~1150	18

使用时间（小时）	抽样检查灯泡数（个）
1150 ~ 1200	7
1200以上	3
合计	200

按照质量规定，灯泡使用寿命在1000小时以上者为合格品，试按以上资料计算抽样平均误差。

解：抽样灯泡平均使用时间：

$$\bar{x}=\frac{\sum xf}{\sum f}=\frac{875 \times 2 + 925 \times 4 + \cdots + 1225 \times 3}{200}=1057 \text{ 小时}$$

抽样灯泡合格率：$p=\dfrac{183}{200}=91.5\%$

抽样灯泡平均使用时间标准差：

$$s=\sqrt{\frac{\sum (x-\bar{x})f}{\sum f}}=\sqrt{\frac{(875-1057)^2 \times 2 + \cdots + (1225-1057)^2 \times 3}{200}}=53.63 \text{ 小时}$$

则灯泡使用时间抽样平均误差可根据公式计算：

重复抽样：$\mu_{\bar{x}}=\dfrac{s}{\sqrt{n}}=\dfrac{53.63}{\sqrt{200}}=3.79$ 小时

不重复抽样：$\mu_{\bar{x}}=\sqrt{\dfrac{s^2}{n}\left(1-\dfrac{n}{N}\right)}=\sqrt{\dfrac{53.63^2}{200}\left(1-\dfrac{200}{10000}\right)}=3.75$ 小时

灯泡合格率的抽样平均误差也可根据公式计算：

重复抽样：$\mu_{p}=\sqrt{\dfrac{p(1-p)}{n}}=\sqrt{\dfrac{0.915 \times 0.085}{200}}=1.97\%$

不重复抽样：

$$\mu_{p}=\sqrt{\dfrac{p(1-p)}{n}\left(1-\dfrac{n}{N}\right)}=\sqrt{\dfrac{0.915 \times 0.085}{200}\left(1-\dfrac{200}{10000}\right)}=1.95\%$$

3．抽样极限误差

（1）抽样极限误差的意义

抽样平均误差从理论上衡量了样本指标与总体指标偏差的平均程度，却并不是二者之间的绝对误差。由于未知的全及指标是一个确定的值，而抽样指标会随着各个可能样本的不同而变动，它是围绕着全及指标上下波动的随机变量。因此，抽样指标与全及指标之间存在一个误差范围，即抽样极限误差。

抽样极限误差又称置信区间，是指一定概率保证程度下，抽样误差的最大可能范围，或用绝对值形式表示的样本指标与全及指标偏差的可允许的最大范围，通常用Δ来表示。

与抽样平均误差一样，对于抽样极限误差也需要计算抽样平均数的抽样极限误差和抽样成数的抽样极限误差。

设$\Delta_{\bar{x}}$与Δ_p分别表示抽样平均数与抽样成数的抽样极限误差，则有：

$$\Delta_{\bar{x}} = |\bar{x} - \overline{X}|$$

$$\Delta_p = |p - P|$$

将上面等式经过变换，可以得到下列不等式：

$$\overline{X} - \Delta_{\bar{x}} \leqslant \bar{x} \leqslant \overline{X} + \Delta_{\bar{x}}$$

$$P - \Delta_p \leqslant p \leqslant P + \Delta_p$$

以上不等式表示，抽样平均数$\bar{x}$是以全及平均数$\overline{X}$为中心，在$\overline{X} \pm \Delta_{\bar{x}}$之间变动；抽样成数$p$是以全及成数$P$为中心，在$P \pm \Delta_p$之间变动，这是抽样误差范围的原意。但是由于全及指标是个未知的数值，而抽样指标通过实测是可以求得的。因此，抽样极限误差范围的实际意义是要求被估计的全及指标$\overline{X}$或P落在抽样指标的一定范围内，即落在$\bar{x} \pm \Delta_{\bar{x}}$或$p \pm \Delta_p$的范围内。所以，将前面的不等式进行移项，可得：

$$\bar{x} - \Delta_{\bar{x}} \leqslant \overline{X} \leqslant \bar{x} + \Delta_{\bar{x}}$$

$$p - \Delta_p \leqslant P \leqslant p + \Delta_p$$

所以，全及指标$\overline{X}$、P的误差范围为以下区间：

$$\overline{X} = \bar{x} \pm \Delta_{\bar{x}}$$

$$P = p \pm \Delta_p$$

（2）抽样极限误差的计算

基于概率估计的要求，抽样极限误差通常需要以抽样平均误差$\mu_{\bar{x}}$或μ_p为标准单位来衡量。把极限误差$\Delta_{\bar{x}}$或Δ_p分别除以平均误差$\mu_{\bar{x}}$或μ_p，得相对数t，它表示误差范围为抽样平均误差的若干倍，t是测量抽样估计可靠程度的一个参数，称为抽样平均误差的概率度。

$$t = \frac{\Delta_{\bar{x}}}{\mu_{\bar{x}}} = \frac{|\bar{x} - \overline{X}|}{\mu_{\bar{x}}} \quad 或 \quad \Delta_{\bar{x}} = t\mu_{\bar{x}}$$

$$t = \frac{\Delta_p}{\mu_p} = \frac{|p - P|}{\mu_p} \quad 或 \quad \Delta_p = t\mu_p$$

抽样估计的可靠程度表示区间估计的可靠程度或把握程度，也称置信度，是推断总体指标落在以样本指标为中心的一定区间内的概率保证程度。

数理统计中心极限定理证明，不管总体是怎样分布，只要样本来自同一总体，当样本单位数$n \geqslant 30$时，样本平均数近似于服从正态分布，总体指标所包括的范围（$\bar{x} - t\mu_{\bar{x}} \leqslant \overline{X} \leqslant \bar{x} + t\mu_{\bar{x}}$）就可用正态分布曲线所围成的面积大小来计算，如图9-1所示，对于一定概率度t就有对应的概率可靠程度即置信度$F(t)$，可从正态分布概率表中查得，其中统计中常用的t与$F(t)$摘录见表9-3。

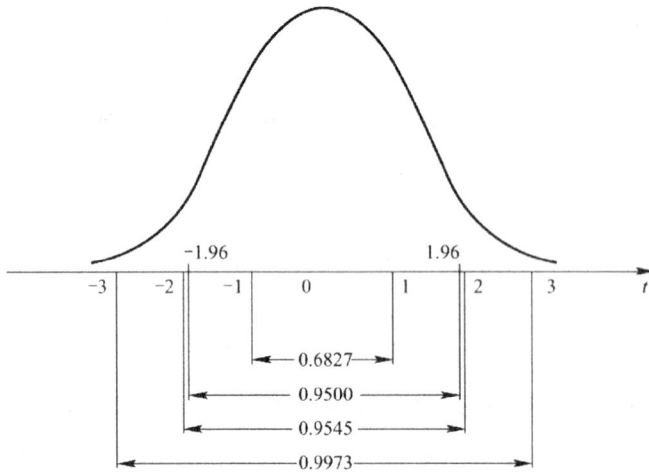

图9-1　正态分布曲线

常用的概率度与可靠程度对照表　　　　　　　　　　　表9-3

概率度t	可靠程度（%）$F(t)$	概率度t	可靠程度（%）$F(t)$
0.50	38.29	1.96	95.00
1.00	68.27	2.00	95.45
1.28	79.97	2.02	95.66
1.40	83.85	2.58	99.00
1.50	86.64	3.00	99.73
1.64	90.00	4.00	99.99

从上表可以看出，t越大，$F(t)$也越大，由一个样本组成的区间去推断总体指标的把握程度也；若取$t=3$，则$F(t)=99.73\%$，即可靠程度有99.73%，判断错误的概率不到3‰。

所以，抽样极限误差的最终计算公式为：

$$\bar{x}-t\mu_{\bar{x}} \leqslant \overline{X} \leqslant \bar{x}+t\mu_{\bar{x}}$$
$$p-t\mu_{p} \leqslant P \leqslant p+t\mu_{p}$$

公式表明：总体平均数可以以一定的概率保证落在以抽样平均数为中心的一定范围内，总体成数可以以一定的概率保证落在以抽样成数为中心的一定范围内。

综上，统计误差形式如图9-2所示。

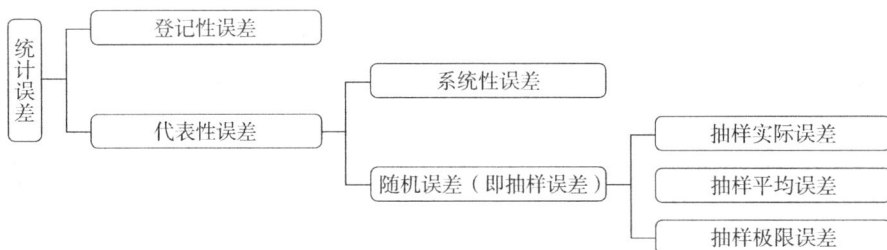

图9-2　统计误差形式

9.3 抽样推断的基本方法

抽样调查的重要任务之一是用样本指标来推断全及总体指标，如根据样本平均数或成数来推断或估计总体平均数或成数。如此推断的全及指标总是存在一定的抽样误差，所以抽样推断也称抽样估计。而被估计出的全及指标是表明总体数量特征的参数，所以这种估计也可以称为参数估计。

总体参数的估计通常有两种方法：点估计和区间估计。

9.3.1 点估计

点估计又称定值估计，是以抽样指标数值直接作为总体指标估计值的一种估计方法。例如，以实际计算的抽样平均数$\bar{x}$作为相应总体平均数$\bar{X}$的估计值，以实际计算的抽样成数p作为相应总体成数P的估计值等。如：某物业总公司从在管的8000户居民中随机抽取1%的居民户进行抽样调查，测得平均每户建筑面积为85m^2，则可以认为该8000户居民平均居住面积为85m^2。

例9-4：对某物业公司的职工工资情况进行调查，现从该物业公司中随机抽取5名职工，月工资分别为：2000元，1800元，1600元，2200元和2400元，试根据样本资料采用点估计法，估计该企业全体职工的平均工资及平均工资的标准差。

解：根据点估计法，可以以样本平均值$\bar{x}$估计总体平均值$\bar{X}$，以样本标准差s估计总体标准差σ。

经计算得知：样本平均数$\bar{x} = \dfrac{2000 + 1800 + 1600 + 2200 + 2400}{5} = 2000$ 元

样本标准差

$$s = \sqrt{\frac{(2000-2000)^2 + (1800-2000)^2 + \cdots + (2400-2000)^2}{5}} = 282.8 \text{ 元}$$

所以，该公司全体职工的平均工资$\bar{X}$的估计值为2000元，平均工资的标准差σ的估计值为282.8元。

点估计方法的优点是简便易行，原理直观，常为实际工作采用。但不足之处是没有表明抽样估计的误差，更没有表明误差在一定范围内的概率保证程度有多大。要了解这个问题，就必须采用区间估计方法。

9.3.2 区间估计

1. 区间估计的概念

区间估计是根据样本指标，以一定的可靠程度去估计总体参数值所在的范围或区间。与点估计相比，区间估计不仅能根据样本指标和抽样平均误差估计总体参数的可能范围，还能说明这种估计的可靠程度即置信度。因此，区间估计是抽样推断的主要方法。

区间估计的具体测定过程中，通常是根据概率保证程度的要求，选定概率度t，以及抽样极限误差$\Delta_{\bar{x}}=t\mu_{\bar{x}}$或$\Delta_p=t\mu_p$再利用抽样指标$\bar{x}$或$p$，定出估计上限$\bar{x}+\Delta_{\bar{x}}$或$p+\Delta_p$和估计下限$\bar{x}-\Delta_{\bar{x}}$或$p-\Delta_p$，即指出全及总体指标可能存在的区间范围。此区间$(\bar{x}-\Delta_{\bar{x}}$，$\bar{x}+\Delta_{\bar{x}})$或$(p-\Delta_p$，$p+\Delta_p)$称为置信区间，概率保证程度即为置信度。

可见，区间估计的测定结果不是指出被估计参数的确定数值，而是指出被估计参数取值的可能范围，并对参数落在该范围内给定相应的概率保证程度，即参数落在这一区间范围的可能性有多大。

2．区间估计的模式

在进行区间估计时，根据所给条件不同，总体平均数和总体成数的估计有两套模式。

（1）根据给定的抽样误差范围，求概率保证程度。具体步骤如下：

第一步，抽取样本，计算抽样指标，即计算样本平均数$\bar{x}$和抽样成数p，作为总体指标的估计值，并计算样本标准差s以推算抽样平均误差。

第二步，根据给定的抽样极限误差范围Δ，估计总体指标的上限和下限。

第三步，将抽样极限误差Δ除以抽样平均误差μ，求出概率度t，再根据t值查《正态分布概率表》，求出相应的概率保证程度。

例9-5：某物业总公司为了解在管住宅物业的户型面积及结构，随机抽选100套住宅物业就其建筑面积进行调查，具体资料见表9-4。

某物业总公司在管住宅物业户型面积抽样资料表　　　　　　　表9-4

面积（平方米）	80以下	80～90	90～100	100～110	110以上
套数（套）	10	25	30	20	15

要求：根据住宅物业平均面积的允许误差范围$\Delta_{\bar{x}}=2.35\text{m}^2$，估计该公司在管住宅物业平均面积的范围。

解：第一步，计算$\bar{x}$，s，并推算$\mu_{\bar{x}}$：

$$\bar{x}=\frac{\sum xf}{\sum f}=\frac{75\times10+85\times25+95\times30+105\times20+115\times15}{100}=95.5\text{m}^2$$

$$s=\sqrt{\frac{\sum(x_i-\bar{x})^2 f_i}{\sum f_i}}=\sqrt{\frac{(75-95.5)^2\times10+\cdots+(115-95.5)^2\times15}{100}}=12.03\text{m}^2$$

则：$\mu_{\bar{x}}=\dfrac{s}{\sqrt{n}}=\dfrac{12.03}{\sqrt{100}}=1.20\text{m}^2$

第二步，根据给定的$\Delta_{\bar{x}}=2.35\text{m}^2$，计算全及平均数的上下限：

下限$=\bar{x}-\Delta_{\bar{x}}=95.5-2.35=93.15\text{m}^2$

上限$=\bar{x}+\Delta_{\bar{x}}=95.5+2.35=97.85\text{m}^2$

第三步，根据 $t = \dfrac{\Delta_{\bar{x}}}{\mu_{\bar{x}}} = \dfrac{2.35}{1.2} = 1.96$，查正态分布概率表得概率 $F(t) = 95\%$。

推断的结论是：可以以95%的概率保证程度，估计该公司在管住宅物业平均面积的范围在93.15～97.85m² 之间。

例9-6：仍以上例资料为例，以允许误差范围为7.8%来估计面积在90m²以下的在管住宅物业所占的比重的范围。

解：第一步，计算 p，s_p^2，推算 μ_p：

$$p = \frac{35}{100} = 35\%$$

$$s_p^2 = p(1-p) = 0.35 \times 0.65 = 0.2275$$

$$\mu_p = \sqrt{\frac{p(1-p)}{n}} = \sqrt{\frac{0.2275}{100}} = 0.0477 = 4.77\%$$

第二步，根据该给定的 $\Delta_p = 7.8\%$，计算总体面积在90m²以下的在管住宅物业所占比重的上下限：

下限 $= p - \Delta_p = 35\% - 7.8\% = 27.2\%$
上限 $= p + \Delta_p = 35\% + 7.8\% = 42.8\%$

第三步，根据 $t = \dfrac{\Delta_p}{\mu_p} = \dfrac{7.8\%}{4.77\%} = 1.64$，查正态分布概率表得概率 $F(t) = 90\%$。

上述推断表明：可以以90%的概率保证程度，估计该公司在管住宅物业面积在90m²以下的占全部住宅物业的比重范围在27.2%～42.8%之间。

（2）根据给定的置信度，计算抽样极限误差，具体步骤是：

第一步，抽取样本，计算抽样指标，即计算样本平均数 $\bar{x}$ 和抽样成数 p，作为总体指标的估计值，并计算样本标准差 s 以推算抽样平均误差。

第二步，根据给定的置信度 $F(t)$ 的要求，查正态分布概率表求得概率度 t 值。

第三步，根据概率度 t 和抽样平均误差 μ 推算抽样极限误差 Δ，并根据抽样极限误差，求出被估计总体指标的上下限。

例9-7：对我国某城市进行居民家庭人均旅游消费支出调查，随机抽取400户居民家庭，调查得知居民家庭人均年旅游消费支出为350元，标准差为100元，要求以95%的概率保证程度估计该市人均年旅游消费支出额。

解：第一步，根据抽样资料算得：

样本每户年人均旅游消费支出 $\bar{x} = 350$ 元

样本标准差 $s = 100$ 元

$$\mu_{\bar{x}} = \frac{s}{\sqrt{n}} = \frac{100}{\sqrt{400}} = 5 \text{ 元}$$

第二步，根据给定的概率保证程度 $F(t) = 95\%$，查得正态分布概率表得 $t = 1.96$;

第三步，计算$\Delta_{\bar{x}}=t\mu_{\bar{x}}=1.96\times5=9.80$元，则该市居民家庭年人均旅游消费支出额为：

$$下限=\bar{x}-\Delta_{\bar{x}}=350-9.80=340.20\ 元$$
$$上限=\bar{x}+\Delta_{\bar{x}}=350+9.80=359.80\ 元$$

结论：可以以95%的概率保证程度，估计该市居民家庭年人均旅游消费支出额在340.20~359.80元之间。

例9-8：某物业总公司对1000名物业管理人员进行全国物业管理师《物业管理综合能力》科目考试成绩调查，随机抽查10%，所得有关资料见表9-5。

物业管理人员物业师考试成绩抽查资料　　　　　　　　　　　　　　　　表9-5

按成绩分组	组中值x	各组人数所占比例（%）$\dfrac{f}{\sum f}$	向下累计频率	$x\dfrac{f}{\sum f}$	$(x-\bar{x})^2\dfrac{f}{\sum f}$
60以下	55	8	1.00	4.4	31.0472
60~70	65	22	0.92	14.3	20.6998
70~80	75	40	0.70	30.0	0.0360
80~90	85	25	0.30	21.25	26.5225
90~100	95	5	0.05	4.7	20.6045
合计	—	100	—	74.7	98.9100

试采用不重复抽样方法，以95.45%的概率保证，要求：

（1）估计全部考生该科目的平均成绩；

（2）确定该科目成绩在80分以上人员所占的比重并估计人数。

解：（1）估计全部考生该科目的平均成绩

第一步，根据抽样资料算得：

$$n=1000\times10\%=100\ 人\qquad \bar{x}=\sum x\frac{f}{\sum f}=74.70\ 分$$

$$s=\sqrt{(x-\bar{x})^2\frac{f}{\sum f}}=\sqrt{98.9100}=9.9454\ 分$$

$$\mu_{\bar{x}}=\sqrt{\frac{s^2}{n}\left(1-\frac{n}{N}\right)}=\sqrt{\frac{9.9454^2}{100}(1-10\%)}=0.9435$$

第二步，根据给定的概率保证程度$F(t)=95.45\%$，查正态分布概率表得$t=2$

第三步，计算$\Delta_{\bar{x}}=t\mu_{\bar{x}}=2\times0.9435=1.89$分，则该公司参加物业管理师该科目考试人员的平均分数为：

$$下限=\bar{x}-\Delta_{\bar{x}}=74.70-1.89=72.81\ 分$$
$$上限=\bar{x}+\Delta_{\bar{x}}=74.70+1.89=76.59\ 分$$

说明：可以以95%的概率保证程度，估计该公司参加物业管理师该科目考试的人员平均成绩在72.81~76.59分之间。

（2）确定该科目成绩在80分以上人员所占的比重并估计人数

第一步，根据抽样资料计算：

该科目成绩在80分以上的人员$p=0.3$，$1-p=0.7$：

$$\mu_p = \sqrt{\frac{p(1-p)}{n}\left(1-\frac{n}{N}\right)} = \sqrt{\frac{0.3 \times 0.7}{100}(1-10\%)} = 4.35\%$$

第二步，根据给定的概率保证程度$F(t)=95.45\%$，查正态分布概率表得$t=2$；

第三步，计算$\Delta_p=\mu_p=2\times0.0435=8.70\%$，则该公司全部参加物业管理师该科目考试人员成绩在80分以上所占比重为：

下限$=p-\Delta_p=30\%-8.70\%=21.30\%$

上限$=p+\Delta_p=30\%+8.70\%=38.70\%$

估计该科目考试成绩在80分以上的人员数为：

$np=1000\times21.30\%=213$人与$np=1000\times38.70\%=387$人之间。

说明：可以以概率为95.45%的保证程度，估计全部参加物业管理师科目考试的人员成绩在80分以上的人数占全部参加该科目考试人员的比重为21.30%到38.70%之间,估计80分以上的人数在213到387人之间。

📖 本章小结

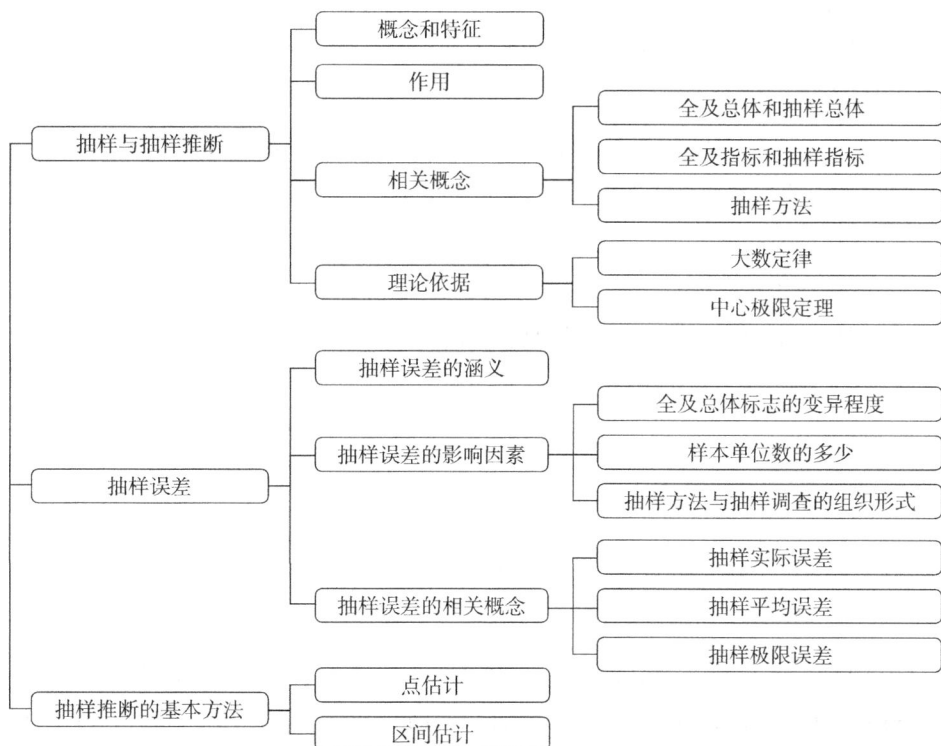

习题

一、判断题

1. 任何一种调查方式都可能存在抽样误差。（　　）

2. 反映抽样指标与全及指标之间平均误差程度的是抽样极限误差。（　　）

3. 抽样误差是指在调查中违反随机原则出现的系统性误差。（　　）

4. 在其他条件不变的前提下，若要求误差范围缩小1/3，则样本容量为原来的2.25倍。
（　　）

5. 在总体方差不变的条件下，样本单位数增加3倍，则抽样误差缩小1/2。（　　）

6. 区间估计表明的是一个绝对可靠的范围。（　　）

二、单选题

1. 抽样极限误差是指抽样指标和总体指标之间（　　）。

   a. 抽样误差的平均数　　　　　　　　b. 抽样误差的标准差

   c. 抽样误差的可靠程度　　　　　　　d. 误差的最大可能范围

2. 抽样误差的定义是（　　）。

   a. 抽样指标和总体指标之间抽样误差的可能范围

   b. 抽样指标和总体指标之间抽样误差的可能程度

   c. 样本的估计值与所要估计的总体指标之间数量上的差别

   d. 抽样平均数的标准差

3. 随机抽样（重复）的平均误差取决于（　　）。

   a. 样本单位数　　　　　　　　　　　b. 总体方差

   c. 样本单位数和样本单位数占总体的比重　d. 样本单位数和总体方差

4. 抽样调查的主要目的是（　　）。

   a. 计算和控制抽样误差

   b. 为了应用概率论

   c. 根据样本指标的数值来估计总体指标的数值

   d. 为了深入开展调查研究

5. 从纯理论出发，在直观上最符合随机原则的抽样方式是（　　）。

   a. 简单随机抽样　　　　　　　　　　b. 类型抽样

   c. 等距抽样　　　　　　　　　　　　d. 整群抽样

6. 用简单随机重复抽样方法抽样样本单位，如果要使抽样平均误差降低50%，则样本
   容量需要扩大到原来的（　　）。

   a. 2倍　　　　　　b. 3倍　　　　　　c. 4倍　　　　　　d. 5倍

7. 根据城市电话网100次通话情况调查，得知每次通话平均持续时间为4分钟，标准差
   为2分钟，在概率保证为95.45%的要求下，估计该市每次通话时间为（　　）。

a. 3.9～4.1分钟之间　　　　　　b. 3.8～4.2分钟之间

c. 3.7～4.3分钟之间　　　　　　d. 3.6～4.4分钟之间

三、多选题

1. 从一个总体中可以抽取一系列样本，所以（　　　）。

    a. 样本指标的数值不是唯一确定的

    b. 所有可能样本平均数等于总体平均数

    c. 总体指标是确定值，而样本指标是随机变量

    d. 总体指标和样本指标都是随机变量

    e. 样本指标的数值随样本不同而不同

2. 影响抽样误差的因素有（　　　）。

    a. 是有限总体还是无限总体

    b. 是平均数还是成数

    c. 是重复抽样还是不重复抽样

    d. 总体标志变异程度大小

    e. 以上答案都对

3. 关于抽样推断中的抽样误差，下列说法正确的是（　　　）。

    a. 抽样误差是不可避免的

    b. 抽样误差可以通过改进调查方法来消除

    c. 抽样误差是可以事先计算出来的

    d. 抽样误差只能在调查结束后才能计算

    e. 抽样误差的大小是可以控制的

4. 关于抽样平均误差的说法，正确的是（　　　）。

    a. 抽样平均误差是抽样平均数（或抽样成数）的平均数

    b. 抽样平均误差是抽样平均数（或抽样成数）的平均差

    c. 抽样平均误差是抽样平均数（或抽样成数）的标准差

    d. 抽样平均误差反映抽样平均数（抽样成数）与总体平均数（总体成数）的平均误差程度

    e. 抽样平均误差是计算抽样极限误差的衡量尺度

5. 抽样推断法的基本特点是（　　　）。

    a. 根据部分实际资料对全部总体的数量特征做出估计

    b. 深入研究某些复杂的专门问题

    c. 按随机原则从全部总体中抽取样本单位

    d. 调查单位少，调查范围小，了解总体基本情况

    e. 抽样推断的抽样误差可以事先计算并加以控制

四、简答题

1. 简述抽样推断的特点和作用。

2. 什么是统计误差？它是如何分类的？

3. 什么是重复抽样和不重复抽样？

4. 抽样误差的大小受哪些因素影响？

5. 常用的总体参数和样本指标有哪些？

6. 什么是抽样误差、抽样平均误差和抽样极限误差，它们之间关系如何？

7. 点估计和区间估计的区别在哪里？

五、计算题

1. 某物业服务企业有职工1500人，现从中随机抽取20名职工组成样本，调查其工资水平，如下表：

月工资水平（元）	1120	1530	2140	2450	2960	3580	4200	4960
职工人数（人）	3	2	2	3	4	3	2	1

要求：（1）计算样本平均数，并按重复抽样和不重复抽样两种方式计算抽样平均误差；

（2）以95%的可靠程度估计该企业职工的月平均工资的置信区间。

2. 某高校对在校大学生的饮食习惯进行调查，按不重复抽样方法随机抽取150名学生进行调查，其中30人有不吃早餐的习惯，试以90%的概率估计该校不吃早餐的大学生的比例范围。

3. 一批产品共100000件，随机抽取1000件，发现50件不合格品，试按重复抽样和不重复抽样两种方式分别计算该批产品不合格率的抽样平均误差。

4. 某工厂生产某种产品，规定该产品每包规格不低于15千克，现在用不重复抽样的方法抽取30包该产品进行检验，其结果如下表：

每包重量（千克）	抽取包数
14.8 ~ 14.9	1
14.9 ~ 15.0	2
15.0 ~ 15.1	18
15.1 ~ 15.2	9
合计	30

要求：（1）以95.45%的概率估计这批产品平均每包重量的范围；

（2）以同样的概率保证估计这批产品重量达标率的范围。

5. 进行电话调查以估计拥有个人电脑的住户比例。被调查的350户中,75户有个人电脑。

   要求:(1)给出有个人电脑的总体比例的点估计;

   　　　(2)给出95%的置信度时估计的最大误差。

6. 某学校随机抽查10个男学生,平均身高174cm,标准差12cm,问有多大把握程度估计全校男学生身高介于168.5~182.5cm之间?

参考文献

［1］张凌云等. 物业统计［M］. 上海：华东师范大学出版社，2008.

［2］张凌云. 建筑房地产统计学［M］. 上海：东华大学出版社，2002.

［3］李渠建. 物业统计［M］. 北京：中国建筑工业出版社，2006.

［4］梁前德. 统计学［M］. 北京：高等教育出版社，2004.

［5］闫晓波. 新编统计基础（第三版）［M］. 大连：大连理工大学出版社，2004.

［6］林德钦. 物业统计［M］. 武汉：武汉理工大学出版社，2010.

［7］常剑，黄建新. 统计原理与物业管理统计［M］. 重庆：重庆大学出版社，2010.

［8］李洁明，祁新娥. 统计学原理［M］. 上海：复旦大学出版社，2010.

［9］叶雉鸠. 房地产统计［M］. 北京：电子工业出版社，2007.

［10］郭英，高建国. 统计学［M］. 北京：中国财政经济出版社，2001.

［11］李渠建. 物业统计［M］. 北京：中国建筑工业出版社，2005.

［12］吴喜之. 统计学：从数据到结论（第2版）［M］. 北京：中国统计出版社，2006.

［13］韩朝. 物业管理综合能力［M］. 北京：中国统计出版社，2006.

［14］李加林，周心怡. 物业管理实务［M］. 北京：中国统计出版社，2006.